불택
不擇

불택(不擇)

ⓒ 최선길, 2024

초판 1쇄 발행 2024년 2월 16일

지은이   최선길
펴낸이   이기봉
편집   좋은땅 편집팀
펴낸곳   도서출판 좋은땅
주소   서울특별시 마포구 양화로12길 26 지월드빌딩 (서교동 395-7)
전화   02)374-8616~7
팩스   02)374-8614
이메일   gworldbook@naver.com
홈페이지   www.g-world.co.kr

ISBN   979-11-388-2769-0 (03910)

불택 不擇

수천 년이 흘러도 사람 사는
세상 원리는 변하지 않는다

최선길 지음

사기열전을 10여 년 읽으면서 가슴에
깊이 와닿았던 다섯 가지 테마
'트라우마, 인내, 지조, 권력욕, 개혁'

좋은땅

불택(不擇)은 하해불택세류(下海不擇細流)에서 따온 말이다.

이사(李斯)의 「간축객서(諫逐客書)」에 나오는 하해불택세류(河海不擇細流)의 '하해는 가는 시냇물도 가리지 않는다.'는 큰 인물이 되려면 보잘것 없는 사람이나 사소한 말도 다 받아들인다는 의미로, 삶의 과정에서 만나는 어떤 미미한 존재도 우리의 인생에 모두 소중하다는 뜻이다.

머리말

　사마천이 쓴 불후의 역사서『사기』열전에 깊이 매료된 지 꽤 되었다. 불후의 역사서『사기(史記)』는 2,100여 년 전에 사마천이 3천 년 중국 역사를 쓴 책이다.『사기』는 12본기, 10표, 8서, 30세가, 70열전으로, 전체 130권 총 52만 6,500자로 되어 있다. 저명한 국내『사기』연구자 김영수 교수에 따르면『사기』에 등장하는 인물은 4,000여 명이고, 이 중 스토리를 갖는 인물은 400명 이상이다. 인간의 본질을 통찰하여 깊이 있게 진보적으로 서술하고 있으며, 무엇보다 문장 표현이 뛰어나다. 그리고 인물들의 특징, 감정, 기질을 정확히 서술하여 현장감 있게 표현한 사건들 속에 인구에 널리 회자되는 명언 1,200개와 그 속에 사자성어 600개가 포함되어 있어 인문학의 보고라 평가받는다.

　특히『사기』는 인간에 대하여 깊은 관심을 보인다. 황제를 다루는 본기(本紀)와 제후들의 이야기인 세가(世家)도 주목할 만하지만, 특히 열전(列傳) 70권이 압권이다. 실제로『사기』열전이 우리들에게 많은 흥미를 준다. 아무래도 왕후장상 위주가 아닌 다양한 신분이 등장하기 때문이 아닐까. 자객들, 건달들, 재담가, 명의, 포악한 관리, 점쟁이, 외교관, 간신배 등등에 시정잡배까지 등장시킴으로써 도덕과 욕망 사이에서 고뇌하는 사람들의 생생한 삶을 보여 주고 있다.

　10여 년 전에 중국의 젊은 작가 챠오성이 지은 베스트셀러『이사, 천하의 경영자』를 우연히 접한 뒤 몇 번이나 반복하여 읽었다. 이 책은 초나라 상채군의 말단 관리였던 이사(李斯)가 진시황과 더불어 중국 최초 통일 국가 진나라를 경영하면서 보낸 삶을 아주 흥미롭게 전개하였다. 그렇게 픽션이 가미되어 흥미를 더한 차오성의 책이 계기가 되어『사기』열전에 빠져들게 되었다.

　그 후 10년 이상『사기』열전을 읽으면서 많은 교훈을 얻었다. 그중 강한 임팩트를 준 다섯 가지 테마를 중심으로 글을 전개하였다. 바로 트라우마, 인내, 지조, 권력욕, 개혁 등이다. 사마천이 궁형을 당하면서 겪었을 트라우마와 진(晉)문공 중이가 19년간 천하를 기약 없이 방랑하다 결국 군주의 자리에 오르는 과정에서 보여 준 인내, 백이숙제가 보여 준 신하의 도리와 지조, 조고(趙高)와 이사(李斯)가 벌이는 추악한 권력욕, 상앙(商鞅)이 변법 개혁을 통해 진(秦)나라를 중국 서부 변방 외진 곳에서 중원을 호령하는 천하 강국이 되게 초석을 쌓았던 이야기들이 주요 내용이다.

　『사기』열전을 반복하여 읽으면서 위에서 언급한 다섯 가지 테마에 주목하였다. 끔찍한 고통을 경험한 사람은 트라우마를 가질 가능성이 크다. 그리고 사람이라면 자신의 목표를 달성하기 위해 어떤 고난도 이겨낼 인내와 용기가 필요하다. 그 과정에 맺는 인간관계에서 오랜 기간 변하지 않는 의리도 필요하다. 나아가 군신 관계에서 신하의 도리를 지킬 줄 알아야 한다. 관직에 들어서서 고위직으로 올라서면서 대부분 권력욕을 갖게 된다. 권력 헤게모니 싸움에서 달콤한 권력을 마음껏 누리기 위해 음습한 책략과 권모술수가 팽배한 관료 사회를 생생하게 보여 줄 것이다. 그리고 우리 사회를 근본적이고 전면적으로 변혁하기 위한 개혁가의 일생도 볼 수 있다.

『사기』 열전을 접하면서 특별하게 느꼈던 '트라우마, 인내, 지조, 권력욕, 개혁'에 초점을 맞춰 다양한 사례와 함께 서술하고자 했다. 지나간 역사에서 교훈을 얻어 오늘의 삶에 적용하여 인간관계 형성에 활용하고, 바람직한 미래를 열어 니기는 데 조금이나마 도움을 주고자 한다. 향후 『사기』 열전에서 나에게 강한 인상을 받았던 다섯 가지 테마뿐만 아니라 인물이나 역사적 사건에도 관심을 기울이려 한다.

목차

제1장

궁형(宮刑)과
트라우마(trauma)

"이 때문에 창자가 하루에도 아홉 번이나 뒤틀렸다. 집 안에 있으면 멍하니 정신이 나간 듯하고 밖에 나가면 어디로 가야 할지 도무지 알 수가 없었다. 치욕을 떠올릴 때마다 땀이 등에서 나서 옷을 적시기 일쑤였다."

是以腸一日而九回, 居則忽忽若有所亡, 出則不知所如往.
每念斯恥, 汗未嘗不發背霑衣也.

위는 최고 역사서이자 중국 24사의 비조로 평가받는 『사기』의 저자 사마천이 극심한 육체적 고통과 정신적 수치를 주는 극형인 궁형에 처해진 뒤 친구 임안에게 보낸 편지 「보임안서(報任安書)」에서 고백한 말이다. 남자의 성기를 완전히 도려내는 궁형을 당한 사마천의 입장에서 그의 삶을 다시 보자면 정말 처연한 심정에 젖어 들지 않을 수 없다. 얼마나 고통스럽고 억울하였을까. 살아남았지만 얼마나 수치스러웠을까. 자신의 잘못도 아닌 다른 사람의 억울함을 풀어 주기 위해 옹호하다 그렇게 극형에 처해졌으니, 당시 자신에게 그렇게 형을 가하도록 명령한 한 무제에 대해 얼마나 억울하고 분노하였을 것이며, 대의명분보다 자신의 몸만 지키는 데 급급하던 조정의 중신들의 행태에 대해서 얼마나 실망하였을까.

사마천이 궁형을 겪는 과정에서 느낀 인간적 배신감이나 실망감은 정말 컸다. 한 제국과 한 무제의 번영과 성공을 기원하여 충심을 갖고 황제에게 건넨 몇 마디 충언이 궁형으로 귀결되었을 때 사마천의 심정은 어떠하였을까. 어디 창자가 하루에 아홉 번만 뒤틀렸을까. 살아도 산목숨이 아닌 그야말로 극도의 수치스런 삶에 얼마나 몸부림쳤을까.

B.C 99년에 소위 '이릉(李陵)'의 화(禍)에 연루되어 그 이듬해 궁형을 당한 시기를 기점으로, 궁형이 신체적으로 이전과 어떤 변화를 가져오는지를 추측할 수 있다. 궁형을 당한 사마천의 초상화를 보면 수염이 보이지 않고, 피부가 쭈글쭈글하다. 물론 초상화를 그린 시기가 달라서 단순비교하는 것은 무리가 있을 수 있다. 출사(出仕) 초기의 초상화와 궁형이후의 초상화라는 차이점도 있으리라. 그래도 궁형 전후의 변화를 파악할 수 있다. 남성이 성기를 절단하는 궁형을 당하면 남성 호르몬의 분비가 정지되면서 우선 수염이 사라진다. 피부가 노화되며 갑자기 늙어 버린다. 목소리도 히스테리성 음성으로 변하면서 상당히 듣기 거북한 상태로 나타난다고 한다.

사마천이 궁형을 겪으면서 신체의 변화도 변화지만 더 치명적이고 본원적인 트라우마를 어떻게 겪었을까. 의학과 심리학의 발달에 따라 현대사회에서 트라우마라는 용어가 본격적으로 일상화되어 사용하고 있지만, 이전에도 트라우마 증세는 인간의 삶 내내 존재하였을 것이다. 학술적으로 트라우마라는 구체적 어휘가 제시되기 전까지 '이게 트라우마다.'라고 명확하게 제시하지 못했을 뿐이지, 모든 생명체가 트라우마를 겪을수 있기 때문이다. 그리고 트라우마 증세의 경중은 사람마다 다르다.

하지만 사마천이 40대 끝 무렵 그것도 평균 수명에 근접하는 시기에 당해야 했던 궁형은 참으로 끔찍하다. 당시 40대 후반은 평균 수명에 해당하니 삶의 종착지 언저리였다. 고통도 고통이려니와 자칫 죽을 수도 있는 치명적인 형벌이었다. 평균 수명을 떠나 궁형 과정에서 과다 출혈 그리고 방치 때문에 죽을 가능성이 더욱 컸다. 궁형을 겪은 사마천이 그 후 겪었을 트라우마는 얼마나 극심하였을까. 신체의 일부를 절단하는 육체적 고통뿐만 아니라 남성의 자존심을 상징하는 가장 중요한 성기를 참혹하게 절단당하는 끔찍한 육형(肉刑)을 당한 후 느꼈던 정신적 트라우마는 또 얼마나 끔찍하였을까.

트라우마

사마천이 궁형 과정에서 겪었을 트라우마를 논하기 전에 과연 트라우마는 어떤 것인가부터 알아보자. 트라우마는 외상 후 스트레스 장애(Post-Traumatic Stress Disorder)로, 신체적인 손상과 생명의 위협을 받은 사고에서 정신적으로 충격을 받은 뒤에 나타나는 질환이라고 정의된다. 이러한 마음의 상처는 몸에 생기는 상처와 달리, 외형상 신체적인 문제 자체는 없는 것처럼 보이지만, 충격적인 체험에 의한 쇼크는 뇌 속에 영속적인 생화학적인 변화를 가져오므로, 이것이 심각한 후유증을 초래한다.

우리가 살아가면서 겪은 충격적인 사건이 정신적인 상처를 만들어 트라우마가 된다. 사회생활 하면서 인간관계에서 겪는 수많은 사건과 그에 따른 트라우마가 있겠지만, 가장 우호적이라 할 수 있는 가족 사이에도 트라우마가 발생할 수 있다. 사람이 태어나 가장 처음 만나는 것은 가족이고 부모님의 맹목적인 사랑을 가득 받고, 형제들과 우애롭게 지내는 것이 가정일진대 그 안에서 무슨 트라우마가 생길까 하겠지만, 현대 사회에서 의외로 가족 때문에 트라우마가 생긴 경우가 많다.

가족 구성원 관계의 양면성이랄까. 지극히 긍정적인 인간관계가 있을 수도 있고, 원수보다 못 한 가족 관계와 같은 지극히 부정적인 관계도 존재하는 것이다. 『가족의 발견』 저자 최광현은 그의 저서에서 트라우마의 고통에 대해 다음과 같이 언급하고 있다.

"트라우마를 경험한 사람의 진짜 고통은 트라우마를 일으킨 사건에 대한 기억이 아니다. 그 사건이 우리에게 2차 피해를 만들어 내는데, 그것은 바로 수치심과 죄책감이다. 수치심과 죄책감은 분노, 원망, 슬픔보다도 더 괴로운 감정이다. 한번 만들어지면 평생을 끊임없이 괴롭히면서 우리의 소중한 행복을 갉아먹는다. 수치심과 죄책감은 어떤 무참한 사건을 겪고 그 기억에서 벗어나 스스로 살아남기 위해서 만들어진 감정이다. '내가 착하지 않아서, 예쁘지 않아서, 아들이 아니라서, 공부를 잘하지 못해서….'라며 모든 문제의 책임을 자기 자신에게 돌리면서 생존하는 것이다. 부모가 냉정하고 사랑이 없는 사람이라고 생각하는 것보다 자기 자신에게 책임을 돌리는 것이 더 낫기 때문이다.

수치심과 죄책감을 내면화한 사람은 일상 문제에도 심각한 불안과 공포를 느끼게 되고, 스스로 자신을 통제하지 못하는 병리적 상태로 들어갈 수도 있기 때문이다. 수치심과 죄책감은 내 안에 또 다른 내가 있다고 느끼게 만들어 끊임없이 스스로를 창피해하거나 역겨워하게 만든다. 프랑스 정신분석가 라캉(Jacques Lacan)은 이런 상태를 "자기 안에 3인칭인 존재가 들어 있다고 느끼는 것"이라고 하였다. 자신이 얼마나 수치스럽고 형편없는 존재인지 잊을 만하면 다시 일깨워 주는 또 다른 나를 갖고 있다는 것은 대단히 고통스런 일이다."[7]

수치심과 죄책감은 한 번 내면화되면 좀처럼 해소할 수 없는 정신적 충격이라는 것이다. 그리고 한 번 겪은 수치심이나 죄책감은 그 사건에서 끝나지 않고 평생 갈 수 있다고 하니 그렇게 생긴 트라우마가 너무나 끔찍하지 않은가. 가족 사이에서 흔히 대화를 나누면서 너무나 쉽게 뱉은 말 한마디도 엄청난 상처가 된다. 그리고 지금껏 가족끼리는 어떤 말을 해도 적절하게 이해해 줄 것이라고 생각하고 쉽게 말을 건넨 적이 없는지 반성해 본다. 내 남편이니 내 아내이니 그리고 내 부모들이고 자식들이니 피를 나눈 형제이니 하면서 상대방이 나를 깊이 이해해 줄 것이라는 생각으로 가족 구성원의 누군가에게 쉽게 던진 말들이 겉으로 드러나지 않는 트라우마가 되지나 않았을까.

험한 세상을 살아가면서 언제나 나에게 커다란 힘을 주고 격려해 준다고 확신한 가족이 아니던가. 밖에서 어떤 어려움을 겪어도 집 안으로 들어서면 가족들은 항상 따뜻하게 나를 반겨 주는 것이 아니던가. 그런데 나에게 항상 우호적인 존재가 되어 주어 거센 세파의 방파제 역할을 해야 하는 가족이 오히려 충격을 주고, 그 충격 때문에 수치심과 죄책감을 가질 수 있다는 것이니, 가족끼리의 대화도 항상 상대방을 존중해야 한다.

수치심과 죄책감과는 조금 다른 트라우마도 있다. 특정한 사건 때문에 일상생활에서 불편을 겪는 것도 트라우마가 아닐까 싶다. 어린 시절에 부모님을 도와 농사를 함께할 때 동네 아저씨로부터 들었던 이야기다. 우리 고향 마을은 달성군 논공읍 위천이란 곳인데, 아주 오래전부터 토마토 특작으로 전국적인 명성을 얻고 있다. 그 마을에서 있었던 일인데, 아주 오래 전에 고향의 어느 아저씨가 새벽 일찍이 들에 나가 비닐하우스에 덮인 거적을 벗기는 작업을 하고 있었다.

나지막한 비닐 터널을 덮은 거적을 벗기는데 거적 속에 뱀이 있었다. 아저씨는 아무런 생각도 없이 비닐과 거적을 동시에 잡고 들었는데, 그 속에 뱀이 있어서 새벽녘에 아저씨가 혼비백산하여 주저앉았다고 한다. 그다음부터 들일을 하면서 뱀이 출현했던 그곳으로 가기만 하면 그냥 놓여 있는 막대기만 봐도 그것이 뱀으로 보여 등짝에 서늘한 기운부터 내리더란다.

물론 큰 뱀이 아니어서 큰 사고는 겪지 않았지만 그 기억이 오랜 시간 지속되었다고 한다. 나도 젊은 시절 시골에서 부모님을 도와 겨우내 토마토 특작을 함께한 경험이 있으니 그 아저씨가 겪었을 상황이 조금은 이해가 된다. 그리고 그 아저씨의 이야기를 들은 후에는 나도 모르게 거적을 벗기거나 덮을 때 뱀이 출현할까 신경이 쓰인 경험이 있었다. 아침저녁으로 토마토 비닐과 거적을 덮고 벗기는 작업이 몇 시간씩 진행되는데 그 아저씨의 트라우마는 어느 정도였을까.

그 당시에 고향 마을 사람들은 겨우내 비닐하우스에서 거의 살았다. 외부에서 손님이 오면 집엔 들르지 않고 아예 들판 비닐하우스를 찾아올 정도였으니. 특수 작물 중 그 당시엔 토마토 농사를 대체할 만한 것이 거의 없었다. 더욱이 토마토 농사를 잘 지으면 상당한 경제적 수입이 확보되는 것이었다. 요즘도 겨울이 되어 고향 마을에 가 보면 들판 전체가 비닐하우스의 대열로 하얗다. 그래서 앞에서 언급한 동네 아저씨의 사례는 가끔 접할 수 있었다. 하지만 아저씨가 뱀을 손으로 잡으며 겪은 이런 정도의 트라우마는 그렇게 심각한 것이 아니다. 이러한 트라우마는 농사를 그만두기만 해도 어느 정도 해소될 수 있다. 그런데 세상일이 그렇게 단순하던가. 숱한 경험과 충격, 그에 따른 트라우마가 존재하지 않던가.

군 복무를 완수한 대한민국 남성들이 공통적으로 겪는 꿈 이야기가 있다. 현실에선 분명 군 복무를 마치고 사회생활 하고 있는데, 꿈속에서 헌병이 체포하러 온 적이 한두 번이 아니다. 꿈속에서 난 분명히 병역을 마쳤는데 왜 다시 군에 가야 하느냐고 항의하면, 전역 명령이 잘못되었으니 다시 입대해야 한다는 것이다. 그 끔찍한 군 생활을 다시 하러 가야 한다니. 인생 일대의 고통으로 각인되어 있는 우리 남성들에게 군 입대 영장은 그야말로 저승사자보다 두려운 존재가 아닌가.

군번 33063598은 나의 주민등록번호 다음으로 기억할 정도로 내 평생 잊을 수 없는 숫자가 되었다. 꿈속에 보이는 현역 입영 영장에 그 군번이 선명하게 보인다. 물론 스물두 살 때 실제 군에 입대할 당시, 군번이 현역 입영 영장에 있을 리가 없지만 어쨌든 꿈속에는 그 군번이 명확하게 찍혀 있다. 그래서 꿈에서도 끌려가지 않으려고 필사적으로 몸부림치다가 꿈에서 깨는 일이 오랜 시간 발생한다. 심한 경우에는 온몸에 식은땀이 범벅이 된 채로 꿈에서 깨기도 한다. 군 복무를 다한 대한민국 남성이라면 대부분 그런 경험을 겪는다.

그리고 자신도 모르게 자리에서 일어나 앉아 몇 번이나 가슴을 쓸어내리며 꿈이었구나 하고 안심한 적이 많다. 주위 사람들과 이야기를 나누다가 그러한 일이 대부분 군필 남성들에게 트라우마로 남아 있다는 사실을 알게 되어 많이 놀란 적이 있다. 30개월 군 복무 기간 동안 그 얼마나 집에 가고 싶었는지 모른다. 어머니 사진을 보면서 가족들을 생각하면서 그 긴 시간을 얼마나 힘들게 보냈나. 달도 없는 캄캄한 길을 따라 100km 행군이 이어지는 7번 국도를 걸어가면서 고향 생각이 얼마나 사무쳤던가.

7번 국도 끝까지 그냥 계속 걷기만 하면 고향 땅에 도달할 것이라고 생각하니 집에 가고 싶어 미칠 정도였다. 단 하루라도 어머니 곁에서 저녁밥을 먹고 싶었던 날들이 정말 많았다. 가족들과 환하게 웃으며 즐거운 시간을 보내고 싶었던 순간이 진짜 많았다. 하루에도 몇 번이나 탈영을 생각하며 보낸 세월이 아니던가. 참으로 끔찍하기만 하였다. 그래서 전역 후에 군 복무를 하지 않은 사람들이 의외로 많다는 현실에 얼마나 분노하였나.

이 사회 고위층 아들의 병역 완수율이 일반 가정의 자제들보다 현격하게 낮았다는 통계 자료를 접하면서 군 생활 내내 겪은 고통이 오히려 배신감 때문에 분노가 치밀던 일도 많았다. 그래도 제대하던 날은 정말 좋았다. 군이라는 특수한 곳에 오랜 시간 구속되어 생활하면서 그곳을 벗어나겠다는 열망이 가득하여 제대하던 날의 그 해방감은 세상 그 무엇과 바꿀 수 없는 기쁨 그 자체가 아니었던가. 그런데 전역 후에 잠시 느꼈던 해방감보다 시간이 갈수록 군대 징집영장을 꿈속에서 보고 다시 끌려가는 고통을 경험하게 되었으니. 이 또한 트라우마가 아니던가.

"사람은 원래 누구나 한 번 죽기 마련이다. 그 죽음은 태산보다 무겁기도 하고 새털보다 가볍기도 하다. 이는 죽음을 사용하는 방향이 다르기 때문이다."

人固有一死. 死有重於泰山, 或輕於鴻毛. 用之所趨異也.

　자 여기서 자신의 성기를 통째로 절단당하는 궁형을 당한 사마천의 트라우마를 한 번 생각해 보라. 어디 앞에서 죽 나열한 일들과 비교 가능한 일인가. 당장의 육체적 고통은 말할 필요도 없고 남성의 상징이 제거되었다는 정신적 충격과 수치심을 우리가 감히 짐작이나 할 수 있을까. 처음 사마천의『사기』열전 번역본을 읽다가 사마천의 궁형 장면을 읽고 얼마나 강한 충격을 받았는지, 내가 꿈속에서 궁형을 당하는 꿈을 꿀 정도였다.

　내 몸 사지가 형틀에 묶여 꼼짝도 못 하고 두려움에 떨고 있는데, 한(漢)나라 옥리들이 나를 둘러싸고 내려다보고 있었다. 그때 어느 옥리가 가져온 정말 예리한 낫이 등장하면 꿈속에서 다가오지 말라고 고함을 지르며 거세게 몸부림을 쳤다. 그리고 자신도 모르게 꿈에서 깼다. 책에서 그 사건을 접하고 그 충격 때문에 악몽을 꿀 정도인데, 실제 궁형을 겪은 사마천의 트라우마는 얼마나 극심했을까. 사마천 연구의 대가인 천퉁성이 쓴『사기의 탄생 그 3천년의 역사』에 사마천의 궁형에 대한 인식이 상세하게 언급되어 있다.

　"사마천이 생식기를 상실했다는 사실은 단순히 성 심리

의 문제로 끝나는 것이 아니며, 더욱 중요한 것은 그것이 하나의 윤리 문제로 비화되었다는 점이다. 따라서 사마천의 윤리 심리를 분석해 보면 궁형이 사마천에게 얼마나 무거운 정신적 부담을 주었는지 이해할 수 있다. 중화민족은 고도로 윤리화된 민족으로서, 특히 효제(孝悌) 관념은 중국 개개인의 윤리 의식에서 가장 핵심적인 내용이었다.

사마천의 몸이 손상되고 더렵혀진 것은 단지 고통과 치욕뿐만이 아니라 그의 부모와 사마씨의 조상들에게도 큰 오점이 되었다. 문제는 여기서 끝난 것이 아니다. 중화민족의 화통융합적 사유 방식에 따르면, 효와 기타 윤리적 덕목들은 하나가 손상되면 모든 것이 손상되는 관계이기 때문에 효는 인의 근본으로 간주되었다."2

어디 중국 사람에게만 해당하는 사항인가. 한자 문화권 내에서도 중국의 영향을 많이 받았던 우리 역사 현장에서도 '신체발부수지부모(身體髮膚受之父母)'가 조상들 대뇌에 깊이 박히고 삶에 투영된 것을 볼 수 있다. 우리 몸의 털 하나라도 부모에게 받지 않은 것이 없으니 함부로 다치지 않게 조심하는 것이 효의 시작이다. 물론 궁형을 효의 차원에서 언급하는 것도 사마천에게는 사치일지 모른다.

이릉(李陵)의 화(禍)

　사마천의 인생에 너무나 중대하고 치명적인 트라우마를 초래한 사건 '이릉의 화'는 도대체 언제 어떻게 발생하고 진행된 사건이었을까? 한 무제 시절 장수 이릉이 5천의 군사를 지휘하여 흉노를 정벌하러 나갔다. 이릉의 군이 초반에 연전연승하자, 한 무제와 조정은 연일 축하연을 열고 이릉의 공로를 치하하였다. 한 제국의 자존심을 천하에 두루 알린 터였다. 5천 군사로 수만의 흉노를 정벌하는 과정에서 승리하였으니 한 무제와 당시 조정이 이릉을 격찬하는 것이 당연하다. 더욱이 흉노족들은 북방 오랑캐로 사나울 뿐만 아니라 한곳에 정착하지 않는 유목민족이라 한 제국의 군대가 흉노족들을 정벌하는 데 상당히 어려움이 있었기 때문이다.

　당시 한 무제의 군사들과 흉노의 부대는 운용 방식이 현격하게 달랐다. 정착 민족과 유목 민족의 차이라고 할까. 흉노는 전통적으로 한곳에 정착하지 않고 풀밭을 찾아 끝없이 이동하는 민족이다. 따라서 전투 방식도 달랐다. 보병보다는 기마병 중심의 기동성을 갖춘 날랜 군사력을 갖고 있었다. 한나라에서 대규모의 정벌을 하려고 해도 한곳에 정착하지 않는 흉노 군사를 찾아내 격파하기가 결코 쉽지 않았다. 더욱이 거우 5천 군사로 흉노의 대군을 정벌하는 것은 애초에 무리였다. 그래도 열악한 상황을 뚫고 연전연승하여 기세를 올리던 이릉의 군대가 흉노 영토 깊숙이 들어간 상태에서 우군의 지원도 받지 못하고 수만의 흉노에 포위되어 결국 중과부적으로 패하면서 투항하고 말았다.

무제는 크게 노하여 이릉의 일족을 참형에 처하라고 엄명했다. 그러나 중신을 비롯한 이릉의 동료들은 무제의 서슬 퍼런 명령에 두려워하며 침묵만 지킬 뿐, 누구 하나 이릉을 위해 변호하는 사람이 없었다. 사마천이 그를 변호하고 나섰다. 사마천이 비록 황제 지근거리에 있는 사관이었지만, 그 영향력이 지극히 미미한 존재였다. 그런데도 사마천이 나서서 한 무제에게 간하였다. 사마천이 그렇게 이릉을 옹호하며 한 무제에게 올린 말들이 어떤 후폭풍을 몰고 올지는 전혀 몰랐을 터. 그래도 사마천이 사가로서의 냉철한 눈으로 사태의 진상을 통찰하고 대담하게 무제에게 아뢰었다.

"이릉은 소수의 보병으로 오랑캐의 수만 기병과 싸워 적들을 격파하였습니다. 그런데 이번엔 중과부적인 상태에서 기다리던 원군은 오지 않고 급기야 아군 중에 이탈자까지 나오는 상황에서 어쩔 수 없이 패퇴한 것으로 보입니다. 비록 패하기는 했지만, 그 뜻을 보건대, 장차 적당한 기회를 얻어 황은에 보답하고자 했던 것입니다. 그러하오니 차제에 폐하께서 이릉의 무공을 천하에 널리 알려 세상 사람들의 귀감이 되게 해 주시옵소서."

조정 대신들이 모두 입을 꾹 다물고 사태의 흐름을 주시하고 있는 상태에서 미미한 사관에 불과한 사마천이 충심에서 이렇게 한 무제에게 간했다. 대제국 한나라가 북방 오랑캐 흉노에게 패한 사실로 자존심이 엄청나게 상했던 다혈질의 강성 군주 한 무제가 단번에 격노하여 사마천을 하옥시켜 버린다. 실제로 사마천은 투옥된 후 이듬해에 참으로 끔찍한 궁형을 당하게 된다. 세상 사람들이 이 일을 가리켜 '이릉의 화'라 일컫는다.

 궁형이란 남성의 생식기와 고환까지 잘라 없애는 극형이며 육체적 고통에 극도의 정신적 수치심을 동반하는 무시무시한 형벌이었다. 궁형은 그 자체로도 매우 위험한 치명적인 형벌이다. 더욱이 49세에 궁형을 받았으니 살아남는 것이 기적이었다. 지금이야 평균 수명이 80세에 근접하지만, 고대 중국 한 무제 당시의 49세는 거의 인생 끝자락에 해당하는 나이였다. 그래도 사마천은 궁형이라는 치욕을 겪으면서까지 살려고 했다. 사마천은 이를 친구인 '임안에게 보내는 글「보임안서(報任安書)」'에서 "행동 중에서 조상을 욕되게 하는 것보다 더 수치스러운 것이 없고, 부끄러움 중에서 궁형을 받는 것보다 더 심한 것이 없습니다."라고 적고, 자신의 심정을 절절히 밝히고 있다.

 行莫醜於辱先, 詬莫大於宮刑.

보임안서(報任安書)

사마천은 B.C 97년에 궁형에 처해졌지만, 끔찍한 치욕형을 내린 무제에게 그 후 재능을 인정받아 대사면을 받게 된다. 그리하여 B.C 96년 출옥 후 중서알자령(中書謁者令)에 임명되었다. 한 무제의 사면으로 관직에 복귀하였지만, 사마천의 심중은 기쁨이나 자긍심보다 궁형에 따른 분통을 오롯이 간직한 채『사기』저술에 전념하였다. 18년간 써 내려간『사기』는 궁형을 받은 시기를 경계로 전후 서술 내용에 급격한 변화를 가져오게 된다. 궁형 이전에는 한 제국과 한 무제를 자부심과 추앙의 대상으로 상정하여 긍정적으로 보았다면, 궁형 이후에는 역사적 현실을 비판적으로 보게 된다. 궁형을 겪으면서 현실을 보는 관점이 근본적으로 변화되었다.

여기서 말하는 「보임안서」는 친구인 익주자사 임안(任安)에게서 받은 편지에 대해 정화 2년(B.C 91년)에 보낸 답장이다. 사마천이 사형을 선고받은 후에, 한창 집필 중이던『사기』를 완성하기 위해 구차하게 삶을 연명하고자 했고, '궁형'을 자청해 죽음을 면하게 된다. 그리고 이 편지에는『사기』의 집필 배경을 비롯하여, 사마천의 생사관, 시대에 대한 인식, 역사 기록의 의지 등에 대한 사마천의 견해가 들어 있다. 예전에 임안이 보낸 편지에 대해 다음과 같이 답장을 보내며 자신의 현재 심정을 통절하게 밝히고 있다.

"가령 내가 법에 의거하여 죽는다고 해도 그것은 한낱 '아홉 마리의 소 중에서 터럭 하나 없어지는 것'과 같을 뿐이니 나와 같은 존재는 땅강아지나 개미 같은 미물과 무엇이 다르겠소? 그리고 세상 사람들은 저를 능히 절개를 지키다 죽은 사람으로 기리지도 않을 것입니다. 그리고 특별히 지혜도 없이, 죄가 극에 달해 나쁜 말 하다가 큰 죄를 지어서 스스로 벗어나지 못하고 끝내 죽고 말았다고 여길 것이라오."[3]

사마천이 궁형이라는 극형을 받고 그 수치심과 모욕을 참으면서 살아가려고 결심한 이유가 있었다. 사마천이 충분히 자결할 수 있었다. 조정 관리라면 궁형이라는 수치를 겪기보다 깨끗하게 자결하는 것이 훨씬 나았고, 그것이 실제 당시의 관례였다. 대부분 궁형을 당하면서까지 그렇게 구차한 삶을 구하지 않을 것이다. 그런데도 사마천은 궁형을 당하면서까지 살아남았다. 왜 그랬을까.

사마천은 태사령이었던 아버지 사마담(司馬談)이 임종 시에『통사』를 기록하라고 유언하였고, 이에『사기』를 집필 중에 있었기 때문이다. 부친에 이어 사관의 직책을 갖고 있었던 사마천에게 역사서를 꼭 완성하라는 부친의 유언을 지키고자, 지극히 고통스럽고 수치스럽기 짝이 없는 삶을 이어 나갈 수밖에 없었다. 실제로 15년간이란 긴 세월 동안『사기』를 썼고, 그 역사서를 완성하기 전에는 죽고 싶어도 죽을 수도 없는 몸이었다. 고난의 세월을 보내면서 역사서를 써 내려갔다. 그리하여 불후의 명저로 꼽히는『사기』130권이 완성되어 세상에 나오게 되었다.

사기를 완성하기 위해 사형보다 더 치욕적인 형벌을 자청했던 사마천의 심정은 얼마나 고통스러웠을까! 친구 임안에게 보낸 편지에서 자신의 심정을 밝혀 놓았다. 아마도 구구절절 할 말이 많았을 것이다. 궁형을 당한 사마천은 이렇게 말하였다.

"모진 치욕을 당하기로는 궁형보다 더한 것이 없습니다.
제가 화를 누르고 울분을 삼키며 옥에 갇힌 까닭은 차마 다
하지 못한 말을 후세에 남기고자 하였기 때문입니다."

사마천이 궁형을 당하고 느낀 치욕이 얼마나 컸기에 임안에게 보낸 편지에서 이런 것을 토로했을까. 그런데 궁형을 당하기 전에 그런 치욕을 예상하지 못했을까. 분명히 성기를 절단당하는 형을 알고 있었을 것이고 그것은 설령 산다고 해도 산목숨이 아닌 그저 살아 있는 시체에 불과함을 분명히 알았을 것이다. 그런데도 그는 살아야 한다고 생각했다. 화를 누르고 울분을 참고 옥에 갇혀 궁형을 감수한 것은 역사서를 완성하여 자신이 차마 말하지 못한 것을 후세에 알리겠다는 열망이 너무나 강했기 때문이었다.

하지만 우리 같은 평범한 보통 사람들로선 사마천의 이러한 행동을 이해하기가 결코 쉽지 않다. 그렇게 수치스런 일을 겪어가면서까지 구차하게 목숨을 연장하여 역사서를 남긴다 한들 무슨 의미가 있을까. 하지만 사마천과 같은 위대한 인물은 세상을 보는 시각조차 우리와 전혀 다르다. 그리고 생에 대한 관점도 보통 사람들이 도저히 따라갈 수 없는 차원에서 전개된다. 우여곡절 끝에 그렇게 역사서 『사기』가 세상에 나올 수

있었다.

『사기』「흉노열전」에 '이릉의 화'와 연관된 사건이 구체적으로 언급되어 있다.[4]

그 이듬해, 한나라는 이사 장군 이광리에게 명해 기병 3만 명을 거느리고 주천군을 나가 우현왕을 친산(天山)에서 치게 했다. 이사 장군은 오랑캐의 수급과 포로 1만여 명을 가지고 돌아왔다. 그 도중에 흉노에게 완전히 포위당하여 거의 탈출할 수 없게 되었고 한나라 군의 전사자는 10명 중 6, 7명에 이르렀다. 한나라는 또 인우장군 공손오에게 명해 서하군(西河郡)을 나가 강노도위와 탁도산(涿涂山)에서 싸우게 했지만 전과는 없었다.

또 기도위 이릉에게 명해, 보병과 기병 5천 명을 거느리고 거연택(居延澤)의 북쪽 1천여 리까지 출격시켰다. 이릉은 선우와 마주쳐 만여 명의 적을 살상했으나 이쪽도 군사와 식량이 거의 다 떨어졌으므로 전투태세를 풀고 돌아오려고 했다. 그러나 흉노에 포위되어 마침내 이릉은 흉노에 항복했고, 그의 군사는 거의 전멸되어 한나라로 살아 돌아온 자는 겨우 4백 명에 지나지 않았다. 선우는 이릉을 귀하게 대우해 그의 딸을 이릉의 아내로 주었다.

앞에서도 언급하였듯이, 이릉이 흉노에게 어쩔 수 없이 항복하였지만, 한 무제는 이릉의 입장이나 전장의 상황을 전혀 고려하지 않았다. 오히려 대제국 한나라 군이 북방 오랑캐 흉노에 패배했다는 현실을 도저히 받아들일 수 없었기에 크게 격노하였고, 이에 사마천이 이릉을 변호하다 궁형에 처해졌다.

이렇게 사마천에게 평생 아니 영원히 씻을 수 없는 치욕의 상처가 된 궁형! 그 궁형을 초래한 발단이 바로 이릉의 항복이었다. 실제로 이릉이 흉노에게 투항하자마자 곧장 조국 한나라를 배반한 것이 아니다. 이릉이 흉노에게 항복하고 포로가 된 지 1년쯤이 지났을 때, 무제가 돌연 공손오에게 군사를 주며 흉노를 공격하게 한다. 그러나 공손오는 작전에 성공하지 못하고, 이릉이 흉노를 위해 군사 전술을 가르치고 있다는 그릇된 첩보를 가지고 돌아온다.

허위 보고

여기에서 문제가 발생한다. 실제로 흉노에게 전술을 가르치고 있던 자는 이서(李緖)라는 인물이었다. 이서가 변경에 출몰하는 이민족의 진압을 책임진 새외도위로 있었는데, 흉노의 공격을 받고 곧장 투항했다. 그리고 그 이서가 흉노 땅에서 흉노 군사들에게 전술을 가르치고 있었는데, 공손오는 황제에게 이릉이 흉노 군사들을 가르치고 있다고 보고했다. 거짓 정보로 인해 극도로 분노한 무제가 명을 내려 이릉의 노모와 아우, 그리고 처와 자식들을 모두 처형해 버린다. 이릉은 이때까지만 해도 1년 동안 흉노의 모든 유혹을 뿌리치고 조국 한나라에 대한 절개를 지키면서 고향 땅으로 복귀할 희망을 갖고 있었다.

무제가 공손오의 거짓 정보를 믿고 이릉의 육친을 모두 살육해 버린 것이다. 마침내 이릉은 조국 한나라에 대해 완전히 등을 돌리고 만다. 그래서 그동안 줄곧 거절해 왔던 흉노 왕의 제의를 받아들이기로 한다. 흉노 왕 선우의 딸을 아내로 맞이하고 우교왕(右校王)의 자리에 오르게 된다. 한나라의 장수로 투항한 고뇌도 있었겠지만, 자신의 투항 때문에 한나라 장안에 있던 자신의 가족이 몰살당하는 상황에서 조국 한나라에 대한 극단적인 혐오감이 생기지 않았을까.

그런데 이릉이 흉노 땅에 있을 때 선우의 명령에 따라 흉노에 와 있던 한나라 사신 한 사람을 설득할 임무를 띠게 된다. 이릉이 그 사람을 아무리 설득해도 듣지 않았다. 나아가 흉노의 갖은 회유와 협박에도 불구하고 그 뜻을 굽히지 않았다. 그리고 그는 장장 19년이나 버티다가 결국 한나라로 무사 귀환하였다. 19년이란 긴 세월 동안 흉노 땅에서 갖은 핍박과 냉대 그리고 회유와 협박에 굴하지 않고 한나라에 대한 절개를 꺾지 않았으니 그 사람이 바로 소무(蘇武)이다.

이릉과 소무 두 사람의 처신을 동일 선상에 놓고 누구의 선택이 옳은지 단순 비교할 수는 없다. 이릉이 조국 한나라를 배반하였지만, 그 선택을 무작정 비난할 수 없다. 평생 충성을 바친 조국의 황제가 자신의 가족을 몰살하였기 때문에, 도저히 한나라로 돌아올 수 없었다. 반면 소무는 이릉과 달리 언제든 조국에 돌아가기만 하면 환대받을 수 있었다. 두 사람 앞에 놓인 상황이 너무나 달랐다. 어쨌든 소무는 그 오랜 세월 갖은 회유와 협박에도 굴하지 않았다. 이해타산에 따라 너무나 쉽게 변하는 요즘 사람들의 염량세태(炎凉世態)와는 선명하게 대비된다. 당시 소무는 한나라의 무제의 사신이 되어 중대한 임무를 띠고 흉노 땅에 파견되었다가 19년 동안 억류되었다. 온갖 회유책으로 투항을 권유하는 흉노에게 저항하면서 결코 꺾이지 않았다.

소무(蘇武)

　　진한 시기에 북방의 흉노 정권이 때때로 남쪽으로 쳐들어와 노략질을 일삼아 한나라에 커다란 숙제를 주었다. 한나라의 역대 황제와 조정에선 무력과 외교를 병행한 '기미책(羈縻策)'을 실행하여 흉노 문제를 해결하려 하였지만, 그 또한 만만한 일이 아니었다. 기미책의 '기(羈)'는 말의 얼굴에 씌우는 굴레를 뜻하고, '미(縻)'는 소를 붙잡아 매는 고삐를 뜻한다.[5] 그리고 '기미책'은 중국의 전통적인 대외 정책인데, 한나라 당시에는 특히 흉노를 비롯한 주변 오랑캐를 다루던 방식이었다. 변변치 못한 오랑캐와 일정한 관계를 유지하면서 견제하되, 정복하거나 지배하는 것과 같은 적극적인 대응은 피하는 것이다. 일종의 간접적인 통치 전략이라 볼 수 있다. 흡사 고삐와 굴레로 우마(牛馬)를 부리듯이 주변 이적(夷狄)들을 다룬다는 뜻이다. 이러한 정책의 일환으로 흉노의 마음을 사기 위해 심지어 궁중의 미녀를 뽑아 흉노의 추장 선우의 환심을 사려고까지 하였다. 그 대표적인 인물이 왕소군(王昭君)이다.

　　서한 초기에는 한나라 조정에서는 흉노와의 전쟁을 가급적 피하기 위해 화친 위주의 외교 정책을 펼쳤다. 하지만 흉노는 여전히 한나라에 대한 침략을 멈추지 않으며 북방을 침범하며 더욱 거만하고 난폭하게 굴었다. 그러나 한 무제는 이전까지와 달리 막강한 국력을 바탕으로 본격적인 대외 정벌을 실시한다. 대규모 군사를 일으켜 밀고 나가면서 여러 차례 드넓은 사막까지 군사를 출병시켜 승리했다. 문경지치(文景之治)라고 일컫는 문제(文帝)와 경제(景帝)의 시대를 거쳐 무제(武帝) 시대에 들어와 서는 급격한 경제 성장과 더불어 국력이 급신장한다. 나라에 군량미가 넘쳐나면서 주변국을 본격적으로 정벌하게 되었던 것이다. 한나라 초기부터 골칫거리였던 북방 흉노를 달래고 평화를 유지하기 위해 불가피하게 화친을 선택하였지만 한 무제는 이전의 황제들과 전혀 달랐다. 강력한 국력을 바탕으로 본격적인 주변 정벌 정책을 펼치려고 하게 된 것이다.

그렇다고 흉노에 대해 채찍 전략만 펼치지는 않았다. 무제는 강력한 대외 정벌을 실시하는 것과 동시에 흉노와 화친하며 호시(互市)를 열고 사신을 왕래시키는 정책을 병행하며 친선과 우호 관계를 도모하고자 했다. 하지만 흉노는 한나라의 사신 곽길(郭吉), 노충국(路忠國)과 같은 사신을 10명이나 억류했다. 이에 한나라도 그 보복으로 흉노의 사신이 오면 인질로 잡아 두는 것으로 맞대응을 했다. 한 무제는 천하 경영의 야망으로 똘똘 뭉친 강성 군주로서 온갖 수단을 다해 흉노를 제압하려고 노력하였다. 한 무제가 보기에 한갓 오랑캐에 불과한 흉노를 제대로 정벌하지 않고는 한나라 황제와 조정의 위신이 도저히 서지 않았다.

그렇게 세월이 흘러 한나라와 흉노 사이에 아주 특별한 일이 발생하게 된다. 흉노 수장인 선우가 바뀌면서 양쪽 간에 해빙 무드가 일시적으로 생긴다. 천한(天漢) 원년이자 B.C 100년에 흉노의 차제후 선우는 즉위를 하자마자 한나라의 습격을 두려워한 나머지, 그동안 억류하고 있던 한나라 사신들을 모두 돌려보내겠다고 알렸다. 흉노 세력이 아무리 강하다고 해도 한 제국이 만만한 나라가 아니었고, 한나라의 문물을 받아들여 흉노의 백성들의 생활 수준을 높일 의도도 있었을 것이다. 그래서 흉노 측에서 선우 자신이 먼저 한 나라를 향해 화해의 손길을 내밀었다. 북방에서 늘 골칫거리였던 흉노가 먼저 화해를 표시하자, 한나라 무제가 그 제안을 수용하여, 소무로 하여금 중랑장(中郞將)의 신분으로 황제의 지절(持節)을 가지고 흉노에 사자로 가도록 하였다.

이렇게 흉노 측의 화해 제스처에 화답하듯 이전에 한나라에 억류된 흉노 사신들도 소무와 함께 흉노 땅으로 가게 되었다. 소무는 부중랑장(副中郞將) 장승(張勝), 상혜(常惠) 등과 함께 호위군, 정탐 인원 백여 명을 모아 흉노 땅을 향해 출발했다. 한나라와 흉노 사이에 오랜 기간 진행되어 온 갈등과 대립에서 벗어나 모처럼 양측 사이에 화해 분위기가 형성되었다. 이러한 상황 덕분에 긴장이 어느 정도 풀린 상황에서 사신으로 가게 되었으니 별 걱정이 없었다. 억류하고 있던 흉노 사신들을 흉노 땅까지 호송한 뒤, 흉노 땅에 억류되어 있던 한나라 사신들을 무사히 송환하면 소무 일행의 임무가 끝난다. 당연히 크게 우려할 상황이 아니었다. 소무 스스로도 자신의 인생에 그렇게도 참혹한 미래가 펼쳐질 줄은 꿈에도 몰랐다. 사람 인생 한 치 앞을 내다보기 어려운 법이다.

양국의 협상이 매끄럽게 전개되고 상호 억류한 사신들을 석방하면서 오랜만에 화해 무드가 조성되어, 소무가 흉노 땅에서 한나라로 돌아오려고 할 즈음에 참으로 어이없는 사건이 터졌다. 당시에 흉노 왕족 중의 한 명인 구왕(緱王)과 한나라 출신으로 흉노에 항복해서 살고 있던 우상(虞常)이 흉노 내부에서 모반을 획책하며 선우의 측근 대신인 위율(衛律)을 죽이려 했다. 흉노의 정령왕(丁零王) 위율도 역시 한나라 출신으로 흉노에 투항하여 선우가 중용하고 있었다.

하지만 누군가의 밀고로 모반이 사전에 적발되어 실패하게 되어 구왕은 죽임을 당하고 우상은 사로잡혔다. 흉노 내부에 심각한 권력 투쟁이 발생한 것이다. 그런데 이 권력 투쟁의 불똥이 한나라 사신 소무 일행에게 떨어졌으니 그 당혹감이야 얼마나 컸겠는가. 소무는 사실 흉노 내부의 권력 투쟁과 아무 연관이 없었다. 정사(正使)로서 황제의 명령에 충실하였을 뿐, 흉노 내부의 권력 투쟁에 연루될 이유가 전혀 없었다. 더욱이 소무는 강직한 성품을 지닌 사람이라 그런 추악한 일에 가담할 리도 전혀 없었다.

그런데 흉노 측에서 모반 연루 혐의에 대해 조사를 진행하면서 장승이 이 사건에 연루되었음이 밝혀진다. 선우는 화가 머리끝까지 치밀어 올라 흉노 땅에 와 있던 한나라의 사신들을 모조리 도륙하고자 회의를 소집했다. 선우를 직접 겨냥하여 제거하려는 권력 투쟁이 아니라 선우의 측근을 제거하려는 거사였기에 그 파장이 그리 크게 가지 않을 수도 있었다. 그래도 군주 전제 체제하에서 측근은 곧장 군주와 직결된다. 어느 시대건 군주에 대한 모반은 매우 엄중한 죄였다. 더욱이 화해의 사신으로 파견되어 온 상대국의 관리가 감히 자신의 영토에서 모반에 가담하고 연루되다니, 선우의 분노도 그리 무리한 것만은 아니었다.

선우의 지시를 받은 위율이 소무를 심문하게 되었을 때, 소무가 스스로 검을 들어 자신을 찔렀다. 어차피 사건에 연루된 사람이 정사인 자신의 부하이니 설령 자신이 상관없다 하더라도 이대로 귀국하면 그 책임을 벗을 길이 없었다. 더욱이 황제의 명을 받아 떠난 사행이 이런 불명예스런 적국의 모반에 연루 의혹을 받았으니 강직하고 책임감 강한 소무가 구차하게 살아남을 생각도 없었다. 소무가 칼을 들어 자신을 찔렀을 때 심문을 맡은 위율이 너무나 깜짝 놀라서 몸소 소무를 안은 채 사람을 보내 재빨리 의원을 데려오도록 했다.

그렇게 의원들이 치료하여 반나절이 지나 소무가 기절 상태에서 벗어났고, 상혜 등이 울면서 그를 수레에 태워 처소로 돌아왔다. 흉노 내부의 모반 가담자나 연루된 사람을 찾기 위한 수사가 예상치 않게 전혀 엉뚱한 방향으로 전개된다. 처음 내부 모반에 관한 보고를 접했을 때, 격노했던 선우가 소무의 자결 시도를 듣고 소무의 사람됨을 다시 보게 된 것이다. 타국 땅에서 모반 혐의에 따른 심문을 받는 절박한 상황에서도 자신의 목숨보다 조국을 더 생각하면서 자신을 기꺼이 던지는 모습에 깊이 감동받았으리라.

소무의 그릇이 그 정도였으니 비록 흉노의 수장일지라도 반하지 않았을까. 당시 한나라 출신 관리들이 숱하게 흉노 땅으로 넘어가 고위 관직을 받아 부귀영화를 누리고 있었다. 실제 이번 모반 사건에 연루된 우상이나 그 저격 대상인 위율 또한 한나라 출신으로 조국을 배반하고 흉노에 귀부(歸附)하여 높은 벼슬을 받아 흉노의 고위직이 되었다. 흉노의 구왕 또한 지난날 한나라에 항복하였다가 다시 흉노의 포로가 되어 돌아간 사람이다. 동서고금을 막론하고 국가나 민족에 대한 절개나 의리보다 자신의 이익을 추구하여 조국을 헌신짝처럼 저버린 사람이 많았다.

눈앞의 이익 때문에 자신의 역할이나 의무를 망각한 관리들이 많았기에 소무의 처신은 매우 드문 사례이다. 흉노 내부 권력 투쟁 과정에서 엉

뚱하게 불똥을 맞은 소무가 구차한 변명을 하거나, 흉노의 회유와 협박에 절대로 넘어가지 않았다. 그런 소무에게 감동받은 선우가 아침저녁으로 사람을 보내어 소무의 안부를 물으며 각별한 관심을 보였다. 반면에 소무의 부하 장승은 흉노 내부 권력 투쟁에 연루된 혐의로 옥에 갇히게 되었다.

회유(懷柔)

소무의 몸이 나날이 회복되어 가자, 선우가 사신을 보내어 소무를 회유해 자신의 휘하로 귀순하도록 종용했다. 소무 정도의 인물이라면 필시 휘하에 두고 함께 국사를 논의하고 싶었을 터. 실제로 소무만큼 국가에 대한 충성심, 절개, 자신의 역할에 대한 책임감을 가진 관리는 매우 드물다. 소무 자신은 흉노 내부의 권력 투쟁에 전혀 연관이 되지 않았다. 하지만 황제의 사신이라는 책임감 때문에 자결을 시도할 정도의 소무이기에 흉노의 선우도 소무를 다시 보게 된다. 위율이 선우의 명을 받아 한나라 사신 중 항복하는 자는 살려 준다고 권하자, 정작 이번 사건의 책임이 가장 큰 장승은 뜻밖에도 그 자리에서 바로 비굴하게 투항했다. 반면에 소무가 장승의 죄에 연루되었다고 위율이 협박하자, 소무는 자신이 음모에 가담한 적이 결코 없다고 맞섰다.

지사 특유의 강개한 처신이 눈에 선하다. 위율이 검을 들어 소무를 찌르려고 했다. 그러나 소무는 전혀 두려워하지 않았다. 실질적으로 모반에 깊숙이 관여한 장승은 재빨리 투항하여 자신의 목숨을 이어 나가지만, 소무는 위율의 협박에 전혀 흔들리지 않았다. 이릉을 변호하다 사마천이 궁형을 당한 것과 장승의 모반 연루로 소무가 엮여 엄청난 고통을 당한 것이 묘하게 오버랩된다. 더욱 우리를 슬프게 하는 것은 사마천이 이릉을 그렇게 옹호하다 궁형까지 받았지만, 정작 이릉은 흉노 땅에서 선우의 딸과 혼인하여 안락한 생을 누렸다는 점이다.

그리고 소무가 19년이란 오랜 세월 그렇게 험난한 생을 보낸 것에 비해, 정작 그 처벌을 받아야 했어야 했던 장승은 눈치껏 투항하여 목숨을 부지하고 훗날 한나라로 무사하게 귀환하였다. 인간의 도리나 절개를 지킨 사람은 희생당한다. 그러나 결정적인 순간에 변절하여 부귀영화를 누리는 인간들도 있다. '어떻게 사는 것이 옳은가?' 하는 의문이 들지 않을 수 없다.

소무가 끝까지 반발하자 이번에는 위율이 소무를 위협하던 자세를 바꿔 회유하기 시작한다. 위율 자신은 일찍이 한나라를 배반하고 흉노에 몸을 의탁했다. 그런데도 오히려 영왕(泰王)의 지위로 흉노 땅에서 부귀영화를 누리고 있으니, 소무도 항복한다면 그런 영화를 누릴 수 있다고 설득했다. 이곳에서 투항하지 않고 그렇게 절개를 지키며 저항한들 한나라에서 누가 소무 당신의 충성심을 알아줄 것이냐는 말도 덧붙였다.

선우의 지시를 받아 위율이 집요하게 소무를 회유하면서 높은 벼슬도 제시하기도 하였다. 하지만 소무는 오직 조국 한나라에 대한 일편단심뿐이었다. 오히려 소무는 위율에게 한나라 사신을 죽였다가는 흉노에게 엄중한 재앙이 닥칠 것이라고 당당하게 경고했다. 소무의 흔들림 없는 자세와 강경한 대답에 난처해진 위율이 어쩔 수 없이 선우에게 상황을 보고하게 됐다. 그래도 선우는 포기하지 않고 기어이 소무의 항복을 받아 내려 하였다.

그래서 소무를 커다란 땅굴에 가두고 음식도 주지 말도록 했다. 물론 실제로 소무를 굶겨 죽일 작정으로 그렇게 한 것은 아니었다. 하지만 배고픔의 고통을 겪게 되면, 아무리 강철 같은 정신을 가진 소무라도 굴복할 것이라고 보았다. 그때 하늘에서 큰 눈이 내렸다. 소무는 땅굴 속에서 눈덩이를 씹고 양탄자의 털을 함께 삼켜 며칠이 지나도 굶어 죽지 않았다. 비굴하게 삶을 구걸하지도 않았고, 녹봉과 벼슬을 제시하는 달콤한 회유에도 굴하지 않았다. 오직 조국 한나라에 대한 충성심만 가득한 소무였다. 하지만 그렇게 오랜 세월 엄혹한 북방 오랑캐 땅 흉노 지역에서 그렇게 굳은 절개를 지킨 소무가 겪어야 했던 고통은 너무나 컸다.

한 무제의 정사(正使)로서 흉노 땅에 들어가 휘하의 부사(副使)가 흉노의 권력 헤게모니에 깊숙이 연루되는 절체절명의 상황에서도 결코 굴하지 않고 버티었다. 조국을 배반하고 흉노에 귀부하여 높은 관직을 받아 그곳에서 부귀영화를 누리던 위율이나 이릉 같은 위인들과는 차원이 전혀 달랐다. 인간이 특정한 상황에서 어떤 처신을 하느냐는 그 사람의 평가에 매우 중요한 판단 기준이 된다. 특히 어려운 상황에 처하면 그 사람의 진면목이 여실히 나타난다. 우리네같이 평범한 사람들의 시각에서 보자면 위율이나 이릉이 보편적인 처세 유형이고 소무가 특별한 존재의 인간이 아닐까 싶다. 우리도 그런 상황이 되면 대부분 위율이나 이릉처럼 처신하지 않았을까. 눈앞의 이익에 현혹되어 조국이나 민족을 간단하게 배반한 사례가 우리 역사에 얼마나 많았던가.

일제 시대 문인을 비롯한 사회 지도층들의 처신을 보아도 알 수 있듯이, 어느 순간에 조국과 민족을 배반하였던 친일파가 정말 많았다. 독립운동을 한 사람들은 상대적으로 적었다. 그런데 나도 그 시절에 살았다면 강고하고 엄혹한 일제 치하에서 목숨을 내던지고 독립 운동가의 길을 걸어갈 수 있었을까. 오히려 친일파가 되어 부산항에서 부관훼리에 몸을 싣고 일본으로 유학을 떠나는 길을 선택하지 않았을까. 돌아와 일제 식민지 치하에서 고관대작이 되거나 부귀영화를 추구하지 않았을까. 풍찬노숙하며 만주 벌판에서 조국 독립을 위해 희생한 독립지사의 삶을 살지 않고 일제 식민지하에서도 안락한 생활을 추구하였을 것이다. 그리고 조선 총독부의 앞잡이가 되어 이 민족의 신음은 외면한 채 그저 자신의 편안한 삶만 추구하며 희희낙락하지 않을 것이라고 누가 장담할 수 있을까. 그러기에 소무의 처신은 정말 높이 평가받아야 한다.

바이칼 호수

다시 소무의 이야기로 돌아가자. 흉노의 선우는 명을 내려 소무를 북해(北海, 바이칼호)의 사람이 살지 않는 땅으로 데려가 혼자서 숫양을 기르게 하였다. 천자의 사신이자 대제국 한나라의 고위 관리 소무가 졸지에 미천한 목동의 처지로 전락하여 북해 지대로 강제 유배된다. 바이칼호는 겨울이 되면 엄청나게 춥다. 선우는 소무를 북해로 보내어 굴복시키려 하였다. 천자의 나라 조정에서 전도유망한 관리로서 벼슬살이하던 소무가 극한 상황에서 도저히 이겨 내지 못하리라 여겨 그런 술수를 썼다. 이곳에서 소무의 험난한 인생이 본격적으로 시작된다. 처음에 흉노 측에서 소무를 바이칼호 쪽으로 보내면서 다음과 같이 말했다.

> "숫양이 새끼를 낳아 젖이 나와야만 소무는 한나라로 돌아갈 수 있다."

> 使牧羝 曰, "羝乳 乃得歸."

숫양이 어찌 새끼를 낳고, 숫양에게서 어떻게 젖이 나온단 말인가. 이것은 소무를 한나라에 돌려보내지 않겠다는 의도였다. 또한 선우가 소무를 시험해 보려는 시도였다. 소무가 북해에 도착하니 그곳은 식량도 없었다. 이에 들쥐 구멍을 파 그곳에 저장된 풀씨를 먹으며 허기를 달랬다. 무슨 일이 있어도 조국으로 돌아가겠다는 열망, 어떤 상황에서도 변절하지 않은 충성심이나 절개가 없었으면 도저히 견뎌 낼 수 없는 극한 상황이었다. 북해에서 숫양을 치면서도 오직 조국 한나라로 돌아가겠다는 일념뿐이었다. 자나 깨나 한나라의 지절(持節)을 놓지 않아, 지절에 붙어 있던 야크의 꼬리털이 떨어져 나갈 정도였다. 지조를 지키고자 하는 소무의 노력이 처절하여 눈물겹기만 했다.

식량이 제공되지 않은데다가 시간이 가면서 한나라의 조정에서는 소무에 대한 관심도 점점 사라져 갔다. 소무가 조국 한나라에 대해 변하지 않는 충성심과 절개를 가지고 있다지만, 하루하루 살아가는 고통은 당장 자신에게 놓인 현실이기에 정말 견뎌 내기 어려웠다. 누가 알아주는 것도 아니고 그렇다고 누가 곁에서 성원하거나 격려하지도 않으니 더욱 외롭고 힘들었을 터.

소무가 10년 이상이나 갖고 있었다는 한절(漢節)은 한나라 사신임을 나타내는 부절(符節)이다. 부절은 고대에 돌이나 대나무 또는 옥 같은 것으로 만들어 신표로 삼던 물건인데, 주로 사신들이 갖고 다녔으며 돌로 갈라서 하나는 조정에 보관하고, 하나는 본인이 갖고 다니면서 신분의 증표로 삼았다. 흉노 땅으로 떠나는 소무에게 한 무제가 한절을 건네주었다. 그 부절에 붙어 있었던 야크의 꼬리털이 떨어져 나갈 정도로 오랜 세월 그렇게 조국 한나라에 대한 충성과 절개를 지켰던 소무! 그렇게 바이칼의 살을 에는 듯한 살인적 추위 속에서 굶주리며, 극한 상황에 처한 지 몇 년이 흘렀다.

황제가 파견한 사신으로 흉노 땅에 들어가 적의 수도에서 정당한 대우를 받아야 했지만, 소무는 수도가 아닌 북해까지 끌려가 그렇게 오랜 세월 구류되고 말았다. 언젠가 선우의 동생인 어간왕(於軒王)이 북해에 와서 주살로 물고기를 사냥했다. 소무는 그물을 짜거나 주살에 달린 실을 꼬거나 쇠뇌를 고칠 수 있었고, 소무를 좋게 본 어간왕이 옷과 먹을거리를 가져다주었다. 비단 소무가 그물 잘 짜고 쇠뇌를 잘 고친다는 사실 때문에 어간왕이 그렇게 멀리까지 일부러 와서 도움을 주었을까. 흉노 추장 선우의 아우 정도 인물이라면 그도 또한 사람 보는 눈이 분명 있었을 것이다. 아니, 보통 사람이라도 소무의 처신을 보면서 충절이 강한 사람임을 쉽게 알 수 있지 않았을까.

다시 3년이 지나 소무를 아끼던 어간왕이 병이 들어 죽게 되었는데, 어간왕은 소무에게 말과 가축과 복닉(服匿)과 궁려(窮廬, 둥근 천막)를 하사하였다. 흔히 유리복닉(留犁服匿)이라 하는데, 여기서 복닉은 흉노의 술그릇이다. 그리고 유리는 흉노 선우가 쓰던 밥숟갈을 가리킨다. 그런데 소무를 후원해 주던 어간왕이 막상 죽자, 어간왕을 따랐던 무리들도 그곳을 떠나 버렸다. 그해 겨울 정령(丁令) 부족민들이 소무의 소와 양들을 훔쳐 간 탓에 소무는 또 다시 곤경에 빠졌다.

이릉과 만남

이렇게 소무가 흉노 땅에 억류되고 북해에서 고초를 겪고 있을 때, 한나라 장수 이릉이 흉노 토벌 작전을 펴다 중과부적으로 패하여 흉노에 불가피하게 항복한 일이 발생하게 된다. 소무는 B.C 100년에 사신으로 파견되었고, 이릉은 B.C 99년에 흉노와의 전투에서 중과부적으로 항복했다. 이에 흉노의 선우가 항장(降將) 이릉을 북해에 보내 소무를 설득하게 한다. 이릉과 소무가 한나라에 있을 때부터 인연이 있었던 것을 알고 선우가 이용하려 시도했다.

이릉이 누구인가. 지난날 한나라 장수로서 5천 군사를 이끌고 흉노 지역 깊숙이 들어갔다가 어쩔 수 없이 투항한 바로 그 사람이다. 사마천이 이릉을 변호하다 한 무제의 분노를 사서 궁형을 받게 된 '이릉의 화' 주인공이기도 하다. 이릉도 위율과 마찬가지로 집요하게 소무를 설득한다. 어차피 한나라로 돌아가지 못할 운명인데, 황량하고 인적이 없는 이 북풍한설이 몰아치는 땅에서 쓸데없이 고생한들 조국에 대한 당신의 충성심 어린 일편단심을 그 누가 알아주기나 하냐면서 이릉이 소무의 마음을 흔들려고 애를 썼다. 보통 사람이었으면 하루에도 몇 번이나 마음이 바뀌었을 것이다. 사람이 아무리 충성심이 강하고 절개가 높다고 한들 굶어 죽기 직전까지 가면 그 마음을 유지하기가 쉽지 않다. 시간이 가면 점점 잊혀지고, 한나라 조정에서도 소무의 존재에 대한 인식이 점점 옅어져 갔을 것이다. 그런데도 소무는 우직하게 조국 한나라에 대한 충성심을 유지했다. 이 정도로 자신의 조국을 향한 충성심을 가지고 절개를 지킬 사람이 몇이나 있을까.

여기에 그치지 않고 소무의 마음을 완전히 흔들기 위해, 이릉은 소무 일가의 처지를 언급하고, 한 황제의 영(令)이 끊임없이 오락가락한다며 소무를 설득하여 흉노에 투항시키려 했다. 아무리 강심장을 가진 사람이라도 사랑하는 가족의 일이 걸리면 마음이 흔들릴 수밖에 없다. 이릉의 말에 따르자면, 조국 한나라에 남아 있던 소무 형제가 낭패를 당하고 소무의 처가 개가를 하였으며 노모가 돌아가시면서 누이동생과 딸 그리고 아들만 남았다고 한다. 소무의 가족이 그렇게 조정의 버림을 받았는데, 조국에 대한 절개가 무슨 의미가 있느냐는 것이었다.

사실상 소무와 한 제국을 이간질한 것이었다. 만약에 소무의 의지가 굳지 않았다면 쉽게 설복당했을 것이다. 하지만 소무는 이릉의 제의에도 조금도 흔들리지 않았고, 강력하게 반박했다. 스스로 뚜렷하게 내세울 재능이나 미덕도 없지마는 자신의 삼 형제 모두 황제의 은덕을 받아 높은 지위에 올랐다고 답했다. 자신의 모든 것을 바쳐서라도 충성하고 싶었고, 설령 죽음을 당한다 해도 황제에 대한 마음은 변하지 않는다는 입장을 강력하게 표시했다. 오랜 시간 이릉이 소무를 그렇게 설득하였지만 끝내 소무의 마음을 돌릴 수 없었다.

19년 후

그렇게 시간이 흘러 무제가 죽고 소제(昭帝)가 즉위하게 되면서 당시 정세에 현격한 변화가 왔다. 한나라와 흉노의 양측 간에 상호 대립이나 갈등보다 화친을 추구하는 시기가 도래하였다. 화해 분위기에 편승하여 한나라가 사신을 파견해 흉노 땅에 억류되어 있는 소무 등을 보내 달라고 요구하자, 흉노 측에선 소무가 벌써 죽어 이 세상 사람이 아니라고 새빨간 거짓말을 했다. 그렇게 오랜 기간 황제의 사신을 억류해 두었다는 사실이 두고두고 외교 문제로 비화해 버릴 수 있다는 우려 때문에 흉노 측에서 어쩔 수 없이 거짓말을 한 것이다.

당시 한나라에서도 이미 소무의 행적을 파악하고 있었다. 하지만 흉노 측이 이렇게 잡아떼니 어쩔 수가 없었다. 그런데 시간이 좀 흐른 뒤에 한나라 사신이 또 흉노에 이르렀을 때, 원래 소무의 부하였던 상혜가 몰래 한나라 사신을 만난다. 그리고 흉노 북방의 북해에 억류되어 있는 소무의 상황을 설명하며 사자에게 소무를 구출해 낼 묘책을 가르쳐 주었다. 선우에게 직접적으로 소무를 요구한들 선우가 들어줄 리가 없고, 오히려 선우가 선수를 쳐서 소무를 제거할 위험도 있었다. 자칫하면 역효과만 발생할 수 있었다. 선우가 보기에도 소무는 자신의 곁에 두고 거느리고 싶은 매우 매력적인 인품의 소유자였으니까. 상혜의 계략이 절묘했다. 정면으로 소무를 돌려 달라고 하면 소무가 벌써 죽었다는 흉노의 거짓말이 들통나기 때문에 그야말로 교묘한 방법을 동원한다.

흉노 땅에 들어가 선우를 만난 한나라 사신이 거짓 정보를 흘린다. 한나라의 천자가 상림원에서 사냥을 하다가 우연히 기러기 한 마리를 쏘아 잡았더니, 소무가 어느 소택지에 살고 있다는 편지가 기러기에 묶여 있었다고. 물론 거짓말이다. 상혜가 제안한 방법의 일환으로 한나라 사신이 선우를 속였다. 실제로 유목 세력의 중심이자 북방의 강적으로 군림하는 흉노족이 한나라 국경을 약탈하면서 심각한 골칫거리가 되었을 정도로 그 세력이 만만찮았다.

그러나 흉노도 현실적으로 대제국 한나라의 강대한 무력을 의식하지 않을 수 없었다. 당시 천하를 호령하던 한 제국과 정면 대결한다면 흉노의 민족 전체가 절멸할 수도 있는 상황이라 흉노 측에서도 한나라를 무시할 수는 없었다. 전쟁을 하든, 화친을 하든 흉노의 입장에서는 결론을 내야 할 상황에서 한나라의 내부 상황을 주시하면서 대응하고 있었다. 그런데 한나라에서 소무가 어디에 어떻게 살고 있는지를 알고 있었다니 정말 놀라고 기가 찰 일이었다. 한나라의 정보력에 두려움을 느꼈다. 별수 없이 소무를 한나라에 돌려보내기로 했다. 한나라가 소무의 소재지까지 파악하고 있으니, 더 이상 소무를 억류하지 않는 것이 좋겠다는 결론을 내렸다. 소무가 그저 그런 평범한 인물이라면 한나라 조정에서도 흉노 측도 관심을 두지 않았으리라.

결국 소무가 한나라의 요청과 흉노의 수락으로 귀국하게 되었다. 지금까지 줄곧 소무를 설득하던 이릉도 이젠 소무가 귀국하게 되는 상황에서 주연을 베풀고 눈물을 흘리며 소무와 아쉬운 작별 인사를 하였다. 소무의 충절은 흉노 땅에서도 이름을 떨쳤고 한나라 왕실도 빛내면서 그 어떤 공신보다 더 뛰어난 공적을 세웠다고 이릉이 격찬했다. 이릉이 비록 조국 한나라를 떠나 흉노 땅에서 관직을 받고 가정을 이루며 안락하게 살고 있지만, 그도 오래 전부터 어쩔 수 없이 떠나온 조국으로 돌아가고 싶었다. 이릉도 소무의 높은 절개와 충성심을 흠모하게 되었다.

지난날 소무가 정사로서 사신단을 이끌고 흉노 땅에 들어설 때, 함께 온 자들이 백여 명이 넘었지만 이제 막상 한나라로 돌아가려 하니 이미 항복하거나 죽은 사람을 제외하니 불과 아홉 사람뿐이었다. 소무가 흉노에 머문 지가 19년이 되었다. 참으로 오랜 세월이다. 처음 흉노에 올 때 건장하던 40대의 창창하던 소무가 이제 육십 넘어 귀국한다. 머리털이 하얗게 변하여 꿈에 그리던 조국으로 귀환했다. 실로 오랜 기간에 걸친 고난의 이국 생활이었다. 공교롭게도 진문공의 천하 망명 기간 19년과 거의 일치하는 소무의 흉노 억류 기간이었다. 19년이 어디 짧은 시간이던가.

훗날 소무가 고국으로 돌아갈 때 이릉은 시를 지어 안타까운 마음을 전한다.

손잡고 강가의 다리 위에 오르니	携手上河梁
나그네는 이 황혼에 어디로 가시는고	游子暮何之
길가에서 하릴없이 배회하며	徘徊蹊路側
한스럽구나. 이별의 말도 못 하니	恨恨不得辭
새벽바람은 북쪽 숲을 울리고	晨風鳴北林
반딧불은 동남으로 날아가는데	熠熠東南飛

| 뜬 구름에 해는 천 리이니 | 浮雲日千里 |
| 어찌 나의 이 슬픔을 알겠는가 | 安知我心悲 |

이 시에 대해 소무는 다음과 같이 답한다.

오리 한 쌍 함께 북으로 날아와	雙鳧俱北飛
한 마리만 홀로 남으로 날아가네	一鳧獨南翔
그대는 이 객사에 머물고	子當留斯舘
나는 마땅히 고향으로 돌아가네	我當歸故鄕
먼 오랑캐 땅에서 한 번 헤어지니	一別如秦胡
언제나 만나 볼 수 있으려나	會見何渠央
슬프구나. 절절한 이 마음속에	愴恨切中懷
나도 모르게 눈물이 옷깃을 적셨네	不覺淚霑裳

흉노에 남아 소무를 보내는 이릉이나 그 오랜 세월 북방 흉노 땅에서 고난의 세월을 보낸 소무도 다시 만날 기약 없는 이별에 만감이 교차하였다. 둘 다 애초에는 조국 한나라에 출사하였는데, 무슨 이런 운명이 있는지! 그렇게 그날 밤 두 사람은 연회 석상에서 이별의 술잔을 나누었고, 불가능한 재회의 날을 꿈꾸었다. 아무리 흉노 땅에서 부귀영화를 누린다 해도 사람은 누구나 죽을 때는 고향으로 가고 싶은 법이다.

기원전 74년에 소제가 죽고, 선제(宣帝)가 즉위하자 소무는 관내후 작위와 식읍 삼백 호를 하사받았다. 그런데 상으로 받은 값진 하사품들을 주위 사람들에게 모두 나누어 주었기 때문에 정작 자신의 집에는 재산이 거의 남아 있지 않았다. 욕심이 없는 처신으로 당시 조야를 막론하고 사람들의 존경을 한 몸에 받았다. 소무가 이미 늙고 아들 소원(蘇元)도 다른 사건에 연루되어 처벌받아 죽었던 탓에 황제가 그를 불쌍히 여겼다. 그래서 신하들에게 흉노 땅에 소무가 남겨 두고 온 자식이 있는지 묻게 되었고, 소무는 자신이 흉노를 떠날 무렵에 흉노족 아내가 통국(通國)이라는 아들을 낳았다는 사실을 고백하였다. 이에 황제가 사신을 보내어 통국을 데리고 오자, 그를 낭관으로 삼았다. 소무는 여든 살까지 살다 기원전 60년에 병사했다.

소무는 협박을 당하기도 하고, 회유도 받았지만 결코 흔들리지 않았다. 지난날 한나라 관리였다가 흉노로 변절한 위율과 흉노 땅에서 구차하게 목숨을 연명해 가던 이릉이 흉노 선우의 명령으로 소무를 끈질기게 위협과 회유를 했다. 그러나 소무는 흔들리기는커녕 오히려 강경하게 반론을 펼쳐 오히려 야단을 쳤다. 충절이 가득한 한나라 사신의 한 사람으로서 19년간이라는 그 오랜 세월에도 결코 굴하지 않는 군센 기개와 늠름한 위엄을 보여 주었다.

『통감절요(通鑑節要)』에서 소무에 대해 다음과 같이 언급하였다.

"처음 출발할 때는 씩씩한 사내였는데 돌아올 때는 수염과 머리가 다 센 노인이었다."

强壯出, 及還鬚髮盡白.

지금까지 '이릉의 화'로 사마천이 궁형을 당하게 되었고, 그 발단이 된 장수 이릉이 흉노 땅에서 소무를 설득하는 것을 알아보았다. 그리고 소무의 인간적인 풍모도 함께 새롭게 조명했다. 사람이 의리가 있어야 하고 한 번 인연을 맺으면 변치 않고 함께 가야 한다. 눈앞의 사소한 이해타산 때문에 인간관계를 쉽게 끊어 버리는 염량세태는 비난받아야 한다. 하지만 19년 온갖 고통을 겪고 의리를 지킨다는 것이 그리 쉬운 일이던가.

다시 사마천의 궁형으로 화제를 돌려 보자. 중국 역사에 궁형의 사례가 많이 등장한다. 기록에 따르면 궁형은 일찍이 전설 시대인 요·순 시절부터 있었다고 한다. 당초 궁형은 남성과 여성 모두에게 가해진 형벌이었다. 즉 일부일처제라고 하는 혼인질서를 지키기 위해 부정한 짓을 저지른 남자의 성기를 자르고 여자의 생식기를 틀어막는 형벌이었다. 그러나 시간이 지날수록 잔인한 혹형으로 변했고, 그 대상도 주로 남성에게 한정되었다. 시간이 갈수록 그 형도 더욱 고약해지면서 성기뿐만 아니라 고환까지 아예 도려내는 끔찍한 형벌로 변하게 되었다. 극형에 처함이 마땅하다고 여기던 죄수에게 가해지는 형벌에 해당하기 때문에 죄인의 인권이나 고통을 헤아려 줄 리도 없었다. 그 참상은 정말 눈 뜨고 볼 수 없었다.

고대 전제 군주 사회처럼 남녀의 차별이 극심할 시기에는 남성의 상징인 성기가 더욱 중요한 존재로 인식되었다. 따라서 사마천의 사례처럼 남자의 생식기를 훼손한다는 것은 실로 엄청난 사건이었다. 궁형이 주는 잔인함과 참혹성 때문에 폐지할 것을 거론하는 주청도 있어서, 실제로 사마천이 궁형을 당한 때로부터 약 70여 년 전인 한 문제 13년(B.C 167년)

에 궁형이 일시적으로 폐지되기도 했다. 궁형에 대한 당시 사람들의 공포가 반영되어 폐지 주장이 대두된 것으로 보인다.

당초 궁형은 사형을 대체하는 형벌이었으나 그 뒤 사형이 아닌 다른 죄들에도 적용되었다. 무제 때가 되면 사마천을 비롯하여 적지 않은 사람들이 궁형을 당했다는 기록이 보이는데, 가장 대표적인 인물이 사마천과 장군 이연년, 장안세의 형 장하 등이었다. 실제로 궁형을 시행했을 때 죽을 확률이 거의 절반이라고 한다. 그만큼 치명적인 형벌이었다. 물론 궁형을 가하는 목적에 육체적 고통만 있는 것은 있지 않았다. 육체적 고통 이상의 수치심을 안기려는 목적이 더 컸다. 궁형을 받는 것도 수치스럽기 그지없지만, 설령 운이 좋아 살아난다고 해도 삶이 온전했을까.

궁형(宮刑)

앞에서 언급하였듯이, 중국의 궁형은 고환까지 깡그리 제거하기 때문에 참으로 끔찍했다. 하기야 성기 자체만 잘라내는 것만으로도 엄청난 수치이자 고통이었다. 성기를 자른 뒤 향회(香灰)라는 지혈제를 뿌린 다음 거위의 깃털을 요도(尿道)에 박는다. 며칠이 지난 뒤 거위 깃털을 뽑는데, 오줌이 나오면 궁형이 성공적으로 끝난 것이고 오줌이 나오지 않으면 궁형을 당한 부위가 썩으면서 죽음에 이르게 된다. 궁형이 성공적으로 끝났다는 것도 사실 어폐가 있는 표현이다. 그래서 궁형을 다른 말로 '썩는다'는 뜻의 부형(腐刑)이라고도 한다.

사마천이 부친 사마담의 유언인 '통사의 완성'을 위해 궁형을 자원하였다. 참형이나 자결이 아닌 궁형을 선택했지만, 궁형을 받고도 생명을 유지한다는 보장은 없었다. 궁형을 당한 사람은 일시적으로 어둡고 따뜻한 잠실(蠶室)이란 곳에 보내져 요양하게 되는데 이는 궁형을 당한 사람이 찬바람을 쐬게 되면 목숨을 잃을 위험이 컸기 때문이다. 그래서 사마천이 "거세되어 잠실에 던져졌다."고 했다. 생명을 보장받을 수 없을 정도로 위험천만한 궁형을 받고 설령 살아남는다고 해도, 그때부터 성적 정체성 상실에 따른 자괴감을 평생 갖게 된다. 살아도 산목숨이 아니었다.

남자로 태어나 어른이 될 때까지 성장해 오던 중, 난데없이 끌려가서 성기를 완전히 제거하는 형벌을 받았다고 생각해 보라. 그것이 어디 제대로 된 삶이라 할 수 있는가. 그야말로 죽지도 못하고 하루하루를 어쩔 수 없이 살아가야 했다. 또 건강을 회복하고 세상 사람들 사이에 섞여 살게 된다 한들 어디 가서 누구에게 스스로 궁형을 당했다고 당당하게 밝힐 수도 없다.

그런데 대부분의 형벌이 그러하듯이 궁형 또한 나이가 많을수록 위험하다. 육체의 일부를 제거한다는 것이 그냥 말처럼 간단한 일이 아니다. 당시 상황에서 참형에 처할 죄인에게 가하는 궁형이니 죄인의 인권이나 고통을 전혀 고려하지 않았다. 제대로 된 마취제를 투여할 리도 없었다. 피가 철철 나는 상황에서 지혈제나 대충 뿌리고 그냥 잠실에 던져 용케 살아남으면 죄수의 요행이요, 그렇지 않으면 그냥 황천길로 직행한다. 사마천이 궁형을 당했을 당시 그의 나이가 49세였으니 당시 중국 고대 사회의 평균 수명을 넘는 나이였다.

그래서 궁형을 받고 죽을 수 있는 위험 부담은 형언할 수 없을 정도로 컸다. 그러한 부담 속에서 불가피하게 궁형을 자청한 그의 심경이 했을까? 사형을 판결받은 사형수가 다시 목숨을 걸고 궁형을 자청하는 그 어처구니없는 기막힌 장면을 한번 상상해 보라. 사마천이 자신의 사적인 이익을 추구하고자 이릉을 변호하러 나선 것은 아닐진대, 그 때문에 한무제의 격노를 사서 그런 처참한 형에 처해질 때, 평소에 그렇게 대의명분을 앞세우고 인간적 의리를 강조하던 그 많고 많은 조정 대신들은 그 순간 왜 침묵을 지켰던가.

50만 전이 없어 죽음보다 더 비참한 궁형을 당하는 사마천을 온갖 부귀영화를 다 누리던 그 많은 권세가들이 모조리 외면했다. 전제 군주 체제의 그늘에서 숨죽인 채 그저 자신 한 몸 보전을 위해 황제의 심기만을 살피던 당시 지식인들과 관료들의 행태에서 우린 분노를 넘어 슬픔까지 느끼게 된다. 어쩌면 수천 년을 넘어 현대 우리 사회의 고위 관료들 세계에서 그런 일이 지금도 허다하게 일어나고 있을지 모른다. 단지 사마천처럼 궁형을 당하지 않을 뿐이다. 이해타산을 따지지 않고 억울한 사람을 옹호하다 인사 조치를 당하는 사람을 보면서도 곁에서 입을 꾹 다물고 있는 관료들이 더 많았다. 다시 임안에게 보낸 편지 『보임안서』를 통해 사마천의 고백을 좀 더 들어 보자.[6]

"저도 불손하지만 가만히 무능한 문장에 스스로를 의지하여 천하에 이리저리 흩어진 지난 이야기들을 모아 그 사건들을 대략 고찰하고 그 처음과 끝을 정리하여 성공과 실패, 흥기와 멸망의 요점을 살핀 바, 위로는 황제 헌원부터 따져 지금에 이르기까지 10편의 표, 12편의 본기, 8편의 서, 30편의 세가, 70편의 열전, 총 130편을 저술하였습니다. 아울러 하늘과 인간의 관계를 탐구하고, 과거와 현재의 변화를 꿰뚫어 일가의 문장을 이루고자 하였습니다. 그러나 초고를 마치기도 전에 이런 화를 당하였습니다만, 완성하지 못한 것을 안타깝게 생각하였기 때문에 극형을 받고도 부끄러운 기색을 드러내지 않았던 것입니다. 이제 이 일을 마무리하고 명산에 깊이 보관하여 제 뜻을 알아줄 사람에게 전하여 이 마을 저 마을로 퍼져 나가 지난날 치욕에 대한 보상이라도 받을 수 있다면 얼마든지 벌을 받는다 하여도 후회는 없습니다. 그러나 이런 말을 지혜로운 사람에게나 할 수 있지 아무에게나 털어놓기는 어렵습니다."

앞의 고백에서 역사서를 편찬하는 사마천의 마음을 이해할 수 있다. 자신이 그렇게 치욕적인 궁형을 겪었지만, 자신이 쓴 역사서가 후세에 알려질 수만 있다면 그러한 치욕이 보상될 것이라고 고백한다. 사마천의 사고방식은 우리와 같은 범인은 도저히 따라가기 힘들다.

B.C 110년 무제가 천지에 제를 거행하는 봉선(封禪)[7] 의식을 위해 태산을 방문했을 때, 천문역법을 관장하고 황실 전적을 관리하는 태사령 벼슬에 있던 아버지 사마담은 낙양 땅에 머물다가 봉선 의식에 참가하지 못했다. 이를 깊이 한스럽게 여긴 사마담은 세상을 떠나고 말았고, 운남에서 급히 돌아온 사마천은 아버지가 이루지 못한 역사서를 반드시 편찬하고자 결심한다. 3년 상을 치르고 아버지의 뒤를 이어 태사령이 된 사마천은 황실의 장서를 이용하여 역사서 편찬에 착수했다.

앞에서 언급하였듯이 그렇게 오랜 기간 역사서를 쓰고 있던 중에, B.C 99년 장군 이릉이 흉노에 투항하는 사건이 일어났다. 그때 사마천은 이릉의 입장을 변호하다가 투옥되어 결국 궁형, 즉 생식기를 잘라 내는 형벌을 받았다. 남성으로서 가장 치욕적인 형벌을 당했지만, 사마천은 역사가로서의 사명감을 더욱 굳건히 하며 본격적으로 편찬 작업에 전념했다.

사마천의 일생에서 가장 큰 사건인 궁형의 역사적 배경과 함께 사마천의 『사기(史記)』 중 「열전」 편을 깊이 읽어 보면, 이릉을 변호하다가 궁형이라는 치욕을 당한 사마천 자신의 심경이 책의 곳곳에 잘 드러나 있다. 이릉이 전투 중 불가항력적인 상황에 봉착하여 투항할 수밖에 없었다. 사관 사마천은 춘추전국 시대 사(士)적 가치관에 바탕하여 천자에게 직언을 하였다.

이릉을 옹호하다 엄청난 시련을 겪은 사마천이 인간관계를 근원적으로 생각하게 된다. 인간의 의리를 지키고 한 번 맺은 약속은 목숨을 걸어서라도 지킬 줄 아는 사람의 중요성을 실감하였다. 평소에 그렇게 인간적 신뢰나 의리를 강조하던 당대 조정의 관리들이 결정적인 순간에 꽁무니를 빼고 말았다. 어디 사마천 자신의 이익을 추구하고자 황제에게 그렇게 간언하였던가. 이릉이 5천 군사로 연전연승하다 8만 흉노 대군에게 중과부적으로 패할 수밖에 없었지 않은가. 흉노가 어디 만만한 상대인가.

옛날 한 고조 유방도 B.C 200년에 32만 대군을 끌고 직접 원정에 나섰다가 일패도지한 일도 있다. B.C 209년에 진시황이 사후에 초한 쟁패가 치열하게 벌어졌고, 결국 B.C 202년에 유방이 항우를 격파하고 최종 승리자가 된다. 유방이 천하를 통일한 지 불과 2년이 되지 않았으니, 그야말로 욱일승천하는 시기였다. 그런데 유방의 대군이 흉노의 탁월한 지도자 묵특 선우의 계략에 휘말려 대패하게 된다. 유방의 대군이 B.C 200년 10월 겨울에 산서성 평성(平城)의 백등산(白登山)이라는 곳에 이르렀는데, 거기서 그는 미처 주력군이 도착하기도 전에 흉노의 정예 '40만 기병'에 포위되고 말았다.

유방은 한겨울에 일주일을 꼬박 갇혀서 식량도 떨어진 채 죽기만 기다리는 처지가 된 것이다. 유방의 부하 진평의 계략에 따라 묵특의 부인 연지(閼氏)에게 몰래 최고급 모피를 뇌물로 주면서 위기를 벗어난다. 이어서 굴욕적인 화친까지 맺게 된다. 한 고조 유방의 32만 대군도 흉노에게 치욕적인 패배를 당했는데, 이릉의 5천 군사는 더 이상 무슨 말이 필요할까. 더욱이 이릉은 5천 군사로 연전연승하다가 흉노 8만 대군에게 패하지 않았는가. 유목민 흉노를 찾아다니며 북방 깊숙이 들어간 이릉의 군대가 그 정도로 싸운 것만으로도 칭찬받을 일인데, 어쩔 수 없이 항복한 일로 조정에서 엄청난 비난을 받다니.

　그렇게 억울하게 희생당하는 사마천을 아무도 도와주려고 나서지 않은 현실에서 사마천이 비정한 인간 사회의 비정한 현실을 뼈저리게 느꼈다. 그래서 사마천은 유협(游俠)들의 행동에서 정말 많은 감동을 받게 된다. 유협들은 신분이야 미천하지만 죽음도 두려워하지 않고 어려움에 처한 사람들을 기꺼이 도와주었기 때문이다. 그래서 『사기』의 열전 편에 「유협열전」을 배치하여 후세 사람들에게 자신의 심정을 전달하려 하였다. 당대의 법질서를 어기면서까지 의리를 지키는 의협들에 대한 사마천의 마음은 남달랐다.

동물의 트라우마

장수 이릉을 변호하다 한 무제의 격노를 사게 되어 결국 궁형까지 당한 사마천이 극심한 고통에 따른 트라우마를 겪었다. 그렇다면 이 트라우마는 사람만이 겪는 것일까. 이제 회제를 동물로 돌려 보자. 동물도 인간처럼 트라우마를 겪을 것인가? 동물의 트라우마는 어떤 모양으로 나타날까? 동물들도 인간처럼 희로애락애오욕이라는 칠정(七情)의 감정이 존재할까? 그들도 인간 사회처럼 가족의 중요성을 인식하고 가족을 지키기 위해 많은 노력을 기울일까? 참으로 궁금하다. 여기에서는 보편적인 감정 문제보다 트라우마에 초점을 맞추어 이야기를 끌어가는 것이 좋겠다. 동물 트라우마를 이해하려면 반드시 G. A. 브래드쇼가 쓴 『코끼리는 아프다』를 읽어야 한다. 문명과 야만의 대립을 넘어 인간이 동물을 학대하는 것에 대해 생각해 볼까 한다. 이 책에서는 코끼리가 겪는 끔찍한 트라우마에 관해 다음과 같이 언급하고 있다.

> "인간을 위해 일하는 코끼리는 야생에서 포획했거나 코끼리 캠프에서 태어난 코끼리들이다. 코끼리를 포획하고 조련하는 일을 멜라 시카르Mela shikar라고 부른다. 코끼리 조련사는 훈련을 받은 코끼리의 등에 올라 탄 상태에서 코끼리의 목에 올가미를 걸어서 잡는다. 버둥거리던 코끼리는 올가미가 자꾸 목을 죄어옴에 따라 마침내 저항을 멈추고 얌전해진다. 그러면 매듭을 묶어 만든 밧줄 고리를 여러 개

더 목에 걸고 뒷다리와 연결해서 함께 묶은 다음 앞다리도 같이 묶는다.

특히 다루기가 어려운 코끼리일 경우 움직이면 목이 졸리도록 머리를 땅에 바짝 묶어 놓는다. 코끼리의 사기를 꺾기 위해 물과 먹이도 제한한다. 결국 코끼리는 인간에게 굴복하고, 사슬에 묶여 인간의 명령을 따르도록 훈련을 받게 된다. 마침내 코끼리 조련사가 코끼리를 완전히 길들여 얌전하게 변신하게 만들면 코끼리와 인간 사이에 또 한 번의 훌륭한 상호작용이 일어난 증거로 본다. 사육 코끼리가 탄생하는 것이다."[8]

우리가 태국 유명 신혼여행 관광지에서 만나는 코끼리가 언뜻 보면 사람을 말을 너무나 잘 듣는 온순한 동물로 보인다. 하지만 코끼리가 인간들의 문명사회에 들어오기 전에 최초에 자신이 살았던 야생에서부터 그렇게 온순한 동물이 결코 아니다. 위에 언급한 것처럼 정말로 잔인한 사육 과정 속에서 심하게 학대를 당하고 다시 태어나는 것이다. 다시 태어난다고 표현하는 것은 너무나 점잖은 말이다. 무방비 상태에서 인간에게 무차별 폭력을 당하고 온몸이 결박된 상태에서 물과 먹이까지 제한된다.

코끼리는 아무런 사고능력이 없으니 그렇게 학대를 해도 무방하다는 생각이 아니라면 그렇게 코끼리를 잔인하게 고문하여 조련할 수는 없다. 오직 인간 자신들의 쾌락을 위해 코끼리를 혹독하게 조련한다. 코끼리는 워낙 덩치가 커서 온순하게 말을 듣게 하려면 조련 차원도 일반 동물들과

급(級)이 다를 수밖에 없다. 그저 인간이 간단한 명령으로 다룰 수 있는 동물이 아니다. 코끼리에게 가하는 고통도 다른 덩치가 작은 동물에 대한 그것과는 비교도 안 된다.

앙커스(Ankus)는 커창이라고도 하는데, 코끼리를 길들이기 위해 일반적으로 사용하는 도구이다. 나무로 된 막대기의 한쪽 끝에 구부러진 쇠갈고리가 예리한 모습으로 달려 있어 코끼리의 성기·입·항문 등의 매우 민감한 부분을 찔러 고통을 주는 데 사용된다. 생각해 보라! 얼마나 잔인한가? 코끼리는 드넓은 초원에서 마음껏 이동하면서 생활해야 하는 동물이다. 코끼리가 야생에서 생존하기 위해 하루 평균 18km를 걸어야 한다고 한다. 그런데 인간의 눈을 즐겁게 하기 위해 그 긴 시간과 좁은 공간에서 코끼리가 동물원의 콘크리트 바닥에서 거의 움직이지도 못하고 겨울을 보내면 대부분의 코끼리가 관절염에 걸리게 된다. 초원에서 마음껏 뛰놀아야 할 코끼리가 인간이 즐거움을 누리겠다는 이유로 잔인하게 조련되고 구속되어야 한다. 전 세계에서 이동해 온 수많은 동물들이 자신의 의지와 상관없이 동물원에 살고 있다. 그건 인간들의 동물에 대한 테러이다.

다시 한번 말하지만, 우리가 관광지에서 접하는 코끼리가 사람들을 태우고 온순하게 걸어가는 그 이면에는 이렇게 잔인한 사육 과정이 있다는 것을 알아야 한다. 인간들이 즐기려는 그 욕망 때문에 그 예리한 앙커스로 거대한 코끼리의 너무나 부드러운 부분을 사정없이 내리찍으면, 그 큰 덩치의 코끼리가 고통에 못 이겨 바르르 떤다. 인간이 코끼리를 조련하기 위해, 예리한 앙커스로 그렇게 잔인하게 코끼리의 신체 중 유난히 부드러운 부분을 사정없이 찍는 모습은 생각만 해도 무시무시하다. 무자비한 폭력과 함께 진행되는 조련 과정에서 코끼리가 겪는 트라우마는 엄청나다. 그리고 코끼리가 겪는 트라우마가 인간의 그것과 너무나 흡사하다는 사실이 놀랍기만 하다. 임영신, 이혜영 공저, 『희망을 여행하라』의 222쪽에 관련 내용이 적나라하게 언급되어 있다.

> "사람들은 영리하고도 힘이 센 이 거구를 마음대로 조종하고 싶었지만, 코끼리는 무리 생활을 하며 야생성이 강해 잘 길들여지지 않았다. 그러자 사람들은 잔인한 방법을 쓰기 시작했다. 코끼리 조련이 시작되는 건 다섯 살 무렵이다. 어린 코끼리에게는 엄마에게서 떼어놓는 것 자체가 이미 무서운 폭력이다. 그렇게 무리에서 잡아온 어린 코끼리를 복종시키기 위해 코끼리 조련사들은 아기 코끼리를 꼼짝할 수 없는 작은 나무 우리에 밀어 넣고 따거로 머리와 귀를 사정없이 찍고 긁어댄다. 피투성이가 된 아기 코끼리는 고통과 두려움으로 울부짖는다. 그리고 거부할 수 없는 공포를 학습한다. 이것이 '파잔 의식'이다.
>
> 파잔 의식은 3~4일 동안 계속되는데, 어린아이를 아기 코끼리 등에 태워도 얌전히 견딜 수 있게 되어야 이 의식은 끝난다. 반 이상의 아기 코끼리는 무서운 공포와 폭력을 견디지 못하고 정신착란에 빠지거나 장애를 입거나 끝내 죽음에 이르게 된다. 관광지에서 우리가 만나는 코끼리는 이 고통의 의식에서 살아남은 생존자들이다.

이렇게 조련된 코끼리는 등에 관광객을 태우고 숲속을 구경시켜 주기도 하고, 더욱 모진 훈련을 거친 끝에 쇼에서 재주를 부리기도 하고, 거리에서 먹이를 구걸하며 주인이 먹이 파는 일을 돕기도 한다. 코끼리의 귀는 너덜거리고 귀 뒤쪽과 정수리에는 앙커스로 날카롭게 긁어내린 자국이 담벼락의 낙서처럼 새겨져 있다. 그런 걸 눈여겨보는 사람은 별로 없다. 숲을 구경하느라, 코끼리의 제주에 감탄하느라, 귀여운 아기 코끼리를 만져 보느라, 사진을 찍느라 너무 바쁘기 때문이다."

실제로 브래드쇼의 주장에 의하면, 고아 코끼리로 정의된 코끼리는 모두 심각한 트라우마를 겪었으며 관찰된 트라우마의 대부분은 DSM[9]에서 규정한 진단 기준과 맞아 떨어진다고 한다. 코끼리가 겪는 트라우마 증세가 인간의 그것과 거의 흡사하다는 것이다. 즉 코끼리도 인간과 똑같이 트라우마를 겪게 되니, 동물들을 학대하는 것 또한 심각한 트라우마를 초래한다는 사실을 깊이 인식해야 한다. 실제로 이 책에서 트라우마를 겪고 있는 코끼리가 여자 사육사를 벽에 밀어붙여 사망에 이르게 한 돌발 사고도 소개하고 있다. 트라우마를 초래한 경험이나 사건의 직후부터 나타나기 시작하는 트라우마를 동물도 인간처럼 겪는다.

트라우마와 사마천

트라우마는 죽음·폭력·고통이라는 부정적인 이미지를 지닌다. 트라우마 심리학자 주디스 허먼은 트라우마에 대한 매우 중요한 저서 『트라우마(Trauma and Recovery)』에서 트라우마를 초래하는 외상 사건에 대해 이렇게 적고 있다.

> "외상 사건은 기본적인 인간관계에 대해 의문을 제기한다. 가족, 우정, 사랑, 그리고 공동체에 대한 애착이 깨진다. 다른 사람과의 관계 안에서 형성되고 유지되는 자기 구성이 산산이 부서진다. 인간 경험에 의미를 부여하는 신념 체계의 토대가 침식당한다. 자연과 신성의 질서에 대한 피해자의 믿음이 배반당하고, 피해자는 존재의 위기 상태로 내던져진다. 사람들은 보통 관계적인 삶에 대한 손상은 외상의 자기라는 심리적 구조뿐만 아니라 개인과 공동체를 연결하는 애착과 의미의 체계에도 주요한 영향을 미친다. 외상 사건은 세상이 안전하고, 자기는 가치 있으며, 세계 질서에는 의미가 있다는, 피해자가 가지고 있었던 기본적인 가정들을 파괴한다."[10]

트라우마가 논란을 불러일으키는 이유는 인간이 고통이라는 주제에 대해 본질적으로 불편함을 느끼기 때문이다. 인간은 생래적으로 죽음에 대한 거부감이 있고, 죽음에 이어 떠오르는 고통에 대해 적극적으로 파악하지 않으려 한다. 고통과 관련되어 자신의 몸에 직접 느끼지 않는 경우에는 고통이란 단어조차 입에 올리기 꺼려 한다. 사람은 누구나 죽음만큼이나 고통을 거부하기 때문이다.

그런데 고통에 따른 트라우마를 치료하려면, 단순히 피해자만을 대상으로 진단과 치료하는 데 그치지 않고 반드시 원인을 함께 살펴봐야 한다. 즉 신체적·심리적 상처를 입힌 사람이나 환경까지 함께 고려해야 한다. 인간은 사회적 동물이기에 어쩔 수 없이 다른 사람과 관계를 맺어 가며 살아가야 한다. 그러한 관계에서 불가피하게 다양한 경험을 하게 된다. 그리고 그 과정에서 고통을 겪게 되는 경우가 많다. 트라우마도 결국 개인만의 문제가 아니라 대부분 타인과의 관계에서 비롯되기 때문이다. 따라서 개인의 고통을 이해하기 위해선 개인이 소속된 공동체 사회의 특성을 깊이 파악할 필요가 있다. 물론 개인적인 특성에 따라 고통을 스스로 초래하기도 한다.

다시 앞에서 언급한 코끼리 트라우마에 관한 것을 좀 더 이해하기 위해 코끼리 사냥 방법을 살펴보자.

"코끼리를 사냥할 때 무리의 가장 바깥쪽에 있는 코끼리들을 가장 먼저 처치한다. 코끼리 사냥 조장이 맨 처음 발포할 때 먼저 바깥쪽에 있는 코끼리를 겨냥하는데, 사람들은 무리의 암컷 우두머리부터 쓰러뜨린다고 생각하는 것 같다. 우두머리가 쓰러지면 다른 코끼리들이 우두머리 곁에서 떠나지 않을 것이니까. 아기 코끼리가 도태 과정에서 어미와 가족의 죽음을 목격한다. 다른 고아 코끼리를 모아서 묶을 동안 겁에 질린 아기 코끼리를 가족의 시체에 묶어 놓는다. 심지어 공포에 질린 아기 코끼리를 죽은 어미의 사체에 묶어 두기도 한다. 그 상황에서도 사냥꾼들은 죽은 코끼리 가족의 시체에서 상아, 고기 및 다른 부분을 떼어 낸 뒤 고아 코끼리들을 트럭에 태워 다른 곳으로 옮기거나 감금한다."[11]

위 글에서 코끼리를 사람으로 치환하고 다시 앞 내용을 읽어 보면 정말 끔찍하다. 인간들에게 무자비하게 학살을 당하거나, 그 학살에서 살아남아 너무나도 참혹한 기억을 갖고 살아가야 할, 때 코끼리가 겪게 되는 정신적 트라우마는 엄청나다. 죽은 어미 코끼리의 다리에 살아 있는 아기 코끼리가 묶여 있는 장면은 그냥 상상만 해도 너무나 잔혹하다. 그리고 자신이 보는 앞에서 어미 코끼리를 비롯한 가족 코끼리의 시체를 해체하는 장면을 생각해 보라.

인간들의 탐욕 때문에 코끼리가 무참하고도 잔인하게 학살된다. 아기 코끼리가 그 참혹한 상황에서 벗어나 아프리카 대륙에서 미국이나 유럽으로 몇 개월 장기간 비행기에 실려 온다. 사람들은 동물이 그런 이성이나 사고가 없다고 여기고 그렇게 쉽게 생각할지 모른다. 설령 동물들에게 그런 사고 능력이 있다고 판단해도, 인간 자신의 물욕에 눈이 멀면 이렇게 잔인한 행위를 하는 데 전혀 거리낌이 없게 된다. 16세기에서 19세기에 걸쳐 유럽인들이 저지른 아프리카 흑인 사냥 및 노예 무역 사례처럼 만물의 영장인 인간에게도 그런 일을 저지르는 사람들이 동물에게야 더 이상 말해 무엇 하겠는가.

예전에 구제역(口蹄疫)이 발생하여 방제 과정에서 살아 있는 가축들을 대량 살처분하는 장면을 TV에서 본 적이 많다. 현장에서 그렇게 가축들을 구덩이에 쓸어 넣으면 주인들이 그 장면을 보고 통곡한다. 주인들이 단순히 물질적 손해 때문만으로 슬퍼하고 눈물을 훔치는 것이 아니다. 자신의 손으로 가족처럼, 아니 이상으로 정성을 기울였던 가축들이 눈앞에서 맥없이 죽어 가니 너무나 슬픈 것이다. 그 심정은 말로 다 표현할 수 없다. 그리고 살아 있는 가축들이 살처분되는 과정에서 몸부림치며 온몸으로 벽을 긁어 대어 비닐 같은 것이 찢어지기도 한다고 한다. 가축들을 살처분하여 묻은 곳을 지나가면 알 수 없는 소리들이 울려 나온다는 말도 들은 적이 있다. 생명을 가진 것은 다 그렇게 죽음을 거부한다. 구제역이 어디 가축들의 죄인가. 모두 인간들의 물욕, 탐욕 때문에 발생한 일이 아니던가. 오래 전에 매스컴을 달구고 전국이 떠들썩하던 광우병은 또 어떠한가.

그런데 어미 코끼리를 비롯한 친척 코끼리가 집단 학살되고 살아남은 아기 코끼리가 그 비극의 잔상(殘像)을 그대로 유지한 채 장거리 비행과 함께 아프리카에서 미국으로 실려와 동물 공원에 들어가는 과정은 험난하다. 오직 인간의 쾌락이나 탐욕 때문에 멀쩡한 제 고향을 두고 머나먼 나라의 도시 동물원에서 원치도 않는 고통을 겪어야 한다. 또한 그들이 죽을 때까지 트라우마는 결코 치유되지 않는다.

동물원에서 여자 사육사를 벽에 밀어붙여 사망에 이르게 한 사례처럼 코끼리가 보이는 일탈 행위의 원인을 이해하고 개선 방안을 마련하려면, 인간의 폭력과 마찬가지로 사회적이고 생태학적인 맥락에서 검토해야만 한다. 하나의 비극적인 사건으로 생긴 트라우마는 일생에 걸쳐 성격과 신경구조에 변화를 일으키기도 한다. 트라우마의 경험은 우리가 무엇을 어떻게 기억하고, 생각하고, 느끼는지에 영향을 미친다. 폭력적인 사고로 부모를 잃거나 또는 유사한 사건으로 인한 정서적 충격은 대뇌 변연계, HPA계, 우뇌 전두엽에 위치한 원초적인 감정과 사회성을 다스리는 핵심 부분에 정서적 화상을 입힌다. 이는 동물이나 인간을 막론하고 마찬가지이다.[12]

다시 처음으로 돌아가 사마천이 궁형(宮刑)과 그에 따른 트라우마를 극복하고, 『사기(史記)』를 저술한 위대성을 언급하면서 이 장을 마칠까 한다.

대대로 역사를 기록하는 사관의 집안에서 태어난 사마천이 태사령인 아버지 사마담을 따라 장안으로 와서 당대의 대유학자인 동중서와 공안국에게서 옛글을 배웠다. 사마천이 당대를 대표하는 석학 두 사람에게서 학문적 토양을 풍부하게 섭취할 수 있었다. 그래서 역사적 사실을 수집하고 편집하는 단순한 사관이 아닌 자신만의 학술적 경향과 심층적 사고가 반영된 문장을 전개할 수 있었다. 게다가 사마천이 20세 때부터 몇 년간 중국 전역을 주유했는데, 이러한 답사 경험은 훗날 그가 『사기』를 저술하는 데 중요한 토대가 된다.

이러한 현지 실사를 통한 역사서 저술은 그 가치가 지대하다. 사마천은 넓은 중국 대륙을 직접 발로 밟고 현장에서 듣고 본 사실들을 『사기』에 반영했다. 생생한 현장 상황이 그대로 책에 반영되었다. 그래서 『사기』를 접한 사람들이 평범한 역사서와는 또 다른 감동을 받게 된다. 실제로 『사기』를 읽으면 해당 사건들이 눈앞에서 보는 것처럼 생생하게 전해져 온다. 실제 현지답사를 해서 역사서를 썼기 때문이다. 아버지 사마담이 아들 사마천에게 천하를 주유하게 한 의도는 우리들에게 많은 교훈을 준다. 요즘도 신문 기자들이 현장에 가지 않고 데스크에서 기사를 작성한다는 말을 가끔 들으면 사마천이 아득한 옛날 그 열악한 교통 상황을 극복하고 행한 천하 주유의 가치를 새롭게 생각하게 된다.

그리고 36세 때 무제의 봉선 의식에 참석하지 못해 화병으로 죽은 아버지의 대를 이어 태사령이 되었다. 사관이란 지위야 그리 높지 않지만 대대로 사관이 된 자부심은 하늘을 찔렀을 터. 그때 『춘추(春秋)』 이래 공백으로 남아 있는 4백 년의 역사를 기록으로 남기라는 아버지의 유언을 계기로 역사서 편찬을 완성하기로 결심한다. 아버지의 유언을 지키려는 사마천의 결심이 위대한 역사서 『사기』를 저술하는 데 주요한 역할을 한다. 15여 년 정도 진행된 저술 기간 중에 '이릉의 화'로 궁형에 처해진다. 보통 사람이라면 돌아보지도 않고 자결하거나 참형을 수용하였을 것이고 사마천처럼 궁형을 자청하면서까지 구질구질하게 삶을 연명하려 하지 않았을 것이다. 월급 600전의 사관이 50만 전이라는 큰돈을 마련할 길이 없어 49세의 나이에 남자로서는 가장 치욕스런 형벌인 궁형을 당하게 된다. 부친의 유언이 없었다면 사마천이 궁형을 자청하면서까지 구차하게 살고자 했을까.

사마천은 춘추전국시대의 사(士) 정신이 투철한 만큼 자부심도 강하고, 감수성이 지극히 풍부하고 혈기가 왕성한 사나이였다. 그렇게 세상을 사랑하고 인간을 이해하였지만, 궁형을 당하여 조상과 부모 그리고 온 세상에 부끄러운 패륜아가 되었다. 그것도 자신의 잘못이 아닌 타인의 억울함을 변호하는 과정에서 너무나 어이없게 그렇게 된 것이다. 사마천 자신을 위해 변호해 주는 사람이 단 한 명도 없는 그야말로 너무나도 냉정한 인간 세태 속에서 그의 고통은 더욱 컸다. 살아도 산 것이 아닌 차라리 죽은 것보다 못한 삶을 살아가는 고통의 연속이었다.

하루 24시간, 일 년 365일 내내 정신이 깨어 있는 순간에 궁형의 수치와 고통이 뇌리를 지배하고 있었다. 집 밖을 출입할 때 남의 따가운 시선들을 온몸으로 받았으리라. 사대부로서 천자 측근의 사관이라는 자부심 충만한 40대 후반의 남자가 자신의 은밀하고도 성스러운 성기를 타인들 손에 그것도 극형으로 제거되는 상황을 생각해 보라. 날마다 그 고통의 트라우마에 시달리면서 세상을 살아갔다. 사마천의 영혼이 느꼈던 윤리적 압박감은 엄청나게 무겁지 않았을까. 필설로 다 설명할 수 없다.

궁형 과정에서 겪었던 육체적 고통과 정신적 수치감의 극한 상황을 뚫고 위대한 역사서 『사기』를 세상에 내놓았다는 사실이 위대성을 느끼게 한다. 사마천이 자신의 울분을 누르고 천지자연의 이치와 인간 운명의 비극을 통찰함으로써, 공자의 『춘추』를 계승한 불멸의 역사서를 완성해 내었다. 타인의 억울함을 옹호하는 그 말 한마디에 자신의 삶이 도륙당하는 치욕을 겪었다. 세상 사람들의 비정함에 울분을 겪어야 했다. 평소엔 그렇게 명분과 의리를 강조하면서도 정작 동료의 억울한 사정엔 외면하면서 전제 군주의 절대 권력에 비굴하게 고개 숙이는 대소 신료들의 행태를 직접 체험하였다. 옥리들의 잔인한 고문을 경험하면서 오직 아버지의 유언을 지키겠다는 일념 하나로 살아간 남자 사마천이 우리에게 준 진정한 가르침은 무엇인가?

제2장

19년 기다린 남자, 진문공(晉文公) 중이(重耳)

한 장수가 말했다. "왜 후퇴를 하시는 겁니까?" 문공이 말했다. "지난 날 초나라에 있을 때 두 나라 군대가 대치하게 되면 내가 먼저 삼사(三舍)를 후퇴하겠다고 약속한 적이 있었는데, 어찌 그것을 위배할 수 있겠는가?"

軍吏曰: "爲何退?" 文公曰: "昔在楚, 約退三舍, 可倍乎?"

진문공이 19년간 천하를 방랑하던 시절 초나라 성왕의 도움을 받았을 때, 당시 초성왕에게 자신을 도와주는 데 대한 보답으로 훗날 부득이 진(晉)과 초(楚)나라 사이에 전쟁이 벌어진다면, 진나라 군대를 3사(舍)나 뒤로 물리겠다는 약속을 했다. 훗날 초나라와 천하를 놓고 성복전투(城濮戰鬪)에서 만났을 때 그 약속을 지켜야 한다는 당위성을 부하 장수에게 말하는 장면이다. 1사란 30리를 말한다. 춘추시대에는 군대가 행군할 때 하루에 1사를 움직였다. 따라서 3사는 90리로 3일의 행군 거리에 해당한다. 아무리 자신이 상대방으로부터 은혜를 입었다고 해도 이런 약속을 지켜 가면서 전쟁에 임하는 것은 쉽지 않다.

막강한 강국 초나라 군주 초성왕이 기약 없이 천하를 방랑하는 비렁뱅이 신세의 진문공 중이의 약속을 깊이 믿었을 리가 없다. 전시의 급박한 상황에서 그런 약속을 지키려 하다니 만약 전쟁에서 패하였다면 두고두고 웃음거리가 될 만한 일이 아닌가. 진문공은 그래도 그 약속을 지켰다. 실제로 천하의 패권을 겨루는 결정적인 전투 성복지전(城濮之战)에서 실제로 그 약속을 지키고도, 대승을 거두면서 남방의 광대한 초나라를 격파하여 천하의 주인이 된다. 물론 성복전투에 임하는 진문공의 치밀한 전략도 있었으니 단순한 약속 이행 차원에서만으로 보기 어려운 측면도 있지만. 호피를 뒤집어 쓴 말들을 선두에 내세워 초나라 군대를 혼비백산하게 하거나 수레에 나뭇가지와 지푸라기를 가득 실어 거짓 후퇴하면서 매복 공격하는 전략으로 초군을 혼란에 빠뜨리는 전략 말이다.

43세에 조국 진나라를 떠나 19년간 천하를 떠돌던 진문공 중이가 62세에 제위에 올라 춘추오패 중 두 번째로 맹주에 이름을 새겼다. 춘추오패란 천하의 제후들을 한곳에 모아 천자에 대한 맹세를 지휘하는 패자 다섯 명을 가리킨다. 제환공(齊桓公), 진문공(晉文公), 진목공(秦穆公), 송양공(宋襄公), 초장왕(楚莊王)이 그들이다. 혹자는 송양공과 초장왕 대신에 월나라 구천과 오나라 부차를 넣기도 한다. 그런데 진문공 중이가 제위에 오르는 과정이 참으로 험난했다. 간교한 여인 하나로 인해 중이가 조국 진나라를 떠나 19년간 천하를 떠돌게 된다. 그 긴 세월 동안 한 번도 중이를 배반하지 않는 참모들의 보좌와 중이 자신의 뛰어난 인품과 역량으로 결국 고국 진나라도 돌아와 군주가 되고 나아가 천하를 호령하는 패자가 되었다.

중이의 험난한 방랑을 초래한 여인 이야기부터 먼저 할까 한다. 공자 중이의 아버지 진나라 헌공 시절 절세가인으로 여희(驪姬)가 있었는데, 그녀의 미모가 워낙 뛰어나 침어낙안(沈魚落雁), 폐월수화(閉月羞花)로 알려질 정도였다. 침어낙안은 여인의 얼굴이 너무나도 아름다워, 미인을 보면 물고기는 연못 속에 잠기고, 기러기는 하늘에서 떨어진다는 뜻이다. 그리고 폐월수화는 밝은 달이 구름 뒤로 모습을 감추고, 꽃은 미인에게 부끄러워 시들었다는 뜻이다. 천하절색의 미인을 가리키는 말들이다. 여희가 빼어난 미모를 가졌기에 중이의 아버지 헌공이 정신을 차리지 못했다. 우선 당시 상황을 좀 더 이해하기 위해 중이의 아버지 진헌공이 어떻게 등장하는가를 살펴보자.

진(晉)나라

춘추시대 북방의 강대국 진나라의 시조는 주(周) 무왕(武王)의 아들이자 성왕(成王)의 동생인 당숙우(唐叔虞)이다. 주나라 성왕 때 당(唐)나라에서 반란이 일어나자 섭정을 맡고 있던 주공이 군대를 보내 당나라를 멸망시켰다. 주공은 주나라 성왕의 숙부이다. 어린 조카 대신에 섭정하다 일정 기간이 지나 조카가 성장하자 권력을 오롯이 돌려준 사람으로 유명하다.

여기에서 성왕이 동생 숙우를 당의 제후로 임명하게 된 사연이 흥미로운데, 세상 사람들은 이 사연을 동엽봉제(桐葉封弟)라 칭한다. 오동나무잎으로 동생을 제후에 봉한다는 뜻인데, 그 대화가 『사기』「진세가(晉世家)」에 실려 있다.

나이 어린 성왕이 동생 숙우와 놀다가 오동잎을 규(珪)로 삼아 숙우에게 주면서 "이것으로 너를 제후에 봉하노라."라고 말했다.[13] 물론 장난이었지만 당시 사일(史佚)이 이를 기록한 후 정식으로 숙우를 제후에 봉할 것을 청하자 성왕은 당황하여 자신은 단지 장난으로 그랬노라고 했다. 하지만 사일(史佚)은 "천자에게는 농담이 없습니다. 말씀하시면 사관이 기록하고 예로 이루어지며 음악으로 노래하는 것입니다."라고 했다. 드디어 숙우에게 당나라를 분봉해 주었고 이때부터 당숙우로 칭했다. 즉, 진나라는 주나라 왕실과 같은 희(姬)씨 성의 제후국이다.

소꿉장난이지만 약속을 지켜야 한다는 사실은 현대를 살아가는 우리들에게 많은 교훈을 준다. 여기서 말하는 규(珪)는 홀 규 자로, 홀은 천자가 제후(諸侯)를 봉할 때 내리던 신표이며, 위는 뾰족하고 아래는 네모진 모양을 하고 있다. 제후의 상징이다. 나이 어린 성왕이 동생과 장난을 하는 도중에 자신도 모르게 나온 약속이었다. 그런데도 곁에 있던 사관이 기록하고, 천자의 언행은 엄중하기 때문에 그 약속을 지킬 수밖에 없다고 간하자 약속대로 당(唐) 땅에 제후로 봉했다. 그래서 동생 숙우가 당을 통치하게 되었다. 요즘 우리네 현실 정치인들의 약속 위반이 워낙 많다 보니 여기에 언급된 인물의 약속을 지키는 행위는 새롭게 다가온다.

신생(申生), 중이(重耳), 이오(夷吾)

진무공 희칭(姬稱)이 바로 중이의 조부이다. 호씨족에서 호돌이 칭을 보좌하며 호씨족 두 딸인 대융과 소융을 진나라에 시집보낸다. 두 딸은 칭의 아들 궤제(詭諸)와 혼인을 맺는데, 궤제는 바로 진헌공(晉獻公)이며 중이의 부친이다. 대융은 중이를 낳고, 소융은 이오를 낳게 된다. 중이가 훗날 진문공이 되고 이오는 진혜공이 된다. 훗날 이오가 중이보다 먼저 제위에 오른다. 중이와 이오 이전에 궤제의 두 번째 부인 제강(齊姜)에게서 먼저 신생이 태어난다. 큰아들 신생은 제나라 출신 어머니 제강의 소생이지만, 중이와 이오는 북방 호씨족인 대융과 소융의 피가 섞였다. 따라서 태자 신생과 공자 중이, 이오 세 사람은 모두 이복형제다.

중이의 아버지 진헌공이 태자 시절 그는 가(賈)나라 공주를 아내로 맞아 비로 삼았으나 그녀는 아이를 낳지 못했다. 그리고 태자 신생의 출생도 그리 깔끔하지 않았다. 진헌공이 부왕 진무공의 여인인 제강과 사통하여 낳은 자식이었다. 하지만 출생의 상황이야 어찌 되었던 간에 현재 통치자인 진헌공의 장자였기 때문에 자연스럽게 태자가 된다.

중이의 할아버지 진무공도 아들 진헌공 못지않게 여색을 밝혔다. 늙은 나이였지만, 제환공의 공주가 예쁘다는 소문을 듣고 청혼을 했다. 그리고 제환공은 기꺼이 공주를 진나라로 출가시켰다. 그런데 제강은 젊은 나이에 늙은 진무공이 방사(房事)를 제대로 못 하여 불만이 너무나 컸다.

그것을 알아 챈 진무공의 아들 진헌공이 그 서모뻘 되는 제강에게 눈독을 들이다가 마침내 사통(私通)하고 아들까지 낳았다. 그가 바로 비극의 주인공 신생이다.[14]

　진헌공의 세 아들 신생, 중이, 이오 사이에 벌어질 정치적 상황도 만만치 않은데, 여기에 희대의 여인 여희까지 끼어들면서 진나라는 거대한 회오리바람에 말려든다. 여희의 수단이 탁월했다고나 할까. 여희가 권력 헤게모니 과정에서 권모술수의 전형을 보여 주면서 중이가 19년간 천하를 떠돌아야 하는 비운을 겪게 되는 것이다. 이제 여희의 등장에 대해 살펴보자.

여희(驪姬)

진무공이 늙어 죽고 아들 헌공이 뒤를 이었다. 헌공이 여나라를 정벌하러 갔다가 그 여융주(驪戎主)의 두 딸을 선물로 받고 돌아왔는데, 두 여자 모두 예뻐서 첩으로 삼고 총애하였다. 언니인 여희가 아들 해제(奚齊)를 낳았다. 앞에서도 언급했듯이, 헌공에게 이미 아들들이 있었다. 제환공의 딸 제강으로부터 낳은 큰아들 신생과 북방 적나라 출신의 두 부인에게서 낳은 중이, 이오가 바로 그들이다. 게다가 맏아들 신생은 적자로서 이미 태자로 책봉되어 후계 구도가 정착되어 있었다.

헌공이 어느 날 여희에게 태자를 폐하고 해제를 태자로 삼겠다고 말했다. 총애하는 여희의 환심을 사기 위해 그렇게 말했다. 그러자 여희는 펄쩍 뛰면서 태자를 폐한다면 자기는 자결할 것이라고 반대했다. 하지만 그건 결코 여희의 진심이 아니었다. 자신의 목적을 달성하기 위한 술수에 불과했다. 헌공의 제안을 바로 받아들이면 자신의 속셈이 드러날 것이 뻔하니, 후사에 관심이 없는 것처럼 행동했다. 헌공의 신임을 얻고 동시에 신생을 안심시키기 위한 고도의 전략이었다. 여희의 책략이 탁월했다. 대개 이런 상황에선 본처도 아니고 후처나 첩의 입장에서 자신이 낳은 아들을 다음 제위에 올리자는 군주의 제안에 열이면 열 모두 얼씨구나하고 곧장 동의했다.

비슷한 사례로 한 고조 유방과 척부인을 들 수 있다. 한 고조 유방이 자신과 고락을 함께한 여태후를 제쳐 놓고 척부인의 소생 여의를 후사로 교체하려다가 실패했다. 유방의 베갯머리에서 젊은 첩 척부인이 자신의 소생인 여의(如意)를 차기 제위에 올리려고 집요하게 요구하였다. 그러다 유방의 특급 참모였던 장량이 당시 현인이던 상산사호(商山四皓)를 동원하면서까지 태자 교체 불가를 주장하여 유방도 어쩔 수 없이 물러섰다. 상산사호는 동원공(東園公) 기리계(綺裏季) 하황공(夏黃公) 록리선생(角裏先生)이다. 훗날 유방 사후 자신의 아들 혜제가 제위에 올랐을 때, 여태후가 척부인을 잔인하게 보복해 버린다. 척부인의 사지를 절단하고 두 눈을 뽑고 두 귀, 코를 모두 독약을 써서 장애인을 만들어 창고에 방치하였던 것을 인간 돼지 일명 '인체(人彘)'라 한다. 척부인을 인체로 만들어 버렸다.

여태후의 증오와 그에 따른 복수심이 어느 정도였는지 짐작할 만하다. 따지고 보면 한 고조 유방과 초패왕 항우의 진시황 사후 천하 쟁패 대결 당시 전국을 떠돌며 험난한 피난살이를 했던 여태후의 입장에서 척부인과 유방의 태자 교체 시도는 그야말로 피가 거꾸로 솟는 일이었다. 유방에게 베갯머리송사로 간교하게 자신의 소생을 황제 자리에 올리려는 척부인의 행태나 조강지처(糟糠之妻)를 소홀히 여긴 유방의 처신에 대한 여태후의 분노와 실망이 하늘을 찔렀다. 척부인을 천만 번 찢어 죽여도 그 분이 풀리지 않았을 것이다.

음모

　그러나 여희는 달랐다. 그녀도 당연히 친아들을 차기 제위에 올릴 생각이 있었지만, 자신의 속내를 쉽게 드러내지 않았다. 군주의 자식이 여럿 있을 수 있지만, 실제로 제위에 오르는 한 사람 외엔 모두 제거 대상이 된다. 언제 어디에서 어떻게 정치적 희생양이 될지 모른다. 그것이 바로 비정한 권력 세계의 현실이다. 설령 큰 꿈을 갖고 있다고 해도 발톱을 철저히 숨겨야 한다. 여희도 그랬다. 그런 면에서 보통의 첩들과 달리 주도면밀하게 자신의 계략을 실행해 나갔다.

　먼저 주위 상황을 깊이 분석해 본다. 그리고 자신의 속마음을 숨긴 채 진헌공을 설득한다. 온 세상 사람들과 천하 제후들이 태자 신생이 헌공의 뒤를 이어 후사를 이을 것임을 알고 있다. 그런데 이제 와서 무슨 명분으로 태자를 폐할 것이냐가 관건이다. 그리고 태자 신생이 군사를 이끌어 공적을 자주 세웠고 백성들이 잘 따르고 있다. 먼저 진헌공 면전에서 태자 신생을 칭찬하여 진헌공의 환심을 산다. 이것 또한 여희의 숨은 전략이었음에랴.

　이런 상황에서 군주가 여희 자신을 사랑하여 태자를 폐하고, 해제를 태자로 책봉하면 천하의 분노를 가져올 것이기에 자신은 자살해 버리고 말겠다고 한다. 헌공도 여희의 속셈을 전혀 모르고 태자를 신생에서 해제로 교체하지 않기로 결정한다. 하지만 열 길 물속은 알아도 한 길 사람속은 알 수 없다는 속담처럼 여희의 구미호 같은 속셈은 정말 깊고도 깊었다. 두 발 전진을 위한 한 발 후퇴라고나 할까. 겉으로는 후사에 관심이 없는 듯이 보이고, 이면에서 자신의 소생을 제위에 올리려고 온갖 계책을 꾸민다.

진헌공과 태자 신생을 안심시켜 놓고 여희는 해제를 태자로 만들기 위한 계교를 본격적으로 실행하기 시작했다. 진헌공 입장에선 미모가 뛰어나고 젊은 여희의 행동거지 하나하나가 얼마나 예쁘게 보였을까. 게다가 여희가 겉으로는 현재 태자 신생의 자리를 유지하자고 조르니, 헌공이 여희를 믿을 수밖에 없었다. 하지만 헌공은 이미 신생에게서 마음이 떠난 상태였다. 오로지 여희를 기쁘게 하고 싶었다. 어느 날 여희의 제안에 따라 태자 신생 및 다른 왕자들을 변방으로 모두 보내게 된다. 국방을 강화한다는 명목으로 그들을 각기 곡옥(曲沃)과 포읍(蒲邑), 굴읍(屈邑)으로 보내려 성을 새로 쌓게 했다. 여희가 이렇게 말했다.

> "곡옥은 우리 선조의 묘소가 있는 곳이고, 포읍(蒲邑)은
> 진(秦)나라와 가깝고, 굴읍은 적과 가깝다. 만약 아들들을 보
> 내 그곳을 지키게 하지 않는다면, 난이 일어날 수도 있다."

신생, 중이, 이오를 도읍에서 멀리 떨어진 지역에 보내고 여희 자신은 진헌공 곁에서 아들 해제를 차기 왕위에 올리기 위해 계책을 착착 진행했다. 먼저 진헌공이 태자 신생으로 하여금 동산의 고락씨(皐落氏)를 정벌하게 했다.

이때 대부 이극(里克)이 나서서 태자 신생을 변호한다. 『좌전(左傳)』

민공 2년, B.C 660 기록에 나온다.

"태자는 종묘의 제사와 사직의 제사를 받들며, 아침저녁
으로 국군의 식사를 시중드는 사람입니다. 그래서 '총자(冢
子)'라 합니다. 따라서 국군이 출정하면 태자는 남아서 나라
안을 지키고, 누군가 태자를 대신하여 나라를 지키는 자가
있을 경우에만 태자는 국군을 따라 외부로 출정합니다. 그
래서 국군을 따라 출정하는 태자를 일컬어 국군을 도와 군
사를 어루만진다 하여 무군(撫軍)이라 하며, 나라를 지키고
있는 경우를 감국(監國)이라 하는 것이며, 이는 예로부터의
제도입니다. 군대를 이끌고 모략을 전담하는 일과 군대를
호령하는 일은 국군과 정경이 꾀하는 것이지 태자의 일이
아닙니다."[15]

이러한 명분을 제시하며 태자 신생을 곡옥 지역으로 보내는 것을 극
력 반대한다. 이 사람 이극을 주목할 필요가 있다. 실제로 진문공 중이가
19년간 중국 천하를 방랑하다가 귀국길에 올라 제위에 오를 때 결정적인
역할을 하기 때문이다. 그런데 이극이 이렇게 건의하는 와중에 진헌공은
어이없게도 신생을 태자로 인정한 적 없다고 발언한다. 진헌공이 이렇게
말하는 것을 듣고 이극은 태자에게 곡옥 지역에 가서 직무에 충실하라고
권한다. 이극이 보기에 지금은 진헌공의 명령을 거부할 시점이 아니라는
생각이 들었다.

지금 부친 헌공의 명령을 거부해선 좋은 일이 없다. 그리고 훗날을 도

모하기 위해서 명령을 따르고 공을 세워 신생 자신의 역량을 보여 주는 것도 나쁘지 않다고 여겼다. 이극의 제안에 따라 태자 신생이 헌공의 명령을 수용하고 떠나게 된다. 드디어 여희의 계략이 성사되면서 진헌공의 명령이 떨어져 세 공자가 도성 밖으로 떠나게 되었다. 사람이 눈에서 멀어지면 마음도 멀어지듯이 태자를 비롯한 왕자들을 도성에서 내보내면 진헌공의 마음도 옅어지기 마련이다. 여희의 일차 목적이 달성되는 순간이었다.

도성을 떠나 임지로 출발하던 날, 여희가 신생을 불러 군주의 꿈에 태자 신생의 어머니 제강을 만났다고 하면서 곡옥에 도착하는 즉시 제사를 올리고 제사 지낸 고기를 군주에게 바쳐 올리라고 말한다. 여희의 계략을 꿈에도 몰랐던 태자 신생은 여희의 제안대로 실행하게 된다. 자신의 생모를 배려해 주는 여희의 제안에 대해 신생이 어찌 의심할 수 있으랴. 여기에서 비극적인 사태가 발생한다. 아니 어쩌면 여희가 궁중에 들어오는 순간에 모든 일을 꾸몄을지 모른다.

희생(犠牲)

신생은 자신의 부임지인 곡옥에 도착하자마자 어머니와 조상에게 제사를 지내고 술과 고기를 보냈다. 헌공은 마침 사냥터에 나가, 며칠 뒤에야 고기를 먹게 되었다. 태자 신생이 직접 헌공에게 올렸으면 무사했을 것이다. 그러나 사냥터에서 돌아온 진헌공이 그 제사 음식을 먹으려고 하자. 여희가 문득 "여러 날 지난 고기이니 시험해 봐야 한다."면서 술을 땅에 쏟으니 땅이 부풀어 올랐다. 그리고 고기를 떼어 곁에 있던 개에게 던져 주자 개가 먹고 즉사했다. 여희는 극도의 슬픈 표정으로 흐느낀다.

> "태자가 군주를 시해하려 하다니, 태자가 이렇게 잔인한
> 사람인 줄 몰랐습니다. 국군께서 연로하시어 머지않았는데
> 그걸 못 참고 시해하려 하다니. 국군께서 돌아가시고 나면
> 앞으로 저나 해제의 운명도 알 수 없게 되었으니, 이제 저희
> 는 다른 나라로 피해야겠습니다."

여희의 계략을 전혀 눈치채지 못한 진헌공이 태자 신생의 행위에 분노한다. 그렇지 않아도 신생을 태자 자리에서 끌어내리고 여희의 아들 해제를 그 자리에 세우려 안달이 나 있었는데, 이 일을 계기로 더욱 서두르게 된다. 헌공은 먼저 태자의 스승인 태부(太傅) 두원관(杜原款)에게 죄를 물어 그를 죽여 버렸다. 그리고 곡옥에 있는 신생을 잡아오게 하였다. 여희는 참으로 무서운 여자였다. 자신의 목적을 달성하기 위해 이렇게

비열한 수단을 교활하게 썼으니.

따지고 보면 태자 신생이 부친 헌공을 살해할 이유도 의도도 없었다. 어차피 진헌공 사후 다음 제위에 오를 태자로서 굳건한 위치를 점하고 있는데, 굳이 부친을 독살하려고 시도할 까닭이 있을 리가 없었다. 그런 시도 자체가 필요 없었다. 그러나 진헌공은 젊고 예쁜 후처 여희에게 온통 마음이 쏠려 사리 판단을 제대로 하지 못했다. 그런데 신생이 이 상황에서 매우 특이하게 처신한다. 자신의 죄도 아닌데도 강력하게 저항하거나 반발하지 않았다. 신생은 이 모든 것이 여희가 꾸민 짓임을 알면서도 분노하거나 대적하지 않았다.

> "아버지께서 이미 연로하여 여희가 아니면 잠도 편히 잘
> 수 없고 먹어도 맛을 모르시오. 만약 내가 해명한다면 군왕
> 께서 여희에게 진노하실 것이니 불효가 됩니다."

오히려 주위 사람들의 망명 제안을 거부한다. 신생의 처신에 대한 평가는 사람마다 다를 것이다. 하지만 국정을 이끌어 갈 핵심 인물인 태자가 이런 상황에서 과감하게 결단하지 않고 사소한 인간적 정리에 매이는 것이 과연 바람직한가. 아니면 어차피 궁지에 몰렸으니 과감하게 군사를 일으켜 여희를 처단하려고 시도하는 것이 적절한가.

더욱이 당시에 태자의 신분은 그냥 왕자가 아니라 후사(後嗣)로서 상당한 군사력을 보유하고 있었다. 물론 그 군사력이 군왕만큼 강한 것은 아니지만. 여희의 계략을 미리 알아차린 상태에서 마음만 먹으면 군사를

일으켜 여희를 제거하고 부친인 진헌공에게 사건의 전모를 밝힐 수도 있었다. 설령 몰랐다고 해도 이렇게 궁지에 몰릴 경우 자신이 가진 군사력으로 충분히 저항할 수 있었다. 경우에 따라서는 부친을 넘어 나라의 권력을 통째로 소유하는 것도 가능했다.

하지만 신생은 그렇게 하지 않았다. 여희가 비록 악녀지만 부친에게는 아들보다 여희가 필요하다고 보았다. 늙어 가는 아버지에게는 효자보다 악처가 필요하다던가! 그리고 신생은 도망가라는 주위의 제안을 물리치고 성 안에서 누명을 쓴 채 자살하고 만다. 『사기·진세가(史記·晉世家)』에 그 내용이 나온다.

> "아버지를 죽이려 했다는 이러한 오명을 뒤집어쓴 채 도망한다면 누가 나를 받아 주겠는가. 길은 오직 하나 스스로 죽을 뿐이다."

하고는 12월 무신일에 신성(新城)에서 자살했다.

탈출

신생이 자결한 뒤에 중이와 이오가 헌공을 알현하러 간다. 이때 여희는 신생이 고기에 독약을 넣을 때 두 공자가 이 사실을 알고 있었다고 참소한다. 자신의 소생 해제를 왕위에 올리려면 후사를 놓고 경쟁할 가능성이 조금이라도 있는 인물은 수단과 방법을 가리지 않고 모조리 제거하려고 집요하게 음해하였다. 여희의 참소를 접하자 중이와 이오는 각기 그들의 성으로 달아났다가 나라 밖으로 망명하였다.

드디어 헌공이 해제를 태자로 삼았다. 아무 죄도 없고 오히려 부왕 헌공을 생각하는 마음이 지극했던 효자 신생은 여희의 그 흉악한 계략을 알면서도 변명도 하지 않고 자결해 버렸다. 그리고 여희가 다시 중이와 이오에게도 반란죄를 씌워 죽이려 하자, 두 공자는 망명길에 오른다. 그렇게 조국 진(晉)나라를 떠나 기약 없이 천하를 방랑하게 된다.

사람이 때를 기다린다는 것은 어떤 의미일까. 보통 사람이 장소를 정해 놓고 만나기 위해 시간을 기다리는 정도라면 충분히 참을 수 있다. 하지만 누가 언제 어디서 자신을 해칠지 모르는 그야말로 절체절명의 극단적인 위기 상황에서 시간을 기다린다는 것은 그리 간단하지 않다. 실제로 중이를 제거하려는 자객이 본국에서 끊임없이 파견된다. 더욱이 아무도 반겨 주지 않은 드넓은 중국 천하 각국을 떠도는 입장에서 그 시간은 정말 엄청난 고난의 연속이었다. 미래를 점칠 수 없는, 암흑과 같은 현실에서 아무런 희망도 없는 자신의 상황을 개척해 나가는 과정을 생각해 보라.

　지금 우리들 시각에서 보면 그저 하나의 역사적 사실에 불과하지만, 당시 그 엄혹한 현실에 처한 당사자의 입장에서는 얼마나 공포스럽고 암담했을 것인가. 진문공 중이가 자신을 따르는 참모들과 함께 조국을 떠나 겪게 되는 현실은 그야말로 동토(凍土) 시베리아 벌판보다 더 비참했을 것이다. 어디로 갈 것인가. 어떻게 이 난국을 헤쳐 나가야 할 것인가. 당장 지금 이 순간을 어떻게 살아 버텨 내야 하는가부터 고난의 행군이었다. 여희의 모략에 넘어간 부친 진헌공이 보내는 자객들이 시시각각 자신들의 목숨을 노리고 있는 현실임에랴!

방랑

권력 헤게모니 쟁탈 과정에서 불가피하게 조국을 떠나야 했던 진문공의 험난한 인생 역정이 전개된다. 절대적인 권력을 행사하는 전제 군주 체제하에서 후사 문제는 언제나 복잡한 법이다. 누가 차기 제위에 올라 절대 권력을 행사하느냐는 비단 당사자의 문제에서 그치지 않는다. 왕위를 둘러싼 주위 거대 정치 세력의 향방을 결정하고 권력 투쟁에서 패한 세력은 철저하게 숙청이 된다. 그래서 춘추전국시대의 전제 군주 즉위 과정은 권력의 주변을 둘러싸고 있는 정치적, 사회적, 경제적 현실 등이 얽히면서 그야말로 전쟁과 같은 상황이 된다. 지극히 엄중한 현실에서 여희의 사악한 욕심이 엄청난 정변의 회오리바람을 일으킨다. 물론 국민의 선거로 지도자를 뽑는 현대 민주주의 사회에서도 치열한 권력 투쟁이 존재한다. 그런데 고대 권력 투쟁은 현대의 그것과 달리 집권 세력이 패배한 세력을 몰살하는 일이 다반사였기 때문에 그야말로 피비린내 나는 혈투였다.

장장 19년 그 오랜 세월의 고난을 온몸을 겪었던 한 남자의 생을 한번 더듬어 가 보자. 그리고 그가 중국 춘추오패의 두 번째 맹주가 되는 과정을 살펴보며, 과연 권력 쟁패 상황에서 어떻게 처신해야 최후의 승자가 되어 민심을 잡을 수 있는지도 파악해 볼 것이다. 무엇보다 공자 중이가 춘추오패 중 두 번째 패자가 되어 천하를 호령하게 된 원동력은 19년간 절대 변하지 않았던 참모들의 충성이었다. 그 긴 세월 변치 않고 그 어떤

대가도 바라지 않고 주군을 위해, 그것도 아무런 희망도 없이 광막한 천하에 던져졌던 그들이다.

20년 가까이 천하를 떠돌면서 언제 어디서 죽을지도 모르는 급박한 현실에서 오직 공자 중이만 바라보면서 살아갔을 그 참모들의 처신은 철저하게 이해타산만 따지는 오늘날의 현대인들과 비교해 보면 우리들에게 실로 큰 교훈을 준다. 말이 19년이지 그 오랜 세월을 무엇을 기대하고 감내할 수 있었을까? 그 숱한 고비 속에서 끊임없이 회의감이 들었을 텐데 변절하지 않은 참모들이 정말 대단하다. 주군을 중심으로 자신을 희생하던 그 참모들의 처신에서 중이의 그릇의 정도를 짐작해 본다. 진문공이 그냥 평범한 인물이었다면 그 참모들이 누구도 저버리지 않고 험난한 세월을 함께 견뎌 내었을까.

공자 중이는 열일곱 살 때부터 호언(狐偃) 조쇠(趙衰)·전힐(顚頡)·개자추(介子推)·선진(先軫) 같은 훌륭한 인재들을 거느렸다. 어린 시절부터 주위 사람들에게 덕을 베풀었고, 배려와 존중으로 사람들의 마음을 깊이 샀다. 그 정도로 중이에게 남다른 인간적 풍모가 가득했다. 진헌공을 휘어잡아 자신의 아들을 왕위에 올리기 위해 온갖 모략을 꾸몄던, 간악한 여희의 음흉한 술수 때문에 태자 신생이 어이없이 자살한 이후 중이는 적(翟) 땅으로 도망가 12년 동안 난을 피해야만 했다. 훗날 왕위를 차지하는가가 문제가 아니라 지금 당장 어떻게든 자신의 목숨을 부지하기에 급급한 상황이었다.

외삼촌인 호언을 비롯한 중이의 측근들이 시종 그를 수행했다. 본국에서 진헌공이 여희의 사주를 받아 끊임없이 자객을 파견한다. 살해 위험에 오롯이 노출된 중이 일행은 하염없이 천하를 방랑하며 그저 하루하루를 견디며 내일을 도모할 뿐이었다. 여희뿐만 아니다. 훗날 중이보다 먼저 국군의 자리에 오른 이복동생 이오 또한 혜공(惠公)이 되어, 형 중이를 암살하기 위해 사인피(寺人披)를 적나라에 보냈다. 물론 이 사건은 이오가 즉위한 뒤에 발생한다.

이때 중이는 서둘러 측근들과 함께 적(翟)나라를 떠나 제(齊)를 거쳐 위(衛)를 지나게 되었다. 그러나 위문공은 그들을 반기지 않았다. 이때 위나라의 박대를 경험한 진문공이 훗날 국군(國君)의 자리에 올랐을 때 군사를 일으켜 위나라를 정벌하게 된다. 진문공은 훗날 패자의 자리에 올랐을 때, 자신이 천하를 방랑하던 시절 자신에게 어떻게 대했느냐에 따라 우호적으로, 또는 적대적으로 대응하였다. 자신에게 우호적으로 대해 준 나라와 군주에게 확실히 보답하고, 적대적으로 대한 자들은 철저히 응징하였다.

약속

　중이는 급한 상황에서 다시 초나라로 도망쳤다. 초성왕(成王)은 천하를 제패하겠다는 야망이 컸다. 그도 이 상황에 중원에 거점을 마련할 수 있는 좋은 기회라고 판단하여 정중하게 중이를 접대했다. 초나라는 남방의 광대한 영토를 가진 강국이었지만, 그에 만족하지 않고 중원으로 진출하여 천하를 제패하겠다는 야망을 가진 나라였다. 중이는 초왕의 환대가 감격스러울 정도로 고마웠지만, 향후 중원을 놓고 각축을 벌일 진과 초의 관계를 생각하면 자신의 입장을 쉽게 밝힐 수 없었다. 그래서 초성왕의 질문에 원칙적 입장을 지킨다. 지금 자신이 비록 망명객의 신분으로 언제 어디서 비명횡사할지 모르는 운명에 처해 있지만, 언젠가 조국 진나라로 돌아가 제위에 오르겠다는 야망에 불타고 있었으니 초성왕의 제의가 갖는 무게나 의미를 가볍게 받아들일 수 없었다.

　범상한 인물이라면 지금 당장 눈앞의 문제를 해결하고자 자신을 도와주면 무엇이든 하겠다고 약속했을지 모른다. 그리고 그것이 영토이든 백성이든 자신만 살아날 수 있다면 당장의 위기에서 벗어나기 위해 어떤 약속이라도 했을지도 모른다. 하지만 중이는 달랐다. 어차피 천하의 주인은 중원의 강대국 진(晉)과 광활한 영토를 가진 남방의 강대국 초(楚) 중 하나가 될 것이다. 그리고 중이 자신은 비참한 신세가 되어 초성왕 면전에 있다. 자, 어떻게 대답할 것인가.

어느 날 초성왕이 중이를 제후의 예로 대접하고 잔치에 불러 직접적으로 물었다.

"내가 그대를 도와 귀국하게 해 준다면 나중에 무엇으로 보답하겠소?"

"진기한 금수와 옥구슬 그리고 비단 같은 물건이야 초나라에 남아돌 정도이니, 무엇으로 보답해야 할지 잘 모르겠습니다."

광대한 영토를 지닌 초나라에 희귀한 물건도 많이 있을 터. 중이나 초성왕 둘 다 애초부터 그런 금은보화나 진귀한 물품에 관심을 갖고 대화를 나누지 않았다. 결국 영토였다. 초성왕은 중원으로 진출하여 천하를 호령하겠다는 야망에 불타고 있었기 때문에 그에게는 영토 문제가 중요했다. 일종의 교두보를 생각하고 제안했다. 하지만 지금이나 고대에도 국가의 영토 문제는 그리 만만하게 처리할 수 있는 것이 아니었다. 노골적으로 영토를 내놓으라고 요구하는 것도 쉽지 않았지만, 그렇다고 중이도 아무리 궁지에 몰렸다고 한들 영토를 할양하겠다는 약속을 가벼이 할 수도 없었다. 그래도 초성왕은 물러서지 않고 집요하게 보상을 요구했다. 중이는 야심만만한 성왕이 자신에게 무엇을 요구하는지 예민하게 알아챘다.

그래서 정중하면서도 침착하게 "만약 왕의 힘을 빌려 진나라로 돌아갈 수 있다면 약속하건대, 훗날 두 나라에 전쟁이 벌어져 두 나라 군대가 서로 전장에서 마주치면 삼사(三舍)를 퇴피(退避)하겠다. 이렇게 해서도 왕의 관용을 얻지 못한다면 어쩔 수 없이 왼손에는 채찍과 활을 쥐고 오른쪽에다가는 활집을 매고 왕과 한바탕 싸울 수밖에 없다."라고 응수했다. 삼사의 사(舍)는 옛날 군대가 하루 30리를 행군하고 하루를 묵었으니 결국 삼사는 90리, 3일 치 행군 거리에 해당한다. 중이가 초성왕에게 훗날 진나라와 초나라가 불가피하게 전쟁을 할 때 삼사 정도는 물러서겠다고 약속한 것이다.

이 말에 초의 영윤(令尹) 자옥(子玉)이 깜짝 놀라며 중이를 죽일 것을 초성왕에게 청했다. 그러나 초성왕은 다음과 같이 말하며 자옥(子玉) 성득신(成得臣)을 말렸다.

"진 공자는 뜻이 원대하고 생활은 검소하다. 오랫동안 외지에서 힘들게 지냈다. 말이 화려하지만 예의에 맞으며, 그를 따르는 사람들도 모두 충성스럽고 유능한 신하들이다. 이는 하늘이 안배한 것이니 어찌 죽일 수 있겠소? 그리고 이미 뱉은 말을 어떻게 바꾸겠소?"[16]

실제로 중이는 훗날 천하의 운명을 결정하는 대회전인 성복 전투에서 이 약속을 굳게 지켰다. 물론 자옥이 오만방자한 나머지 진나라의 계략에 빠져 초나라 군대가 일패도지(一敗塗地)하고 말았지만. 성복전투에서 남방의 강대국 초나라를 격파한 진나라는 명실상부하게 천하 맹주의 자리에 오른다. 약육강식의 논리가 철저히 지배했을 춘추전국시대에 진문공 중이가 약속을 굳게 지켜 사람들의 신뢰를 한 몸에 받은 것은 시사하는 바가 크다. 지키지 않아도 그 누구도 비난하지 않을 약속이었기에 진문공의 약속 이행이 대단하지 않은가. 자신의 입으로 굳게 약속한 것도 하루아침에 바꾸어 버리는 우리네 현대 사회 위정자들이 본받았으면 좋겠다.

진문공 중이가 삼사퇴피와 함께 약속을 지킨 대표적인 사례로 원(原)을 공격하면서 했던 말이 『좌전(左傳)』 희공 25년 사료에 나와 있다.

"신(信)은 국가의 보배다. 그것으로 백성을 지키는 것이다."

信國之寶也, 民之所庇也.

진문공 재위 2년 차에 작은 나라 원(原) 정벌에 나선다. 단 열흘이라는 기한을 정해 놓고 군사들에게 열흘 분의 식량을 주고 원을 공격하게 했는데, 결국 실패하고 말았다. 진문공이 열흘 안에 정복하지 못하면 철군한다는 사전 약속에 따라 퇴각 명령을 내렸다. 이때 성안에서 병사 한 명이 빠져나와 진문공에게 아뢰었다.

"원나라는 식량이 바닥나고 힘도 다해 사흘만 더 공격하면 함락할 수 있습니다"

라며 계속 공격을 주장했다. 그러나 문공은 거부한다.

"나는 병사들과 열흘간만 싸우기로 약속했다. 원을 얻고 약속을 저버리는 일을 나는 할 수 없다."

　주위의 장수들도 철군을 말렸으나 진문공은 병사들에게 약속한 신의
(信義)가 중요하다며 철수했다. 그러자 성안에 있던 원(原)의 백성은 신
의를 지키는 진문공에게 감탄하여 곧바로 성문을 열고 항복했다. 진문공
은 이곳 원(原)을 조쇠(趙衰)의 봉읍으로 삼았다. 진문공이 군사들에게
열흘이라는 기한을 정해 놓고, 약속대로 철군한다는 것이 그리 쉬운 일이
아니다. 더욱이 전쟁 상황에선 열흘을 넘긴다고 해도 결코 허물이 되지
않는다. 대군을 동원하여 자그마한 나라를 공격하는데, 사흘만 더 공격
하면 정복이 예상되는 상황에서 진문공은 그 약속을 지켰다. 군주가 약
속한 것을 철저히 지킴으로써 천하의 '신뢰'를 얻게 된다.

　이제 정치 영역에서 경제 측면으로 들어가 '신뢰'를 생각해 보자. 자본
증식을 위해서 수단 방법을 가리지 않는 현대 자본주의 체제하에서 대기
업 경영자들이 국민들에게 신뢰를 별로 받지 못하는 이유 중의 하나가 극
단적인 이윤 추구의 몰입에 있다. 즉 이윤 추구만 할 뿐 이윤의 사회적 환
원엔 인색하여 신뢰를 잃은 측면이 많다. 우리 현대사에서 급격한 경제
성장 드라이브 정책과 함께 압축 성장하던 시기에 재벌들이 민족과 국가
에 대한 기여도 했다. 그런데 지금은 엄청난 사내 보유금을 기업 내부에
쌓아 놓고 투자를 하지 않는다는 신문 기사를 접할 때마다 재벌에 대한
신뢰가 무너져 내린다. 기업이 성장하는 과정에서 기업 자신만의 역량뿐
만 아니라 국민들의 역할 또한 중요하다. 이젠 대기업이 부(富)를 독점하
여 세습하려고 할 것이 아니라, 기업 활동의 결과로 얻은 성과를 조금이
라도 이 사회에 환원한다면 국민들의 신뢰를 받게 된다. 그것이 선순환

이 되어 결국 기업의 지속적인 성장을 이끌어 낸다. 기업의 사회적 책임의 핵심은 바로 신뢰이다.

경영학의 대가 피터 드러커가 쓰고 이재규·이덕로가 옮긴 『프런티어의 조건』의 456쪽에 다음과 같은 내용이 나온다.

> "사회적 문제 해결을 위한 노리스의 '좋은 일 또는 운동'은 보다 엄격한 의미에서 새로운 수익을 창출하는 사업에 대한 자본 투자였다. 그는 진정한 사업가였던 것이다. 사회적 책임의 관점에서 많은 미국의 기업과 공공 기관은 카네기를 본받았다. 그런 기관들은 카네기가 한 것처럼 부와 경제적 힘은 사회에 대한 책임을 수반한다는 것을 인정하였다. 사회적 개혁자로서 부유한 사람인 카네기의 혁신은 하나의 독특한 미국 기관, 즉 재단을 설립하게 했다. 록펠러에서 포드에 이르는 엄청난 부자들은 차례로 카네기의 예를 따랐다. 또한 카네기는 오늘 매우 인기 있는 '기업의 사회적 책임'이라는 개념을 확립한 인물이기도 하다."

기업이 이윤을 추구하는 것은 당연하다. 그리고 수익을 창출하기 위해 다양한 경영 기법을 현장에 도입하는 것은 더욱 당연하다. 치열한 경쟁을 뚫고 기업이 성장하고 그 이윤을 다시 재투자하여 기업의 규모를 키우고 일자리를 대거 만들어 내어 사회에 기여하는 것이 기업의 중요한 역할이자 목표이다. 그런데 기업이 탐욕으로 이익만 추구하고 사회적 책임을 도외시한다면 국민들의 신뢰를 받을 수 없다. 기업이 이윤을 창출하고 수익을 증대하여 기업의 규모를 확대하면서도 국민적 신뢰를 받아 창창하게 뻗어 가는 경우가 많다. 요즘 흔한 크라우드 펀딩도 그런 신뢰가 없으면 자본을 확충하는 것이 불가능할 것이다. 카네기나 로젠월드, 노리스 등이 자신의 기업의 이윤을 추구하면서도 사회적 책임을 다했기에 국민들의 신뢰를 받을 수 있었다.

하지만 전쟁에선 당장의 승리가 중요하다. 어떤 계책이든 승리하기만 하면 그것이 바로 최고이자 최선의 방책이 된다. 그야말로 수단 방법을 가리지 않고 오직 승리하기만 하면 다른 그 어떤 것도 문제될 것이 없다. 전쟁터에서 도덕성을 따지는 것은 심히 어리석다. 그런데 진문공은 달랐다. 전쟁 상황에서도 약속을 지켜 신뢰를 받았다. 전쟁에서 승리가 절대적으로 중요하지만, 무작정 승리만을 추구하지 않았다. 그의 관점을 잘 보여 주는 사례가 바로 논공행상이다. 긴긴 방랑을 끝내고 제위에 올랐을 때 논공행상에서 세간의 일반적 시각과는 매우 다른 평가 기준을 제시한다. 진문공이 초나라와 전쟁을 시작하기 전 구범(舅犯) 호언(狐偃)을 불러 물었다. 성복지전 또는 성복전투가 일어났을 때 말이다.[17]

> "과인은 장차 초나라 군사와 결전을 벌일 생각이오. 그런
> 데 초나라는 병력이 많고 우리는 적으니 어찌해야 좋겠소?"

호언은 진(晉)나라 대신이자 국구인 호돌의 아들로 호모의 동생이기도 하다. 언제부터인가 사람들은 이 호언을 '구범(舅犯)'이라고 불렀다. 호언(狐偃)은 중이의 외숙이다. 그리고 '구(舅)'란 장인이란 뜻도 있지만, 외숙이라는 뜻도 포함하고 있다. 중이는 어릴 적부터 여기에 호언의 자

(字)인 '자범(子犯)'을 붙여 구범(舅犯)이라고 불렀는데 이를 따라 그의 가신들도 호언을 부를 때 '구범'이라 하였다. 호언이 대답한다.

> "신이 듣건데, '상황에 따라 예가 달리 적용되는 것을 터득한 군자는 평시에는 충신(忠信)을 마다하지 않고 전시에는 궤사(詭詐)를 마다하지 않는다.'고 했습니다. 오직 적을 속이는 계책을 써야만 합니다."

문공은 구범을 물러가게 하고 이번에는 옹계(雍季)를 불러 물었다.

> "초나라와 전쟁을 하려고 하는데 초나라 군사는 숫자가 많고, 우리는 적으니 어찌해야 되겠는가?"

옹계가 대답했다.

> "사냥을 하면서 숲에 불을 지르면 우선은 많은 짐승을 잡을 수 있지만 나중에는 짐승이 없게 됩니다. 속임수로 백성들을 대하면 우선은 일시적으로 이익을 얻을 수 있지만, 후에는 반드시 백성들의 신망을 얻을 길이 없을 것입니다."

문공은 옳다고 말하고 옹계를 물러가게 했다. 그러고는 구범의 계책으로 초나라 군을 격파하고 승리했다. 전투를 마치고 돌아가 논공행상을 하는데 옹계를 앞에 놓고 구범을 뒤에 놓았다. 신하들이 말했다.

"성복(城濮)의 승리는 구범의 계책에 의한 것인데, 무릇 그의 계책을 쫓아 승리를 거두고도 논공행상에서 그의 공을 뒤로 돌리는 것이 과연 가한 것인지요?"

문공이 말했다.

"이것은 여러분이 이해하지 못하는 부분이오. 구범의 말은 일시적인 권도(權道)나 옹계의 말은 만세의 이익이오."

此非君所知也. 夫舅犯言, 一時之權也. 雍季言, 萬世之利也.

공자(孔子)가 이 말을 듣고 칭송했다.

"문공이 패자(覇者)가 된 것은 당연한 일이다. 일시적인 권도를 터득했을 뿐만 아니라 만대에 걸쳐 이익이 되는 정도까지 터득했기 때문이다."

역시 진문공은 달랐다. 비록 호언의 조언에 따라 속임수를 써서 승리하긴 했지만, 논공행상에선 호언보다 옹계를 더 높이 평가한 것이다. 쉽지 않은 판단이었다. 오랜 세월 풍찬노숙(風餐露宿)의 고통을 함께한 진문공의 참모들이 주군의 의도를 이해하려고 했겠지만, 그래도 전쟁의 승리에 대한 논공행상의 자리에서 전쟁의 승리에 일등 공신인 호언보다 저 멀리 백세의 이로움을 강조하는 옹계에게 더 큰 상을 주는 것을 쉽게 받아들이기 어려웠다. 하지만 이러한 진문공의 혜안(慧眼)과 그것을 수용한 참모들의 변함없는 보좌가 있었기에 전투도 이기고 천하 제후들에게 신망을 가득 받을 수 있었다.

퇴피삼사(退避三舍)

앞에서도 퇴피삼사에 관해 가볍게 언급한 적이 있지만, 실제로 성복전투에서 진문공은 이전 약속을 어기지 않고 3일 여정인 90리를 뒤로 물러난다. 이는 지난날 천하를 기약 없이 방랑할 때, 자신에게 은혜를 베푼 초나라 성왕에게 한 약속을 지키는 것이었다. 그리고 중이 자신은 천하의 제후국들에게 진나라는 은혜를 저버리는 짓 따위는 하지 않는다는 것을 여실히 보여 주었다. 그래서 중이는 제후국들의 신망을 가득 받게 되었다. 이러한 처신은 당연히 군사들의 사기와 직결되었다. 실제로는 약속을 지키는 명분도 얻었지만, 한 번 물러나면서 상대방의 약한 곳을 집중하여 노리는 고도의 전략이기도 했다.

중이는 곧 적을 가볍게 여기는 초군의 주장인 자옥(子玉)의 오만방자한 성격을 이용해 적을 유인하는 작전을 택했다. 적을 유인한 중이는 좌우에서 둘러싸면서 초군을 공격하여 대승을 거두었다. 이 전투를 계기로 천하의 질서가 진문공을 중심으로 급격하게 재편된다. 진문공이 B.C 621년 천토(踐土)에서 회맹을 주도하면서 춘추오패 중의 두 번째 패자로 등극하게 된다. 그가 천신만고 끝에 권좌에 올랐을 때 그의 나이는 환갑을 넘어섰다. 43살 때 망명길에 올라 19년 만에 제위에 올라 참으로 오랜 기간 지난한 세월을 보냈다.

초성왕에 얽힌 유명한 에피소드도 언급해 볼까 한다. 초성왕의 후사 문제를 둘러싸고 왕자 상신(商臣) 사이에 있었던 곰 발바닥 요리 이야기가 유명하다.

초성왕에게는 여러 명의 아들이 있었는데, 그중에서도 자신이 가장 사랑하는 상신(商臣)을 태자로 삼으려 했었다. 그런데 상신은 성품도 잔인하고 역량도 특별히 뛰어나지 않아 신하들이 반대했다. 하지만 초성왕은 그들의 말을 듣지 않고 끝내 상신을 태자로 책봉했다. 하지만 그 후 초성왕은 어린 아들 직(職)에게 사랑이 쏠렸고, 상신 대신에 직으로 태자를 바꾸려 한다.

역사적으로 차기 왕위 계승자를 바꾸는 과정에서 피비린내 나는 암투가 치열하게 전개되는 경우가 많다. 초성왕의 경우도 예외가 아니었다. 부왕의 의도를 미리 눈치챈 상신이 궁궐의 호위병들을 자기편으로 끌어들이고 왕궁을 포위한 후에, 초성왕에게 자살할 것을 요구했다. 권력은 부자간에도 나누지 않는다고 했던가. 아들이 군대를 동원하여 아버지를 자살하게 강요하는 상황이라니! 자신을 도와줄 군사도 없이 무력한 상황에 처한 초성왕은 어찌할 도리가 없었다.

그는 마지막으로 태자 상신에게 곰 발바닥 요리를 먹고 죽고 싶다며 사정을 했다. 곰 발바닥 요리를 만드는 데 많은 시간이 걸리니, 초성왕은 며칠이라도 시간을 벌고 싶었다. 그렇게 되면 자신의 친위 세력이 들고 일어나 자신을 구해 줄지도 모른다는 생각에서였지만, 상신은 한마디로 거절하고 말았다. 아버지 초성왕의 의도를 파악한 상신이 그 부탁을 들어줄 리가 만무했다. 권력의 세계는 아들이 아버지에게 죽음을 강요할 정도로 비정하다. 어차피 모든 상황을 장악한 태자 상신의 입장에서 아버지 초성왕의 마지막 소원을 들어주었으면 좋지 않았을까. 순진하고 소박한 바람일까.

그래서 초성왕은 하는 수 없이 스스로 목을 매어 죽고 말았다. 47년간 군위의 자리에서 세상을 호령하던 초성왕의 최후는 이렇게 싱겁게 끝나 버린다. 마지막 생을 끝내는 순간에 초성왕이 곰 발바닥 요리를 떠올린 잔머리에도 불구하고 아들의 강요로 자결하고 말았다.

중국의 요리사들은 곰의 네 발 중에서도 오른쪽 앞발을 최고의 요리 재료로 인정한다고 한다. 곰은 벌집에서 꿀을 빼 먹을 때 오른쪽 앞발로 벌집을 건드려 벌을 쫓아낸다. 그때 집을 지키려는 벌들이 침입자인 곰 발바닥에 침을 쏘게 되고, 그 침에 묻어 있는 꿀이 모이고 모여 로열젤리 만큼 고영양가 식품으로 변하기 때문이다. 하지만 곰 발바닥 요리에 관한 다양한 학설이 있어 어느 주장이 정확한지 잘 모른다. 위의 언급처럼 곰의 오른쪽 앞발이 고영양가를 갖고 있다고 해도, 이러한 사정을 잘 알고 있는 인간이 곰의 오른쪽 앞발을 요리 대상으로 삼는다고 하니 그것도 지혜라고 해야 할지 모르겠다.

초성왕에서 이야기가 조금 빗나갔다. 다시 본론으로 돌아와, 앞에서 언급한 내용을 중심으로 진나라 권력 투쟁 과정을 좀 더 살펴보는 것이 좋겠다. 진나라의 국군 헌공에게 여러 아들이 있었는데 그중에 세 왕자 신생·중이·이오가 뛰어났다. 큰아들 신생이 태자였고, 둘째 아들이 중이, 셋째 아들이 이오였다. 진헌공은 또다시 여희 자매를 아내로 맞아들여 해제와 탁자를 낳았다. 대권에 대한 야심을 품은 여희는 적장자의 계승권을 빼앗기로 결심했다. 진헌공이 B.C 656년에 미모가 출중한 여희의 감언이설에 속아, 사리분별 능력을 상실한 채 태자인 신생을 핍박하여 자살하게 하였다. 나아가 여희를 황후로 삼고 그녀의 소생인 해제를 태자로 삼았으며, 공자 중이와 이오마저 죽이려고 하였다. 진헌공은 두 아들이 태자인 신생과 공모하여 자신을 권좌에서 몰아내려 했다는 죄명을 씌워 군사를 보내 죽이려고 하였다.

지난 날 태자 신생이 자살했을 때 부왕 진헌공을 알현하러 갔다가 여희의 참소로 위기를 맞자 중이는 포성으로 이오는 굴성으로 도망을 쳤었다. 그래서 포성(蒲城)을 지키던 중이는 아버지의 군대가 포성을 공격하자, 적(翟)나라로 도망갔으며, 굴성(屈城)을 지키던 이오는 아버지가 보낸 토벌군과 1년 넘게 싸우다가 결국 패하여 굴성이 무너진다. 이에 양(梁)나라로 달아났다.

이때 이오도 중이가 달아난 적으로 가려 했는데 그의 참모인 기예(冀芮)의 충고를 받고 양(梁)나라로 떠났다. 중이와 이오가 함께 적으로 도망가면 필시 진헌공이 군대를 파견할 것이고, 소국인 적이 감당할 수 없어 도움이 되지 않는다는 충고였다. 그래서 강대국인 진(秦)과 가까이 있는 양나라로 가자고 제안하였다. 언제든지 진의 군대를 빌려 후일을 도모할 수 있다는 논리로 설득하였다.

중이가 적나라로 피신하면서 19년이란 긴 세월의 천하 방랑이 본격적으로 시작되었다. 천하에 아무도 의탁할 곳이 없었다. 오라는 곳도 갈 곳

110

도 없는 참으로 비참한 처지가 되고 만 것이다. 적(翟)으로 피신했을 때 중이의 나이는 43살이었으며, 중이와 함께 망명길에 올랐던 사람은 외삼촌인 호언(孤偃)과 가신인 조쇠(趙衰), 선진(先軫), 가타(賈佗), 위무자(魏武子), 개자추(介子推), 호숙(壺叔), 전힐(顚詰), 사공계자(司公季子), 호모(狐毛), 가륜(賈倫) 등이었다. 이들은 훗날 누구도 중이를 배신하지 않고 끝까지 곁을 지켰다. 결코 쉬운 일이 아니었을 것이다.

그렇다고 후사를 보장받은 것도 아니었다. 그저 목숨을 연장하기 위해 천하를 방랑해야 하는 중이를 지키기 위해 이렇게 기라성 같은 인물들이 모든 것을 포기하고 따라나섰다. 이것만 봐도 중이의 인품이 어느 정도였을지를 짐작하게 한다. 그리고 이들이 20년 가까이 중국 그 넓은 천하를 주유하고 방랑할 때 자신들의 목숨을 노리고 연이어 파견되는 자객들의 위협도 만만찮았다. 중이의 참모들이 온몸에 먼지를 뒤집어쓰고 무작정 발길 닿는 대로 걸었다. 19년 간 천하를 방랑하여 주군 중이를 보좌하면서 하루하루 생존에 급급한 그들의 행세를 상상해 보라.

중이가 적나라의 성에 들어섰을 때 함께 떠난 위주가 중이에게 묻는다.

"공자께서 포성에 수년 계시는 동안 백성들은 다 어진 덕을 업었으므로 이젠 공자를 위해서라면 죽는 것도 두렵지 않습니다. 만일 오랑캐 나라와 적나라 군사의 원조를 빌리고 포성의 많은 백성들을 거느리고서 진나라 궁중으로 쳐들어간다면 궁중에서도 그간 울분을 참지 못하던 자들이 반드시 내응할 것입니다. 이리하여 요망한 것들을 다 없애 버리

고 사직을 편안케 하고 백성들을 무마하십시오. 우리가 타
국을 떠돌아다니면서 얻어먹는 나그네 신세보다는 제 말대
로 하시는 것이 백 배나 나을 것입니다."[18]

중이가 조용히 대답한다.

"그대의 말은 비록 장하나, 아버지인 임금을 괴롭히고 놀라
게 하는 것은 더구나 망명 중인 자식으로서 할 바가 아니오."

그러자 위주가 그렇게 여희의 무리를 맹호나 사갈(蛇蝎)처럼 두려워
하고 인의(仁義)만 말하면 악독한 여희에게 통할 것이며, 그렇게 마음이
약하면 언제 큰일을 이룰 수 있냐고 목소리를 높이게 된다. 그때 곁에 있
는 호언이 공자(公子)가 어찌 여희가 두려워 피하였겠는가 하고 중이의
입장을 옹호한다.

"공자는 여희를 두려워하시는 것이 아니오. 명목과 대의
를 존중하심이오."

위주나 호언 모두 중이의 특급 참모들이라 모두 중이를 염려하여 이
렇게 말한 것이며, 발언의 결은 달라도 중이를 위한 마음은 같았다. 위주
의 발언도 충분히 수긍할 만하다. 무작정 도망치는 것보다 동원할 수 있
는 군사를 일으켜 진나라로 쳐들어 가 여희 일당을 주살하고 싶었을 것
이다. 설령 그 앞에 중이의 부왕인 진헌공이 막아서더라도 함께 치고 싶
지 않았을까. 요망한 여희의 혓바닥에 놀아나는 진헌공이라면 더욱 그렇

게 하고 싶었을 것이다. 타국을 떠돌아다니는 것보다는 낫지 않은가. 범처럼 씩씩한 장사였다고 평가받았던 위주였으니 주군 중이의 생각에 얼마나 답답했을 것인가. 그래도 호언은 위주를 가만히 가라앉히고 주군의 입장을 옹호했다. 역시 특급 참모였다.

복귀의 서막

이렇게 보면 중이의 심정을 좀 더 깊이 헤아리고 있는 사람은 호언이라고 볼 수 있다. 그래서 훗날 묵자(墨子)는 다음과 같이 평가했다.

> "제나라 환공은 포숙과 관중에게 물들었고, 진나라 문공은 호언에게 물들었고, 초나라 장왕은 손숙과 심윤에게 물들었고, 오나라 합려는 오원과 문의에게 물들었으며, 월나라 구천은 범려와 문종에게 물들었다. 이들 다섯 군주는 모두 제대로 물들어서 천하의 패자가 되었으며, 그 공덕과 명예가 후세에 전해졌다."[19]

묵자의 평가에 등장하는 사람들은 모두 군주들의 최측근이면서 뛰어난 참모들이었다. 진정으로 군주를 보좌하면서 사사로운 이익을 추구한 적도 없이 오직 사직을 도모하는 현신들이었고, 훌륭한 능력을 소유한 인물들이었다. 친한 정도를 뛰어넘어 물들 정도였다니 대단하지 않은가. 진문공에게 호언은 그런 존재였다. 실제로 진문공이 위기에 몰릴 때마다 헌신적으로 진문공을 지키고, 대안을 제시하면서 나라의 미래까지 내다보는 훌륭한 존재였다. 호언뿐만 아니라 19년간 진문공 곁을 떠나지 않고 지킨 참모들 모두 그렇게 하였다.

중이는 방랑길에서 적나라의 지극한 환대를 받는다. 적공(翟公)은 장구여(廥咎如) 족장과의 전쟁에서 얻은 족장의 딸 숙외(叔隈)와 계외(季隈)를 각각 조쇠와 중이에게 시집보냈다. 중이 일행이 적에서 망명 생활을 하고 있을 때 양나라로 달아난 이오는 양백(梁伯)의 환대를 받고 그의 딸을 아내로 맞아 어(圉)를 낳았다. 이오의 아들 어(圉)는 훗날 진회공(晉懷公)이 되며 진문공 중이의 조카가 된다. 중이와 이오가 각각 적나라와 양나라에서 망명 생활을 하고 있을 때 기원전 651년 중이와 이오의 부친 진헌공이 세상을 떠났다. 전제 군주정치하에서 군주가 사망하면 어떤 정치 세력의 인물이 제위에 오르느냐를 놓고 그야말로 피비린내 나는 권력 쟁탈이 치열하게 벌어진다. 진헌공의 사후도 마찬가지였다.

진나라 대신 순식(荀息)은 진헌공의 유명(遺命)을 받아 여희의 아들인 해제를 진나라의 국왕으로 올린다. 여희의 계략이 드디어 결실을 맺는 것처럼 보였다. 하지만 진나라의 이극(里克)과 비정(邳鄭)은 여희의 권력 독점에 불만을 품고, 나라 밖에서 천하를 방랑 중인 공자 중이가 귀국하여 제위에 올라 후사를 잇기를 바랐다. 호시탐탐 기회를 누리던 이극 일파가 결국 반란을 일으켜 여희를 비롯한 세력들을 모조리 주살해 버렸다.

이극이 반란으로 국정을 장악한 후, 사람을 보내어 국외로 도망친 중이를 귀국하도록 한다. 중이는 국내의 사정을 잘 몰랐으므로 귀국하여 왕위를 승계할지 말지에 대하여 결정을 내리지 못했다. 내란 와중에 수많은 사람이 희생되었지만 누가 제위에 오르느냐가 결정되지 않으면 그 혼란이 언제 종료될지 알 수가 없다. 물론 누군가 제위에 올라도 혼란이 완전히 가시지 않는 경우가 있다. 그래서 전제 군주의 사후 권력 공백은 어느 방향으로 마무리될지 파악하기도 더욱 어렵다. 누군가 일시적으로 권력을 잡은 듯해도 어느 순간 모든 상황이 뒤집혀지기 일쑤다. 공자 중이도 어떻게 처신해야 좋은지 명확한 입장을 내놓기도 어려웠다.

중이의 왕위 양보

누구를 임금으로 세울 것이냐가 급선무였다. 사서(史書)에 기재되어 있지 않아 진헌공의 아들이 모두 몇 명이었는지는 정확히 알 수 없으나 대략 8, 9명쯤으로 추정하고 있다. 그 가운데 신생과 해제, 탁자는 이미 세상을 떠났으므로 남은 공자는 5, 6명이었다. 이 중에서도 중이와 이오만이 공식적으로 봉해진 후궁 소생이요, 나머지는 천첩이 낳은 아들이었다. 당연히 다음 후계자는 중이와 이오로 압축되었다.

진나라의 실세 대신인 이극은 공자 중이에게 마음이 쏠렸다. 총명하고 야심에 찬 이오보다는 욕심 없고 정치적 감각이 둔감하게 보이는 중이가 더 만만했기 때문이었다. 역사 현장에서 새로운 집권 세력이 누군가를 왕이 자리에 앉힐 것인가를 논할 때 나라와 민족에 적합하냐 아니냐보다 자신들의 미래를 위해 어떤 자가 필요한가에 초점을 맞추는 경우가 많았다. 실제로 이극은 심복 도안이를 적나라에 있는 중이에게 보내 귀국을 종용한다. 진나라의 장래나 중이의 정치적 입장을 고려한 것이 아니라 이극의 정치권력을 연장하기 위해 상대적으로 만만하게 보이는 중이를 선택했다. 여희의 음모에 휘말려 본의 아니게 타국에서 망명 생활을 하고 있던 중이에게는 하늘이 내린 절호의 기회였다. 그런데 중이의 답변은 뜻밖이었다.

"아버지의 명을 어기고 나라 밖으로 도망쳤고, 아버지가

돌아가셨는데 자식의 예로 장례조차 모시지 못한 내가 어찌
변란이 일어난 틈을 타 귀국할 수 있겠소? 대부께서 진정으
로 진나라를 위한다면 다른 아들을 세우도록 하시오."

중이가 겉으로는 효도를 다하지 못한 자신의 부족함을 이유로 이극의
제의를 거절하였으나, 그보다는 진나라 내부가 안정되지 않았음을 경계
한 답변이라고 보아야 한다. 어쨌거나 중이의 대답을 들은 이극은 크게
놀랐다. 하지만 당사자가 싫다는데 어쩔 수 없었다. 이번에는 대부 양유
미(梁由靡)를 양나라로 보내 공자 이오의 의사를 타진해 보았다.

그런데 권력욕이 유난히 강했던 이오는 달랐다. 중이와 정반대로 자신
이 귀국하여 제위에 오르는 것에 즉각 동의한다. 이오가 이극의 제안을
받고 곧장 귀국하려 하자, 여성(呂省)과 극예(郤芮)가 다음과 같이 말하
며 제지한다.

"안에 세울 만한 공자가 있는데 밖에서 구한다는 것은 믿
기 어렵습니다. 진(秦)과 같은 강한 나라의 위엄을 빌리지 않
고 들어갔다간 위험한 일입니다."[20]

이에 극예에게 후한 뇌물을 가지고 진(秦)으로 가게 해선 자신을 제위
에 올려 준다면 하서(河西)의 땅을 바칠 것을 약속했다. 그리고 이극에게
도 편지를 보내 분양(汾陽)의 읍을 봉해 주겠노라고 약속했다. 이렇게 이
오가 적극적으로 나오니까 이극이 오히려 당황한다. 이오가 군주 감이
아니라고 여겨 즉답을 피하면서 이오의 귀국을 차일피일 미루게 된다.

훗날 이오가 실제로 행한 배은망덕한 처신을 생각해 보면 이극의 이오에 대한 시각은 정확했다. 하지만 세상사 사람 마음대로 되는 것은 아니지 않는가.

이극이 우물쭈물 망설이자 오매불망 진나라 군주 제위를 노리던 이오는 이극을 통하지 않고 다른 수단을 동원하여 귀국하려고 애쓰고 있었다. 이웃 나라인 진(秦)나라에 도움을 요청한 것이었다. 그 무렵 진나라의 군주는 진목공(秦穆公)이었다. 진목공의 부인은 진헌공의 딸 목희였고, 죽은 태자 신생의 여동생이었다. 따라서 목희는 중이와 이오의 이복남매였다. 그리고 목공도 후일 춘추오패의 패자에 오르는 명군이었다.

결국 이오가 진목공의 후원을 업고 먼저 귀국하여 제위에 오오른다. 물론 그 후에 중이도 제위에 오르지만. 중이와 이오는 모두 망명객 처지였지만, 정치적 행위, 현실적 판단 등이 전혀 달랐다. 그리고 두 사람을 따르는 참모들의 수준도 차이가 많이 났다. 무엇보다 두 사람의 그릇의 크기가 너무나 달랐다. 이오가 자신이 제위에 오를 수 있도록 도와준다면 무엇이든 내놓겠다는 약속을 너무나 쉽게 던지는 것만 봐도 충분히 알 수 있다. 나라의 영토를 가벼이 생각하는 그 경박함 때문에 지도자가 결코 될 수 없는 자였다. 실제 훗날 제위에 올랐을 때 그 약속도 지키지 않았을 뿐만 아니라, 오히려 자신의 등극을 도와준 사람들도 잔인하게 살해하는 듯의 정치적 박해까지 가해 배은망덕한 짓을 서슴지 않고 저지른다. 참으로 믿을 수 없는 인간성이여!

진(秦)나라 군대를 앞세운 이오는 양나라를 떠나 의기양양하게 진(晉)

나라 수도로 향했다. 이극이 성문을 활짝 열고 그를 맞이했다. 안팎으로의 도움에 힘입어 그는 순조롭게 진나라 군위에 올랐다. 조국을 떠나 도망한 지 4년 만의 일이었다. 지금은 군대를 동원하여 이오의 등극을 지원하지만, 언젠가 진(晉)을 도모하려는 진목공의 속셈을 이오는 알았을까. 그저 자신이 우선 제위에 오르는 것에 급급하여 국제 정세가 어떻게 돌아갈지 전혀 판단하지 않았다. 그리하여 진목공은 이오의 구원 요청 서신을 받은 후, 대장 공손지(公孫枝)로 하여금 삼백 량의 병거를 이끌고 이오가 진나라로 귀국하는 것을 호송하게 한다. 기원전 650년, 이오는 소원대로 국왕의 자리를 승계한다. 그가 바로 진혜공(晉惠公)이다.

세상일에 공짜는 없는 법이다. 자국의 힘이 부족하여 외세의 지원을 받으면 당장 수중에 들어오는 이익이야 달콤하겠지만, 그 후에 반드시 치러야 할 희생이 더욱 큰 것은 역사적 진리가 아닌가. 우리 역사에서도 임진왜란 당시 조선이 중국 명나라의 지원군 도움을 받아 겨우겨우 버텨 냈지만, 그에 따른 후폭풍은 또 얼마나 거세었나. 명의 이여송(李如松) 군이 평양성을 수복하는 데 결정적인 역할을 하지만, 수만의 대군을 조선 땅에서 접대하면서 우리 조야(朝野)가 겪어야 했던 고통은 정말 극심했다. 현대사에서도 그런 일이 없다고 장담할 수 있을까. 동서고금을 막론하고 군대를 동원하여 타국을 도우면서 그에 대한 보답을 바라는 것은 당연한 이치가 아닌가. 한미 동맹을 강조하지만 미국 또한 자국의 이익을 우선하여 한반도 정책을 펼쳐 왔지 않은가.

약속 위반

이오가 즉위한 후, 진(晉)나라의 수도에 잠시 머물던 공손지(公孫枝)는 지난날 진목공에게 약속한 하서 지역 다섯 개 성을 내놓으라고 했다. 그러나 이오는 약속을 어기고 하서의 다섯 개 성을 넘겨주려고 하지 않았다. 급할 때 그리 절박하게 매달리면서 약속한 것을 헌신짝처럼 던져 버리는 이오의 인간적인 본성이 여실히 드러나는 순간이었다. 진목공의 입장에서 그깟 성 다섯 개는 그리 중요한 것이 아니었다. 하지만 이오의 약속 위반은 진목공에게 상당한 충격과 실망을 안겨 주었다. 물론 진목공도 이오를 지원할 때 이오를 높이 평가한 것은 아니었다. 그렇다고 해도 진목공 입장에서 군대까지 동원하여 이오의 등극을 지원하면서 약속받은 것이라 이오의 약속 위반은 예상치 못했다.

우리가 살아가면서 숱한 약속을 하고 경우에 따라서는 어기기도 한다. 그러나 약속도 약속 나름이 아닌가. 이오가 본국에서 쫓겨나 기약 없이 천하를 방랑할 때 자신의 본국 귀환을 지원해 주고 제위에 오를 수 있도록 성심껏 지원해 준 진목공과의 약속 위반은 우리가 흔히 말하는 사소한 그런 약속 차원이 아니다. 진목공이 배신감에 치를 떨지 않았을까. 그리고 훗날 양국 간의 외교에서 진목공이 어떤 마음으로 처신했을까는 충분히 짐작할 수 있지 않은가.

그런데 조정 내에서 이극에 대한 비방이 잇달아 나오자, 이오는 자신의 등극에 결정적인 역할을 한 이극조차도 자결하게 만든다. 국외에 있는 중이와 내통했다는 혐의를 뒤집어 씌워 제거하였다. 이오는 제위에 오르기 위해 온갖 수단을 동원하였고, 자신의 목적을 달성한 뒤에는 자신을 도와준 사람들을 이렇게 교활하게 제거한다. 이오의 저열한 처신을 보고, 이극이 다음과 같이 말하며 자살해 버렸다.

> "내가 만일 두 왕을 폐위시키지 않았다면 국군께서 어찌 일어날 수 있었겠사옵니까? 국군께서 저를 죽이고 싶은데 어찌 구실이 없겠습니까. 그렇게 말씀하시니 신은 할 말이 없고 명을 따를 뿐입니다."

이극에게 가해진 죄명은 '임금을 살해하고 정사를 어지럽히다.'였다. 그 죄명이 틀린 것은 아니다. 하지만 이극이 임금을 살해했다고 하지만 그 혜택은 이오가 고스란히 누렸다. 이극뿐만 아니라 자신에게 적대적인 조정의 대신들을 무참하게 살해해 버렸다. 진혜공 이오의 인간성도 불량하지만, 시운도 따르지 않았다. 즉위 후에 이오의 진(晉)나라는 가뭄과 해충의 피해를 입는다. 농사를 지어도 추수가 제대로 되지 않았다. 기원전 647년 다시 심한 가뭄이 온다. 국내의 전답에서 거의 곡식을 거두지 못했다. 백성들은 사방으로 유랑하고, 국고는 텅 비어 버린다. 군사들은 굶주리고, 백성들의 원성이 길거리에 가득했다. 풍년이라도 들면 민심이 그리 흉흉해지지 않지만, 흉년이 겹치게 되면 백성들의 원성이 온 나라를 뒤흔들게 된다. 이때 진혜공이 뻔뻔스럽게도 진목공에게 식량을 요청한다. 지난날 진혜공의 행적을 생각하면 도와줄 마음이 결코 없었지만, 진목공은 백리해를 위시한 신하들의 강력한 건의에 따라 식량을 지원한다.

신하들의 건의는 이랬다. 군주가 잘못이지 애꿎은 백성들이 무슨 잘못이나면서.

그런데 그 후 진(秦)에 흉년이 와서 어려움에 처했을 때 진목공의 요청을 진혜공이 냉정하게 거부하여 진목공의 분노를 자아낸다. 진혜공 이오의 참모들은 오히려 하늘이 내린 기회를 놓칠 수가 없다면서 군사를 일으키라고 부채질한다. 결국 진목공이 한원(韓原)전투에서 최후의 승리를 거두어 진혜공을 포로로 잡게 된다. 진목공이 평범한 인물이었다면, 진혜공 이오를 당장 베었을 것이다. 부인 목희의 설득에 따라 처남 이오를 용서해 준다. 역시 훗날 춘추오패 중의 한 사람으로 자리매김하는 진목공의 그릇도 남달랐다.

배은망덕

진목공(秦穆公) 영임호는 구원(舊怨)에 매이지 않고 처남 이오를 살려 돌려보냈다. 그리고 진(秦)에 인질로 잡혀 온 진혜공 이오의 아들 어(圉)를 마치 친자식처럼 대했을 뿐 아니라 가장 아끼는 딸 회영(懷嬴)을 그에게 시집보냈다. 진혜공도 살려 주고 그의 아들에게도 자신의 딸을 시집보내는 진목공의 처사는 실로 남달랐다.

그런데 진목공의 호의를 받고 목공의 딸과 혼인한 지 5년이 지났을 때 어(圉)는 아버지가 위독하다는 소식을 접하고는 혹시나 다른 형제들이 아버지의 죽음을 틈타 보좌를 노릴까 조바심이 나서, 아내 회영을 버린 채 몰래 자기 나라로 도망을 쳤다. 진목공이 화가 난 것은 당연했다. 그런데 그때 공교롭게 중이가 진(秦)에 망명해 들어왔다. 진목공은 이때를 놓치지 않고 회영을 중이에게 다시 시집보낸다. 촌수로 따지자면 회영은 중이의 조카며느리 질부(姪婦)였지만 중이에게 예의니 명분이니 하는 것을 돌아볼 겨를이 없었다.

중이와 진혜공 이오는 배다른 형제이고 이오의 아들 어는 중이의 조카가 되니, 어의 전처 회영은 중이의 조카며느리, 질부가 되는 것이다. 현대적인 시각에서 중이의 처신을 보면 조카며느리이자 이혼녀인 회영과 혼인하는 것이 이해하기 어렵겠지만, 당시 중이가 처한 상황을 감안하면 충분히 가능한 것이었다. 진목공은 강대국의 군주이며 진(晉)나라의 제위를 좌지우지하는 막강한 세력을 가진 인물이었다. 그리고 중이에게 강력한 후원자가 될 사람이니, 진목공의 제안을 기꺼이 받아들인다.

이듬해, 그러니까 기원전 637년 진혜왕 이오가 죽고 어(圉)가 뒤를 이었다. 진목공의 딸 회영을 버리고 도망간 그 사람 어(圉)였다. 배은망덕하기로는 아버지나 아들 둘 다 같았다. 그리고 다시 1년 뒤에 강력한 진(秦)의 군대가 중이를 호송하여 황하를 건넌 다음 진(晉)의 수도 강성(絳城)을 공격하여 어를 죽였다. 중이가 마침내 국군으로 즉위하니 바로 진문공이다. 그때 그의 나이 벌써 62세였다. 43세에 망명 생활을 시작한 지 19년 만이었다. 숱한 고비를 이겨 내고 군주의 자리에 올랐으니 그 얼마나 감회가 새로웠겠는가. 여희라는 간교한 존재가 진(晉)에 엄청난 회오리바람을 몰고 오고 피비린내 나는 권력 투쟁을 초래하여, 기약 없는 천하 방랑길에 올랐던 공자 중이가 드디어 진문공으로 등극하였다.

계외(季隗)

다시 시간을 돌려 이오가 중이보다 먼저 권좌에 올랐을 때의 일이다. 부하 각예의 제안에 따라 중이를 저격할 자객을 보낸다. 지난날 진헌공의 명을 받고 포성(蒲城)에서 중이의 옷소매를 자른 사인피(寺人披)가 다시 호출된다. 여기서 사인은 환관을 뜻하고 이름이 피다.『국어(國語)』에는 발제(勃鞮)라고 되어 있어서, 사인 발제라고도 한다. 따라서 사인피와 발제는 동일 인물이다. 사인피가 중이를 암살하려다 실패하였으니 중이가 진나라로 돌아오는 것에 대해 두려움을 갖고 있었다. 중이를 죽이지 못하면 자신이 반드시 죽임을 당할 것이었다.

진혜공이 중이를 죽이고자 자객을 보냈다는 사실을 미리 파악한 대신 호돌(狐突)은 밀서를 중이에게 보냈다. 본국에 남아 있던 호돌은 중이의 곁에서 보좌하면서 천하를 떠돌고 있는 호언의 부친이었다. 호언과 조쇠 등 여러 참모들은 중이와 의논하여 제나라로 가기로 결정했다. 명재상이었던 관중(管仲)과 습붕(隰朋)이 사망한 상황에서 천하 제후들의 맹주인 제환공이 인재를 구하고 있을 것이라 보았다. 중이가 떠나기에 앞서 적(翟)나라에서 만난 부인 계외에게 말했다.

"사정이 있어 제나라도 떠나게 되었소."

"언제 돌아오실 생각이신가요?"

중이는 그 말에 웃으면서 대답했다.

"앞으로 25년을 더 기다리다가 내가 돌아오지 않는다면,
재가(再嫁)하시오."

계외가 웃으며 말한다.

"25년이면 제 무덤 위 측백나무도 많이 자랐겠습니다. 하
지만 첩은 여기서 당신을 기다릴 겁니다."

진문공 중이가 천하 방랑 중 곳곳에서 만난 여인들도 비범했다. 아무런
권력도 가진 것도 없이 천하를 하염없이 방랑하는 중이에게 군주가 기꺼
이 딸을 바치는 장면도 특별하다. 그렇게 만나는 여인들 모두 중이의 미
래를 걱정해 주고 대업을 완수하기를 빌면서 기꺼이 희생을 감수한다. 중
이가 여복(女福)이 많다고나 할까. 아니면 중이의 매력적인 인간적 풍모
나 역량이 주위 사람들로 하여금 자발적으로 따르게 만드는 것이 아닐까.

흙은 토지

진혜공이 보낸 자객이 적나라에 왔을 때 중이 일행은 이미 제나라로 떠난 뒤였다. 중이를 살해하는 데 실패한 진혜공은 일행이 제나라로 도망갔다는 말에 추격을 멈추게 하였다. 중이 일행이 제나라로 가기 위해서 위(衛)나라의 오록(五鹿)을 지날 때 너무나 배가 고파서 마침 밭에서 김매기를 하는 농부에게 먹을 것을 구걸했다. 그런데 농부는 중이 일행을 놀리듯 일부러 바가지에 흙을 퍼 담아 주었다. 농부의 행위에 공자 중이가 너무나 화가 나서 농부를 채찍으로 때리려고 하자, 조쇠가 가로막으며 말했다.

> "공자께선 분노를 삭이시옵소서. 흙은 땅을 갖는다는 것
> 이오니, 하늘이 백성을 통해 우리에게 토지를 내리려는 징조
> 가 아니겠사옵니까? 공자께서 오히려 절하고 받으십시오."

그 말에 중이는 분노를 삭이고 흙을 조용히 밭에다 뿌리고 가던 길을 재촉하였다. 우리는 이 상황에서 조쇠의 말을 되새겨 보는 것이 좋겠다. 배가 고파 밥을 좀 달라고 부탁했더니 놀리면서 바가지에 흙을 퍼 담아 주는 사람을 조쇠처럼 좋게 받아들일 수 있을까. 보통 사람이라면 그 말을 듣자마자 분노하여 그 농부를 그 자리에서 처단하지 않았을까. 그 흙이 토지 또는 영토라고 긍정적으로 이해하라는 조쇠의 충언은 우리 같은 평범한 사람들은 이해하기 어렵다. 중이의 참모들 인식이 이 정도로 뛰

어났기에 그 험난한 19년 천하 방랑의 고통스런 기간에도 주군을 중심으로 똘똘 뭉칠 수 있었다.

이런 우여곡절 끝에 제나라에 도착하니 제환공이 중이 일행을 반갑게 맞이하였다. 춘추오패 중 첫째 주자로서 명재상 관중의 보필로 제나라를 강국으로 이끌었고, 천하 제후들을 지배한 인물이 바로 그 사람이다. 제환공은 중이에게 80필의 말을 선물로 주고 아울러 자신의 종실녀 제강(齊姜)을 중이에게 시집보냈다. 자결한 태자 신생의 생모 제강과는 다른 사람이다.

중이는 이곳에서 편안하게 지내면서 도무지 진(晉)으로 돌아갈 생각을 하지 않았다. 혹자는 여기서 말하는 제강이 제환공의 딸이라고도 한다. 험난한 방랑길에서 안식처를 구한 중이가 춘추오패 중 선두주자로 천하를 호령하는 제환공의 후원 속에서 제나라 종실녀 제강과 혼인까지 하였으니 다시 아무도 반기지 않는 곳으로 무작정 떠나 풍찬노숙한다는 것이 쉽지 않았다. 오랜 방랑 생활에서 드물게 만난 편안한 생활을 놓치고 싶을까. 안락한 삶이 보장되고 든든한 후원 세력이 있는 제나라를 떠나고 싶지 않았다.

B.C 645년 진(秦)목공과 진(晉)혜공 사이에 진진(秦晉) 전쟁이 발발한 지 2년 뒤인 서기전 643년에 제환공이 병으로 세상을 떠났다. 이렇게 되니 비빌 언덕을 상실한 중이가 진(晉)으로 돌아가 왕이 될 가능성은 점점 멀어졌다.

참모들 일화

게다가 제환공의 신하인 수조(竪刁), 역아(易牙) 개방(開方) 등이 정변을 일으켜 태자 소(昭)를 제치고 무궤(無詭)를 옹립하였다. 지난날 관중이 죽기 전에 제환공에게 절대로 등용하지 말라고 극간했던 세 인물이 제환공 사후 권력 쟁탈의 회오리바람을 일으킨 것이다. 그러자 제환공의 나머지 아들들이 이에 불복하고 제나라는 내전 상태에 돌입하였다. 동서고금을 막론하고 권력이 존재하는 곳엔 치열한 투쟁이 상존하고, 그에 따른 내전이 반드시 따르게 마련이다. 절대 권력을 구가한 천하 맹주 제환공의 사후에 아들들이 치열한 권력 투쟁을 벌인 것은 당연하였다. 이듬해인 B.C 642년에 태자 소가 내란을 끝내고 제효공(齊孝公)에 등극한다. 중이의 참모인 조쇠, 호언, 선진 등은 이제 제나라가 패업을 상실하였기에 더 이상 자신들을 돌볼 수 없는 국가라는 사실을 너무나 잘 알고 있었다. 하지만 제나라에 온 지 5년째인 중이는 망명 생활의 긴장감에서 벗어나 안락한 생활에 빠져 무기력해졌다.

하루는 참모들이 뽕나무밭에서 긴급회의를 열었다. 제환공이 죽고 천하가 요동치는 현실에서 제나라를 떠나 송양공에게 의탁하여 후일을 도모하자는 결론을 내렸다. 이 계획을 제강의 시녀가 몰래 엿들었다. 그리고 자신이 모시고 있는 제강에게 중이 일행의 제나라 탈출 모의 사실을 알린다. 그러나 제강은 오히려 시녀를 죽이고 중이에게 빨리 제나라를 떠나도록 재촉했다. 중이 일행의 의도가 외부에 드러나지 않게 조치를 취한 것이다. 그런데 제강이 아무리 재촉해도 중이는 도무지 제나라를 떠나려 하지 않았다.

> "인생이 이렇게 편한데 다른 일을 알아서 뭐 하겠소? 반드시 여기서 죽을 것이니 떠나지 않겠소."

그러자 제강이 말한다.

> "당신은 한 나라의 공자로서 일이 어려워져 이곳에 오셨고 저 사람들은 당신에게 목숨을 맡겼습니다. 당신이 빨리 돌아가 신하들의 노고에 보답할 생각은 하지 않고 여색에 미련을 버리지 못하시니 당신이 부끄러워집니다. 그리고 돌아가지 않고 언제 공을 이루려 하십니까?"[21]

중이가 말을 듣지 않자 아내 제강은 호언 일행들과 모의하여, 남편에게 술을 마시게 하고 중이가 취하자 수레에 실어 억지로 제나라를 도망치게 했다. 제강도 비범했다. 그저 편안하고 행복한 부부 생활을 지속하려고 했다면 남편 중이를 어떤 수단을 쓰든 제나라에 잔류시키려고 했을 것이다. 그러나 제강은 중이가 제나라를 탈출하려는 것을 알고도 그 비밀을 지키기 위해 자신의 충성스런 시녀까지 죽였다.

그렇게 제나라를 무사히 탈출한 뒤, 수레에서 술이 깬 중이는 격노해 호언을 죽이려고 했다. 자신의 사랑하는 아내 제강을 둔 채 제나라를 탈출하였고, 자신의 의견도 묻지 않고 참모들이 독단적으로 한 행동에 중이는 분노했다. 중이가 호언을 강하게 질책했다.

　　"일이 성사되지 않으면 내 그대의 고기를 씹어 먹을 것이오."

이에 호언이 대답했다.

　　"일의 성사는 그렇다 치고 저의 고기는 비려서 어찌 드시
　　렵니까?"

게다가 일이 실패하면 중이가 외삼촌 호언의 고기를 씹어 먹을 시간도
없을 것이다. 그리고 공자 중이가 다행히 성공한다면 높은 옥좌에 앉아
산해진미를 마음껏 먹을 수 있을 텐데, 말라 비틀어져 질긴 자신의 고기
를 굳이 찾아 먹기나 하겠느냐면서 반박했다. 호언은 이 정도로 기백이
있는, 참으로 대단한 참모였다. 중이는 참으로 인복(人福)이 많은 사람이
었다. 중이 일행이 조나라를 떠나 송나라에 도착했을 때 송나라 양공은
반갑게 맞이하고 제후의 예로 대접하였다. 중이 일행에게 80마리의 말을
주어 환대한다. 그러나 초나라와의 전쟁에서 패배한 직후였기 때문에 송
나라는 더 이상 중이를 도와줄 여유가 없었다. 그래도 막막한 천하 방랑
와중에 그런 은혜를 입은 중이의 입장에선 송양공의 후대가 너무나 고마
웠다.

이때 중이를 각별하게 대우한 송양공의 사마 공손고(公孫固)가 훗날
송나라가 초나라의 공격을 받아 매우 어려운 상황이 되었을 때, 진문공
중이에게 도움을 요청한다. 이에 그 옛날 송양공의 후대를 결코 잊지 않

았던 진문공 중이는 군대를 일으켜 그 약속을 굳건히 지킨다. 자신이 어려웠을 때 도움을 준 사람이 위기에 처했을 때 어떻게 그 은혜를 갚아야 하는가. 중이가 자신이 어려웠던 시절 받은 은혜에 진심으로 보답하였다.

반면에 위나라, 조나라, 정나라는 진문공 중이를 박대했다가 진문공 즉위 후 혹독한 응징과 보복을 당하게 된다. 그래서 이것 때문에 진문공이 패자로서 아량이 부족하다는 평가를 받기도 한다. 오늘을 살아가는 우리들에게 송양공의 처신이 감동을 주는 이유는 다름 아닌 진문공 중이 일행이 거지와 같이 행색이 초라한데도 기꺼이 도움을 주었기 때문이다. 지금 내 눈앞에 있는 저 사람이 과연 훗날 내 인생에 도움을 줄까, 저렇게 초라한 행색을 지니고 있는데 제대로 생존이나 할 수 있을까만 계산했다면 그렇게 선뜻 도움을 주지 못했을 것이다. 송양공이 너그럽고 인자한 품성을 지니고 타인의 어려움을 외면하지 않고 도왔으니, 그건 진문공 중이에게 큰 행운이었다. 조국에서 자신을 저격하려는 자객의 끊임없이 뒤를 쫓고 있는 극히 불안한 상태에서 이런 도움을 받았다고 생각해 보라. 얼마나 고마웠겠는가!

이 당시 진문공은 천하를 주유하면서 각 나라 군주의 성향을 직접 경험하게 된다. 위성공, 조공공, 정문공은 중이와 모두 같은 성씨였지만 중이가 그 나라를 지날 때 푸대접하였다. 실제로 망명 중에 중이는 여러 나라를 전전하며 갖은 고생과 수모를 겪었다. 심지어 조(曹)나라나 위(衛)나라 같은 작은 나라들도 중이를 푸대접했다. 조나라를 지날 땐 국군 공공(共公)이 직접 나와 중이를 맞이했다. 그러나 거기까지였다.

『좌전(左傳)』 희공(僖公) 23년의 기록에 춘추시대 진나라 중이(重耳) 가 도피 생활 중 조나라에 이르렀다는 내용이 나온다.

"조공공은 중이의 갈비가 통뼈라는 말을 듣고 그의 알몸을
보고자 하여 그가 목욕할 때 가까이 다가가서 구경하였다."

공공은 중이의 갈비뼈만 구경하고는 변변한 대접조차 하지 않고 내실로 들어가 버렸다. 실제로 중이의 갈비뼈는 판자처럼 하나로 이루어진, 여느 사람들과 달리 통뼈였다. 이를 변협(骿脇)이라 하는데 당시 그의 특이한 갈비뼈가 소문이 났던 모양이다. 공공이 목욕하는 자신을 구경하였다는 사실을 다른 사람의 전언을 통해 알았을 때 중이의 수치심은 오죽하였겠는가. 아무리 타국을 전전하는 망명객 신세라지만 엄연히 조국 진나라의 왕자인 중이에게는 이러한 공공의 행위가 너무나 큰 모독이었다. 누군가 목욕 중인 자신의 몸을 보고 시시덕거리면 누구든 당연히 크게 분노한다. 하지만 당시 중이는 안타깝게도 공공을 칠 힘이 전혀 없었다. 당장 자신의 생존도 기약할 수 없는 막막한 상황에 처해 있어 조공공의 무례한 횡포에도 그저 속수무책이었다. 그저 그 순간이 지나 자신이 천하를 호령하는 힘을 기를 때까지 기다리는 수밖에 없었다. 그런데 이 공공도 훗날 진문공에게 전쟁 끝에 사로잡혀 끌려 와서 철저하게 징벌을 당한다. 진문공의 군대를 속이고 500명의 진나라 병사의 시체를 성벽에 걸었다가 진문공의 부하 선진이 조나라 성 밖의 무덤을 파헤쳐 조나라 조상들의 유골을 끄집어내는 비참한 보복을 당하면서까지.

반면에 제환공, 송양공, 초성왕, 진목공은 모두 다른 성씨였는데도 중

이를 진정으로 우대하였다. 원래 큰 뜻을 품은 군주는 모두 넓은 도량과 선견지명을 갖기 마련이다. 중이 일행이 방랑 중에 송나라에 왔을 때, 호언과 교분이 있는 송나라 사마 공손고가 자국이 소국이고 초나라와의 전쟁에서 패한 탓에 도울 여력이 없음을 솔직하게 실토한다. 중이가 송나라를 떠나자 전쟁에서 부상을 당해 누워 있던 송양공은 다시 20대의 수레를 선물로 내어 중이 일행을 전송하였다.

중이 일행은 다시 정나라로 수레를 돌렸는데, 정작 동성(同姓)인 정문공(鄭文公)은 중이를 홀대한다. 대부 숙첨(叔詹)이 중이의 훌륭한 인품을 언급하면서 정문공에게 중이 일행을 정중하게 대할 것으로 간언하였다. 중이가 백성들이나 여러 제후국들의 신망을 받고 있고, 진(晉)과 정(鄭)은 모두 주(周) 왕실과 한 집안으로 동성의 국가이므로 도우는 것이 좋다. 만약 도우지 않으려면 오히려 중이를 제거하여 훗날의 화를 미리 방지하라고 주청한다. 그러나 정문공은 대국을 보는 안목이 낮아서인지 정처 없이 떠도는 중이 일행을 차갑게 대하고 나라 밖으로 내쫓았다.

『좌전』 희공 23년 기원전 637년 기록에 다음 내용이 나온다.

정나라 문공은 위나라 문공과 같이 중이를 예우하지 않았다. 그래서 숙첨은 정나라 문공에게 간했다.

> "국군께서 예를 갖추지 않으시겠다면 차라리 죽이는 것
> 이 낫사옵니다. 앞으로 나라의 걱정거리가 될 터이니 말이
> 옵니다. 신이 듣건대, 하늘이 도우려는 자는 사람의 힘으로

결코 막을 수가 없다고 하였습니다."

숙첨이 자신의 간언을 듣지 않으려면 훗날의 재앙을 막기 위해서라도 중이를 죽일 것을 건의한다. 그러나 정문공은 거절한다. 후에 진문공(晉文公)과 진목공(秦穆公)이 연합하여 정나라를 포위 공격했을 때 숙첨을 내놓으라고 요구하자, 숙첨이 그 포위를 풀기 위해 자살하고 만다.

물론 두 나라가 단순히 숙첨의 목숨을 노리기 위해 군사를 일으킨 것은 아니다. 당시 제후국들끼리 쟁패를 하는 과정에서 정나라를 공격할 빌미를 찾아 밀고 들어온 것이다. 어쨌든 숙첨이 중이의 그릇 크기를 짐작하고 주군에게 후대할 것을 건의한 사례를 보면 그도 사람 안목이 상당히 탁월했다. 반면에 정문공은 조정에서 인물 파악에 탁견(卓見)을 지닌 숙첨의 건의를 묵살하였으니 그렇지 않아도 영토가 작은 정나라의 미래야 더 이상 말할 필요가 있으리오.

조카며느리와 혼인

한편 진(秦)나라에 인질로 있던 진혜공의 아들 어(圉)가 부왕이 아프다는 소식을 듣고 몰래 탈출하여 자신의 나라 진(晉)으로 달아났다. 진문공 중이의 동생인 이오가 바로 진혜공이다. 그렇다면 어는 이오의 아들이니 중이의 조카가 된다. 그리고 진혜공은 아들 어를 본 후 얼마 후 세상을 떠나고 태자 어가 진(晉)의 새로운 군주가 되었다. 이가 진회공(晉懷公)이다.

인질로 잡아 둔 어(圉)가 탈출하여 고국으로 돌아가 새로운 군주가 되었다는 사실을 알고 진목공(秦穆公)은 중이(重耳)를 지원하기로 결심하였다. 그래서 B.C 637년에 중이 일행이 진목공의 초청을 받아 진(秦)나라에 도착하였다. 진목공은 이때 과부가 된 딸 회영(懷嬴)을 공자 중이에게 시집보냈다. 원래 회영은 진회공 어의 부인이었다. 포로로 잡은 진혜공 이오를 석방하고 그의 태자 어를 인질로 삼은 진목공은 어를 회유하고자 자신의 딸인 회영(懷嬴)을 시집보냈었다. 중이와 이오가 배다른 형제이고 태자 어는 이오의 아들이다. 태자 어의 전 부인인 회영은 중이에게 조카며느리가 된다.

진혜공이나 진문공이 모두 형제이면서 진목공의 부인 목희의 배다른 남매이니 진목공에게는 중이나 이오 모두 처남이다. 그런데 권모술수에 능한 이오가 자신을 도와준 진목공과의 약속을 헌신짝처럼 저버린데다가 그 아들 어(圉)마저 몰래 도망쳐 가버렸으니 목공의 실망과 분노는 참으로 컸다. 더욱이 목공의 딸 회영은 바로 어의 부인이 아닌가. 진나라로 도망가자는 어의 설득에 회영은 자신은 비록 당신의 아내이지만 조국과 부친을 버리고 여기를 떠날 수 없다면서 목공의 곁에 남아 과부가 된다. 이 과부도 훗날 진문공 중이의 아내가 되니 결과적으로 중이의 입장에선 조카며느리와 혼인을 하게 되는 형국이 된다. 중이에게 목공은 매형도 되고, 회영의 아버지로서 장인도 되는 기묘한 가족 관계로 맺어지는 것이다.

진회공은 큰아버지 중이가 자신의 아내였던 회영을 세 번째 부인으로 맞이하였다는 소식을 듣고 분노하여 온 나라에 방을 붙인다. 자신의 잘못은 전혀 아랑곳하지 않고 말이다. 곳곳에 붙인 방의 내용은 이랬다. 중이를 따르는 사람들이 석 달 안에 자신에게 투항하게 하면 용서할 것이고 그렇지 않으면 가족과 친척을 전원 처형해 버리겠다고. 그런데 포고문을 붙인 지 3개월이 지나도 아무도 투항하지 않자, 진회공은 호언의 부친 호돌(狐突)을 본보기로 처형해 버린다. 호언이 어떤 인물인가. 중이의 망명 시절 19년 간 생사고락을 함께한 충성심 강한 참모였다. 그 호언의 아버지를 본보기로 죽인 것이다. 진회공이 진문공과 그를 따르는 사람들에게 공포심을 주어 정국을 자신의 의도대로 끌고 가겠다는 시도였다.

진회공의 입장에서 자신의 부인을 빼앗겼다는 분노에 사로잡혀 호돌을 제거하지만, 이것이 그리 간단하게 끝나지 않았다. 자신이 지난 날 진목공의 딸 회영을 버리고 떠난 행위에 대한 일말의 책임 의식도 없이, 순간적인 분노에 못 이겨 상황을 그르치게 된다. 아버지 이오나 아들 어(圉) 모두 협량(狹量)하기 그지없는 인물들이었으니 무엇을 기대하랴. 이

때부터 진(晋)의 대신들과 백성들은 진회공을 원망하며 공자 중이가 귀국하여 새로운 군주가 되기를 열망하였다. 호돌 살해가 결과적으로 대소 신료들과 조야 그리고 백성들로부터 신망을 잃게 되는 결정적인 계기가 된다. 중이도 호돌의 처형 소식을 듣고 더 이상 귀국 시기를 늦출 수 없다고 판단하여 진목공을 찾아 도움을 요청한다. 진목공이 보낸 대군을 이끌고 중이는 진(晋)나라로 금의환향하여 제위에 오르니 그가 바로 진문공(晋文公)이다.

지난 날 정문공의 신하였던 숙첨의 말이 실감나는 순간이었다.

"하늘이 도우려는 자는 사람의 힘으로 결코 막을 수가 없다."

天之所啓人弗及也.

이오나 그 아들 어(圉)까지 그렇게 집요하게 중이를 제거하기 위해 부단한 노력을 기울이고 민중을 협박하였지만, 민심은 중이 편에 가 있었다. 두 사람이 대를 이어 모두 제위에 오르는 것은 성공하였지만, 그 권력은 오래갈 수 없었다. 민심은 천심이며 민심을 등지고는 최고의 권력도 하루아침에 날아가는 참으로 무상한 것이다. 21세기 현대 사회나 수천 년 전 고대 사회 모두 권력의 바탕은 민심에서 나온다는 평범한 진리를 잊지 않아야 한다. 중이가 백성들의 엄청난 환영을 받고 귀국하자, 진회공은 대세가 기울었다고 판단하고 고량성(高梁城)으로 달아났다가 그곳에서 체포되어 살해되었다.

자객 사인피(寺人披)

　　잠깐 여기서 자객 사인피 이야기를 해 볼까 한다. 사인피는 앞에서 가볍게 언급한 적이 있지만, 진문공 중이의 인품을 간접적으로 알 수 있게 해 주는 인물이기 때문이다. 여희의 계략으로 태자 신생이 자살했을 때의 일이다. 이듬해 사인피는 진헌공의 명령을 받고 포성(蒲城)에서 중이를 죽이려 했다.

　　당시 중이는 담을 뛰어넘어 달아났고 사인피는 계속 추격하여 칼로 중이의 옷자락을 베었다. 그 뒤 중이는 적나라로 도망갔고, 사인피는 진혜공의 명령을 받고 또 중이를 죽이려 했다. 진헌공과 진혜공이 2대에 걸쳐 중이를 암살하려고 보낸 사람이 사인피였다. 그러니 중이 입장에선 사인피는 반드시 응징해야 할 인물이었다. 하지만 사인피의 입장에서 보자면 전혀 상황이 달라진다. 자신이 섬기는 주군의 명령을 받고 그것을 수행했을 뿐이다.

　　중이가 집권한 뒤 혜공의 잔당인 여생(呂甥), 극예(郤芮) 등이 궁실에 불을 질러, 중이가 나올 때를 기다렸다가 암살하려고 했다. 두 사람이 지난날 중이를 제거하려 했던 일 때문에 언제 죽임을 당할지 몰라 전전긍긍하던 차에 선수를 쳤다. 여생 일당의 중이 암살 시도 정보를 사전에 캐낸 사인피는 문공에게 이 음모를 알려 지난날 자신이 저지른 죄를 줄여 보려고 했다. 일종의 거래를 하려고 한 것이다. 사인피가 문공을 찾아갔지만, 문공은 그를 만나려 하지 않았다. 결국 문공을 만난 사인피가 자신의 생각을 전했다. 두 명의 군주를 섬기지 않는 자를 신하라 하고, 좋고 싫음을 바꾸지 않는 자를 군주라고 한다면서 지난날 제환공은 자신에게 활을 쏜 관중을 과감히 등용하여 천하를 호령하는 패자가 되었다는 점도 강조했다.

그리고 사인피는 여생과 극예의 암살 시도를 문공에게 알렸다. 그런데 두 명의 군주를 섬기지 않는 자를 신하라고 말하면서, 정작 사인피 자신은 진문공 앞에 와서 이렇게 고하는 것이 매우 모순이다. 하지만 사인피의 발언의 핵심은 다른 곳에 있다. 관중이 제환공에게 화살을 쏘았지만, 제환공이 너그럽게 받아들이고 관중을 등용하여 천하의 패자가 되었다는 것에 방점을 둔 것이다. 사인피 자신은 관중에, 진문공은 제환공에 견주어 자신의 논리를 설파하고 있다. 사인피가 관중만큼 역량이 탁월한지는 그리 중요한 사항이 아니다. 진문공 중이를 두 번이나 죽이려고 했던 사인피가 자신의 안위를 위해 이런 논리를 보이고 있다는 점에서 그리 바람직한 인물은 아니다. 하지만 여기에서 우리가 주목할 것은 이러한 사인피의 말에 진문공 중이가 어떻게 대응하였는가이다.

진나라에서 문공을 제거하려는 모의가 있다는 것을 알게 된 문공은 변장하고 몰래 나라를 빠져나가 비밀리에 진목공을 만났다. 당시 천하의 제후 중에서 진목공만큼 강한 군사력을 소유하고 있는 국가가 없는데다가 목공과 중이는 겹겹의 인척 관계로 얽혀 있었기 때문이다. 진문공 중이를 찾아 제거하려고 혈안이 된 여생과 극예는 왕궁에 불을 질렀으나 결국 문공을 찾지 못했다. 진목공이 군사를 일으켜 여생과 극예를 황하에서 죽여 반란의 기운을 완전히 없애 버린다.

동서고금을 막론하고 국가에 군사 정변이 일어나면 엄청난 후유증을 겪게 된다. 그리고 그러한 분위기가 정세를 일순간에 지배하면서 다시 세력 교체가 일어나는 경우가 비일비재하다. 군사 정변 자체가 밑바닥 민심을 반영하여 일어난 근본적이고 체계적인 권력 교체가 아니라, 일시적이고 급박한 상황에서 돌발적으로 발생하기 때문이다. 물론 군사 정변을 일으키기 전에 치밀한 계획을 세우기는 한다. 하지만 군사 정변은 민중들의 자발적 투표로 지도자를 뽑는 민주주의 체제의 정권 교체와 달리 급격한 권력 교체에 따른 후유증이 많이 발생한다.

특히 고대 국가 시대에는 군사 정변 후 피비린내 나는 살육전이 뒤따르니, 그에 따른 심각한 문제가 대두하게 된다. 문공은 후에 사인피를 등용하여 자신이 패자가 되는 데 많은 도움을 받았다. 문공이 사인피를 처형하여 일벌백계를 할 수도 있었다. 자신을 죽이러 두 번이나 온 사람을 어찌 용서할 수 있겠는가. 그런데도 문공은 사인피를 과감히 등용하였다. 그리고 사인피도 문공을 위하여 자신의 모든 역량을 쏟아 보답하게 된다. 문공의 그릇이 얼마나 컸던가가 여실히 드러난 사례이다. 정권을 쥔 다음 부왕 헌공 이래 혼란으로 흔들려 온 진나라를 안정시키겠다고 결심했다. 그는 군신들이 올리는 온갖 계책들을 과감히 수용하였다. 그리고 이를 바탕으로 사회를 정돈하고 안정시켰으며, 내정을 개혁하고 군대를 개편하는 노력을 기울였다. 진나라에는 일순간 생기가 넘쳤고, 국력은 강성해졌다.

진문공은 43세 때 망명길에 올라 62세에 즉위하여 그의 실제 재위 기간이 길지 않았다. 그러나 오랜 기간 천하를 떠돌며 극단적인 고난을 많이 경험하였다. 그리고 천하의 패자가 되겠다는 의지도 대단히 강렬했다. 그는 진나라가 실질적인 천하의 패자가 되기 위해서는 '존왕양이(尊王攘夷)'의 기치를 세워야 한다는 사실을 잘 알고 있었다. 존왕양이는 왕을 떠받들어 오랑캐들을 물리친다는 뜻인데, 춘추시대 때 춘추오패 즉 패자들이나 방백들이 주변의 여러 나라를 통제할 때 제시하던 명분이었다. 춘추전국시대 천자로서 주나라 왕의 세력이 약하고 대외 영향력이 미약하지만, 그래도 천자는 천자였다.

천자(天子) 주양왕 16년(B.C 636년) 주왕의 동생 태숙 자대(子帶)가 적나라의 군대와 결탁하여 경성 낙읍을 공격하고 왕위를 차지하기 위해 반란을 일으켰다. 형제간의 권력 투쟁의 막이 오른 것이다. 일개의 제후국에서 발생한 권력 투쟁과는 차원이 달랐다. 천자 자리를 놓고 벌어진 투쟁이라 어떤 방향으로 전개되는가에 따라 천하의 운명이 결정될 정도로 중차대한 것이었다. 주 양왕은 정나라로 도망친 다음 제후들에게 군대를 동원하여 왕을 지킬 것을 요구했다. 진문공은 자신과 일생 고락을 함께한 호언과 조쇠의 계책에 따라 대군을 이끌고 나가 적나라의 군대를 대파하고 태숙 자대를 사로잡았다. 그리고 양왕을 호송하여 낙읍으로 돌려보내 주 왕실을 안정시키는 공을 세웠다.

이후 진문공은 B.C 621년 천토(踐土)에 주왕을 위한 왕궁을 짓고, 각 제후들을 거느리고 회맹을 주도하여 천하의 패자에 올랐다. 주 양왕이 천토에서 크게 잔치를 베풀고 상경 윤무공(尹武公)과 내사 숙흥(叔興)

에게 명하여 진문공을 방백(方伯)으로 추대하는 예식을 올렸다. 주 양왕은 대로복(大輅服)과 창면복(氅冕服)과 융로복(戎輅服)과 위변(韋弁)과 동궁(彤弓) 하나와 동시(彤矢) 100개와 노궁(旅弓) 10개와 노시(旅矢) 1,000개와 거창(秬鬯) 1유(卣)와 호분(虎賁) 병사 300명을 하사하고 선유(宣諭)하였다.[22]

> "오로지 너 진후로 하여금 정벌(征伐)하는 일을 맡기노니
> 이로써 왕실을 도우라."

천토회맹에 관한 특이한 기록이 있다. 회맹 당시 진문공이 천자인 주 양왕도 초청하여 명목상이나마 제후들을 거느리고 주왕에게 조견을 올리는 한편 주왕에게 사냥을 권했다. 이런 행동은 실제로는 천자를 끼고 제후들을 호령하는 것이었다. 이 때문에 공자는 진문공의 처신을 비판했다. 제후들을 모아 천자에게 충성 맹세를 하는 자리라고 해도 제후의 신분으로 감히 천자를 부른다는 것에 대한 거부 반응이었다.

천자의 체면과 관련하여 불미스러운 일을 그대로 기록하지 않는 것을 피휘(避諱)라고 하는데,『춘추』에는 주 양왕이 천토회맹에 초청받아 간 일을 피휘하여 기록했다. 천토(踐土)의 회맹(會盟)에서 실제로는 제후인 진문공이 주나라의 천자를 부른 것이지만『춘추』에서는 그 사실을 피해서 '천자가 하양(河陽)으로 수렵을 나갔다.'라고 기록한 것이다.

> "왕이 하양에서 수렵을 했다."

天王狩于河陽.

명분과 체면을 강조하는 공자의 입장에선 진문공의 행위가 제후의 신분에서 벗어난 것으로 보일 수 있다. 하지만, 19년이란 그 긴 세월 동안 천하를 방랑하다 뒤늦게 제위에 오르고 그 기세로 이젠 천자를 사실상 좌지우지하게 되었으니 진문공이 참으로 대단하지 아니한가.

약속을 지키다

이번에는 진문공이 등극한 후에 어떻게 약속을 지켰는지 주목해 보자. 진문공과 인연을 맺은 여성들은 보통 사람들의 예상을 뛰어넘는 처신을 하였다. 일부일처가 정립된 현대 사회와 달리 진문공 시절에는 군주가 축첩(畜妾)하는 것이 허물이 아니었다. 진문공은 뛰어난 인품으로 주위 사람들의 신망을 온몸에 받았는데, 비단 측근뿐만 아니라 망명 시대에 타국에서 만난 여인들에게도 인기가 많았다. 그리고 그렇게 만난 여성들도 훗날 제위에 올랐을 때 내친 사례가 전무하였다. 진문공이 즉위하였다는 소식을 듣고, 적국(翟國) 망명 시절 만나 인연을 쌓았던 계외(季隗)가 자신과 진문공 사이에 난 두 아들을 데리고 한걸음에 진나라로 달려왔다. 진문공은 홀로 타국에서 두 아들을 키운 계외의 손을 어루만지며 나이를 물었다. 계외는 이렇게 대답하였다.

> "25년을 기다렸으면 쉰 살이 되었을 터인데 7년밖에 지나
> 지 않아 이제 서른두 살이 되었어요."

> "참으로 25년이 되지 않아 다행이오."

이 대화는 그 배경을 알아야 의미를 파악할 수 있다. 망명 과정에서 적(翟)을 떠나 제나라로 향할 때 진문공 중이가 적에서 만난 부인 계외에게 앞으로 25년을 더 기다리다가 내가 돌아오지 않는다면, 다른 곳으로 시집

을 가라고 말했었다. 고난의 시절 타국에서 만난 양녀(良女)와 혼인하고 아이를 낳아 가정을 이룬 만큼 중이도 어디 그곳을 떠나고 싶었으랴. 하지만 어쩔 수 없이 떠날 수밖에 없었다. 본국에서 끊임없이 달려오는 자객들의 칼끝을 피하기 위해서는 조금이라도 안전한 곳으로 가야 하기 때문이다. 한 번 길을 떠나면 언제 살아 돌아올지, 돌아오기나 할지 아무도 모르는 망명객 처지라 계외에 대한 걱정은 당연했다. 그런데도 계외는 25년을 기다려도 중이가 돌아오지 않는다면 다른 곳으로 재가해도 좋다는 말을 듣고도, 남편 중이의 성공을 기원하며 재가(再嫁)를 거부했다.

그리고 7년을 기다려 두 사람이 재회하였으니 계외의 언행이 매우 의미심장하다. 진문공의 인품이야 주위에서 변함없이 그를 따르는 참모들만 보아도 짐작할 수 있겠지만, 타국에서 만난 계외가 한두 해도 아니고 25년을 기다리겠다고 하니. 약속을 충실하게 지킨 두 사람의 삶에 경의를 표할 만하지 않은가. 물론 두 사람의 약속 실천을 현대 사회에 그대로 적용하는 것은 무리일 것이다. 하지만 상대방에 대한 신뢰를 유지하고, 그 약속을 지킨 모습이 참으로 아름답다. 그런 약속을 할 사람도 드물 뿐더러 그 약속을 믿고 그렇게 오랜 세월 기다리는 사람은 더욱 없을 터.

논공행상

한편 문공이 제위에 오른 뒤, 19년 천하 방랑과 귀국 그리고 제위에 오를 때까지 활약한 신하들의 논공행상을 벌인다. 그리고 그 공을 크게 세 등급으로 나누었다. 19년 동안 유랑할 때 끝까지 변치 않고 고락을 함께 한 조쇠(趙衰)와 호언(狐偃)을 일급으로 치고 그 밖에 호모(狐毛), 서신(胥臣), 위주(魏犨), 호석고(狐射古), 선진(先軫), 전힐(顚頡)을 차급(次級)으로 간주했다. 그리고 국내에서 내응한 2등 공신들 중에서 난지(欒枝), 극진(郤溱)을 일급으로 치고, 나머지 주지교(舟之僑), 손백규(孫伯糾), 기만(祁滿) 등은 차급으로 간주하였다. 또한 귀국했을 때 영접하고 항복한 3등 공신들 중에서 극보양(郤步揚), 한간(韓簡) 등을 일급으로 치고, 그 나머지 양요미(梁繇靡), 가복도(家僕徒), 극걸(郤乞), 선멸(先蔑), 도격(都擊) 등은 차급으로 간주하여 포상한 것이다.[23] 식읍이 없는 신하들에게는 봉지를 주고 이미 식읍이 있는 신하들에게는 그 봉지를 넓혀 주었다. 그와는 별도로 벽옥 다섯 쌍을 호언에게 하사하면서 말했다.

> "지난 날 황하를 건너 고국으로 돌아올 때 그대의 구슬을
> 물을 던졌던 것을 이것으로 보답하노라."

이 대화의 배경은 무엇일까. 호숙(壺叔)은 공자 중이 일행들이 천하를 방랑할 때에 사용할 가재도구 등을 관리하던 사람이었다. 실제 진나라를 탈출한 뒤부터 중이를 보좌하여 천하를 기약 없이 떠돌아다닐 때 굶주리

기도 하였다. 망명의 길에 오른 이래 조나라와 위나라를 두루 돌아다녔을 때 배고프고 굶주린 것이 얼마나 많았던가. 의복도 부족할 정도로 참으로 궁핍한 생활을 전전할 때도 단 한 번도 중이에 대한 충성심이 변한 적이 없었다. 집사 역할을 한 호숙을 비롯하여 중이 곁을 지켰던 사람들 모두 아무리 배고파도 밥 한 술 제대로 얻어먹지 못한 적이 정말 많았다.

그렇게 방랑하던 중 드디어 황하를 건너 그리운 고국으로 돌아가게 되었을 때 호숙이 전체의 행장을 다시 정리하게 된다. 그는 전날 고생할 때 쓰던 구멍 난 옹기솥이며 깨진 질그릇들이며 심지어 구멍 난 돗자리와 찢어진 수레의 휘장[維]까지, 하나도 버리지 않고 하나도 버리지 않고 챙기고 심지어는 먹다 남은 술과 음식까지도 마치 귀한 보물처럼 다루며 하나도 빠짐없이 배 안으로 옮겨 싣게 하였다.[24] 보통 사람이 보기엔 아무 소용이 없는 정말 사소한 것들이었다.

호숙이 그렇게 짐을 챙기는 것을 본 중이가 나라로 돌아가 군주가 되고 정권을 잡으면 온갖 진귀한 음식과 보물들이 사방에 널려 있어 마음껏 누릴 텐데 이렇게 부서져 못 쓰게 된 물건들이 도대체 어디에 소용이냐 하며 힐난조로 말한다.

"내 이제 고국에 돌아가면 임금이 될 것이며 진수성찬만 해도 다 먹질 못할 터인데 저런 구질구질하고 쓸데없는 것들을 가지고 가서 무엇에 쓰리고. 호숙아, 그것들을 백사장에 내다 버려라."

호숙이 울상이 되어 그 물건들을 내버릴 생각은 아니 하고 중이만 바라보고 있을 때, 중이가 다시 군사들로 하여금 명령을 내렸다. 진나라 군사들이 중이의 명령을 받들고자 호숙이 갖다놓은 물건들을 다시 황하 언덕에 내려놓았다.

중이의 외삼촌 호언이 이 장면을 보고 혼자 한탄한다. 공자중이가 아직 군주의 자리에 오르지도 않았는데도 벌써부터 지난날 어려웠던 처지를 저렇게 잊고자 한다는 사실을 알아챘다. 정작 군주의 자리에 오르면 우리 같은 옛사람을 버리고 새로운 사람을 등용할 것이 아닌가. 궁핍할 때 곁을 지킨 사람도 저렇게 오래 사용하여 부서진 옹기솥이나 질그릇처럼 여겨 버릴 것이다. 강을 건너기 전에 중이 곁을 떠나 훗날을 도모해야 하겠다면서 진목공이 준 백옥 한 쌍을 들고 나와 중이 앞으로 와서 무릎을 꿇고 바친다. 앞에서 말한 그 백옥 한 쌍이다.

아울러 강을 건너 귀국하면 진(晉)나라 경계에 들어설 것이다. 지금 국내에 공자를 기다리는 신하가 많고, 밖으로는 진(秦)나라 장수의 군대가 공자를 돕고 있으니 이젠 진(晉)나라를 얻지 못할까 염려할 필요가 없다. 이제 호언 자신은 더 이상 공자를 모셔 봤자 도움이 되지 않을 것이다. 그래서 호언 자신은 이곳에 남아 외신(外臣)이 되고자 하며, 자신이 진목공으로부터 받은 백옥 한 쌍을 바치고 작별하고자 한다는 의사를 밝힌다. 한마디로 자신의 주군에 대한 실망을 표시한 것이다.

중이가 이 말을 듣고 크게 놀라 호언을 설득한다. 이제 귀국하여 군주의 자리에 오르면 부귀를 함께 누리려 하는데, 왜 그런 말을 하느냐면서 설득한다. 그러자 호언은 자신에게 세 가지 죄가 있다고 했다. 오록(五鹿) 땅에서 굶주리게 한 것, 조(曹)와 위(衛)나라에서 갖은 모욕을 받은 것, 제나라를 떠날 때 공자 중이를 술에 취하게 하여 분노하게 한 것 등을 예로 들었다. 어진 신하는 군주를 편하게 모셔야 하는데 그렇게 하지 못했다고 했다. 그런데 호언이 말한 세 가지 죄는 따지고 보면, 그 어느 것도 호언의 잘못이 아니다. 모두 진문공 중이의 대업을 위해 기꺼이 따라 나섰고, 중이를 위해 온몸을 바친 참모들의 충성심의 발로였을 뿐이지, 책임을 물을 수 있는 것은 결코 아니었다.

이 말을 듣고 중이가 눈물을 흘리면 외숙 호언의 책망을 기꺼이 받아들이겠다면서 즉시 호언에게 명한다. 이미 버린 기물들을 하나도 빠짐없이 거두어 배에 다시 싣게 하고 다시 강을 향하여 맹세의 말을 하였다. 귀국 후 군주의 자리에 올랐을 때 일행의 노고를 잊지 않고 정사에 노력을 기울이겠다고. 만약 그렇게 하지 않으면 중이 자신의 후손이 끊어질 것이라는 말과 함께. 그때 호언이 가져와서 바치려고 한 벽옥을 집어서 모조리 강물에 던져 버리고는 다시 맹세를 한다.

"황하의 신이여! 나의 오늘 이 약속을 반드시 지켜보소서!"

문공이 즉시 노역을 하던 미천한 일꾼들이나 천한 노예들에게까지 황금과 비단을 두루 나누어 주었다. 사람이 하는 일이라 논공행상은 아무리 최선을 다해도 불만을 가지거나 누락되는 경우가 발생한다. 동서고금의 역사를 돌아보아도 개국공신이나 정난공신에 대한 사후 논공행상에 불만을 품고 반란을 일으키는 일이 흔한 이유가 여기에 있다. 논공행상을 하는 과정에서 아무리 공정, 공평하게 한다고 해도 모든 사람을 만족시킬 수는 없다. 더욱이 개국공신의 입장에서 모두 자신의 공이 큰 만큼 그에 상응하는 보상을 기대하기 때문이다. 심지어 현대 민주주의 사회에서도 국민들의 투표로 대통령을 뽑는 선거 이후에 그러한 논공행상에 대한 불만을 공공연히 터뜨리는 경우가 많지 않은가. 어디 대통령 선거만 그러한가. 조그만 지역의 기초단체장 선거에도 논공행상에 따른 불화가 생기는 법이다.

문공이 즉위 5년에 국내 정치를 본격적으로 정비한 뒤에 위(衛)나라를 공격해 오록 지방을 탈취한다. 지난날 천하를 헤매던 문공이 위나라를 지나갈 때, 농부들로부터 식량 대신에 흙을 선물로 받아 조롱당했지만, 조쇠의 충언에 따라 흙을 받았던 바로 그 지역이다. 물론 당시에는 농부들의 조롱 섞인 흙 선물을 국가의 영토로 받아들이라는 조쇠의 충고를 어쩔 수 없이 수용하였지만. 아무리 세월이 지나도 그 순간의 분노와 수치는 가시지 않았다. 그리고 2월에 위나라를 다시 압박했으며 3월에는 조(曹)나라 궁성에 들어가 임금을 질책했다. 지난날 중이가 방랑하던 시절 조나라 국군인 공공이 중이가 목욕할 때 변협(骿脇), 즉 갈비뼈를 구경하는 무례를 도저히 용서할 수가 없었다. 위나라나 조나라 모두 지난날 진문공 중이를 박대한 곳이기 때문에 사실상 보복 차원에서 확실하게 응징하였다.

조(曹)나라 희부기(僖負羈)

그런데 조나라에선 대부 희부기의 집은 아무런 피해도 받지 않았다. 지난날 중이 일행이 조나라를 지나갈 때 거의 유일하게 희부기만 중이를 박대하지 않았다. 앞에서도 언급했듯이 조나라의 공공이 중이 일행을 무례하게 박대하며, 갈빗대가 통뼈라고 소문난 중이의 특이한 몸을 직접 보려고 했다. 진문공 중이가 아무리 천하를 방랑하는 비참한 망명자 신세지만 그래도 명색이 제후의 공자인데, 그런 구경거리로 만든다는 것은 너무나도 무례한 행위였다. 집을 찾아온 손님, 그것도 언제 어디에서 죽임을 당할지 모르는 곤경에 빠진 사람이 아닌가.

그런데 중이가 목욕하는 틈을 타서 통뼈를 구경하겠다니, 정말 고약하기 그지없는 처사였다. 조나라 공공이 그런 무례한 짓을 할 것이라고 누가 짐작이나 했으랴. 공공이 그런 짓을 하였다는 것을 중이가 후에 알았을 때 수치심에 몸을 떨었다. 그리고 언젠가 기회가 된다면 확실하게 갚아 주겠다는 생각이 들지 않았을까. 사람들은 쉽게 말한다. 천하를 호령하는 패자가 그런 사소한 무례를 끝까지 응징하려 하느냐고. 하지만 사람들이 큰일은 의외로 대범하게 넘어가는데 아주 사소한 일에는 정말 목숨 걸고 달려드는 경우가 의외로 많다. 누군가 그랬던가. 사람이 태산에 걸려 넘어지는 경우는 없어도 조그만 돌부리에는 걸려 넘어진다고.

중이가 조나라에 왔을 때, 조나라 대부 희부기가 중이의 인물을 알아

보고 조공공에게 예로써 환대할 것을 권유했지만 공공은 전혀 듣지 않았다. 대부 희부기가 오히려 군주 공공보다 사람 보는 능력이 뛰어났다. 어쩌면 조공공의 눈에는 초라한 망명객 중이가 썩 대단한 인물로 보이지 않았을지도 모른다. 앞에서도 언급한 적 있듯이 공공이 중이의 목욕하는 모습을 몰래 훔쳐 본 것을 알았을 때, 중이는 조국에서 버림받고 천하를 떠도는 자신의 비참한 신세를 절감했다.

이뿐만 아니다. 공공이 사람을 시켜 중이를 공관에 들어오게 했으나 물과 밥만을 내놓고 다른 음식이라고는 하나도 제공하지 않았다. 게다가 술상은 고사하고 관사에 들려 손님을 맞이하는 예도 행하지도 않았다고 하니 중이의 심정은 너무나 참담했을 것이다. 중이의 일행은 조공공의 극단적인 무례에 대해 모두 크게 분노했지만, 당장의 처지에선 어쩔 수가 없었다. 조공공과 달리 자신을 후대한 희부기는 중이 일행에게 강렬한 인상을 주었다. 천하를 방랑하는 중이의 입장에선 희부기의 환대가 더욱 감사했을 터.

조나라의 대부 희부기가 중이를 후대한 이면에는 희부기의 아내를 주목해야 한다. 희부기의 아내가 보기에 중이를 수행하는 자들은 결코 평범하지 않았다. 그들 모두 나라의 재상이 될 역량을 갖춘 인재들이며, 공자 중이가 부하들을 거느리고 장차 천하를 호령하는 제후의 패주가 반드시 된다. 중이가 진나라 국군에 오르면 필시 군사를 일으켜 주변국들을 정벌할 텐데 자신을 박대한 나라를 반드시 응징하려 할 것이다. 그렇다면 조나라가 가장 먼저 희생이 될 것이니, 희부기가 공자 중이의 마음을 살 수 있도록 해야 한다고 보았다. 당시 정치적 상황이나 공자 중이의 역량을 헤아린 탁견(卓見)이었다. 희부기의 부인에 대한 기록은 더 이상 나오진 않지만 이 부분만 보아도 사람을 보는 데 뛰어난 능력을 지닌 인물임을 짐작할 수 있다.

그리고 아내의 충고를 듣고 희부기가 중이에게 덕을 베풀었다. 희부기가 조정에서 조공공에게 진문공 중이를 후대할 것을 건의했으나 거절당하자, 퇴청 후 아내의 제안에 따라 소반에 음식을 준비하여 중이를 대접한다. 그 밥 속에 벽옥까지 넣었지만, 공자 중이는 밥만 받고 벽옥은 돌려주었다.

公子受飱反璧.

반벽(反璧)은 글자 그대로 풀어 보면 벽옥을 돌려준다는 뜻인데, 벽옥이 당시 상당히 귀했기 때문에 뇌물로 많이 활용된 듯하다. 그래서 중이가 뇌물 성격이 강한 벽옥은 받지 않고 돌려준다. 중이는 벽옥 돌려받기를 거절하던 희부기에게 끝내 되돌려 주었다. 중이가 아무리 열악한 상황에 처했다 하더라고 당시 벽옥을 받았다면, 세상 사람들이 중이에 대해 부정적인 평가를 했을 것이다.

권력의 최고 자리에 오르기까지 험난한 과정을 거치는 인물이 어쩔 수 없이 뇌물을 비롯한 다양한 방식의 도움을 받을 수도 있다. 그런데 그런 사정이 누적되면 훗날 실제 제위에 올랐을 때 부채 의식 때문에 국정을 제대로 수행할 수도 없게 된다. 실제로 우리나라 정치 현실에서도 오랫동안 대통령 선거를 비롯한 여러 선거 과정에서 당선되면 그때까지 후보자를 도와주었던 수많은 사람들의 자리를 보상 차원에서 챙겨 주어야 하기 때문에 국정에서 상당한 난맥상을 표출한 경우가 허다하다.

그리고 그러한 정치적 부패와 비리가 모조리 국민의 세금을 비롯한 엄청난 부담이 되어 돌아오게 된다. 정경유착도 그런 시각에서 바라보아야 한다. 우리나라 정치에서 대표적인 선출직인 대통령이나 국회의원 그리고 단체장들의 선거에 나타나는 부정을 보라. 교육계는 또 어떠한가. 그런 점에서 중이가 희부기에게 벽옥을 돌려준 것은 참으로 현명한 행위였다. 공자 중이가 끝까지 벽옥을 거절하자 희부기는 할 수 없이 물러나오며 탄식했다. 값비싼 벽옥을 거절하는 중이의 행동에 당혹해하면서도 중이를 다시 보게 된다.

> '진(晉) 공자가 저리 어려운 상황에 처했는데도 이렇게 귀한 벽옥을 욕심내지 않으니, 범인(凡人)이라면 결코 저렇게 처신하기 쉽지 않을 텐데.'

중이는 보통 사람이 도저히 따라갈 수 없는 큰 뜻을 품고 있다. 물론 지도자가 뇌물에 초연해야 하는 것은 당연하나, 지금 중이의 입장에서 찬밥, 더운밥 가리게 됐나. 그리고 그 많은 식솔을 이끌고 있는 상황에서 딱 한 번 눈감고 그 뇌물을 받아 부하들을 위해 활용하겠다고 생각했음직한데, 뇌물을 일언지하에 거절하다니. 기약 없는 천하 방랑길에 그 어느 누구도 오라는 데 없고, 갈 곳도 없는 그야말로 미아 신세가 아닌가. 그것도 그냥 미아 신세가 아니라 고국 진(晉)나라에서 끊임없이 자객이 달려와 자신들의 생명을 위협하는 상황이다.

그런데도 중이는 희부기가 준 값비싼 벽옥을 거절하였다. 중이의 참모들도 그러한 중이의 처신에 두말없이 따랐다. 다음 날 날이 밝자마자 중이의 일행은 조나라를 떠났다. 중이가 벽옥을 거절했지만, 희부기는 중이의 일행을 도성 10리 밖까지 전송하였다. 사관(史官)이 이때의 일을 두고 시로써 칭송했다.

용과 호랑이를 너구리 사슴 새끼로 착각했으니
장님 같은 조공공의 식견 참으로 미흡하구나.
한탄하노라. 조나라의 초헌대부 삼백 명
그 누구도 희부기 아내의 식견에 미치지 못했구나.

19년 간 천하를 떠돌아야 했던, 숱한 시련을 이겨내 권좌에 오른 진문공의 인생에서 가장 큰 특징이라면 '인내(忍耐)'이다. 어떤 어려움이라도 이겨 내야 했다. 그렇게 고난으로 새겨진 그야말로 기나긴 인고(忍苦)의 세월이었다. 물론 19년을 견디는 과정에서 서서히 자신의 꿈을 실현하겠다는 생각을 갖게 되었을지 모른다. 언젠가 조국 진(晉)나라로 돌아가 제위에 오르겠다는 희망 말이다. 실제로는 하루하루를 견디는 데 급급하여 스스로 희망도 없이 시간만 보냈다면, 주위 사람들에게 비전을 제시하지 않았다면 아마도 그에게는 기회가 오지 않았을 것이다. 하지만 진문공은 고난을 참아냈고, 험난한 세월을 이겨 냈다. 어떠한 어려움이 닥쳐도 굴복하지 않았다. 그 오랜 세월을 변하지 않고 주군 곁을 지킨 호언, 조쇠, 선진 등 참모들도 진문공 중이의 등극을 위해 헌신하고, 제강을 비롯한 여러 부인들도 자신의 삶을 기꺼이 희생하였다.

사람은 누구나 꿈과 희망을 가지고 살아간다. 그런데 그 꿈을 이루기 위해서는 반드시 곁에서 누군가 도와주어야 한다. 어떤 경우든 변하지 않고 보좌할 수 있는 사람이 많으면 많을수록 좋다. 설령 그 수가 적더라도 곁에서 평생 변하지 않는 사람이 있다면 장래의 꿈을 이루는 길에 한 발 더 접근할 수 있다. 물론 꿈만 갖는다고 해서 자신의 목표 달성이 보장되지는 않는다. 곁에 보좌할 수 있는 사람이 있다는 것만으로 성공의 필요충분조건이 될 수 없다. 어디까지나 본인의 치열하고 끊임없는 정진과 노력이 뒷받침되어야 하며 곁에 있는 사람들에게 깊은 신뢰감을 주어야 한다. 19년이란 세월 속에서도 호언을 비롯한 참모들은 진문공을 변함없이 그야말로 철저하게 믿고 따랐다. 심지어 망명지에서 만난 부인들도 자신의 개인적인 사랑과 행복보다 진문공의 대업과 장래를 위하여 자신의 고통을 기꺼이 감수하였다.

그 넓은 대륙에서 한 번 곁을 떠나면 언제 올지도 모르고, 설령 돌아온다고 해도 그 처지나 신분이 어찌될지도 모르는 현실에서 그렇게 보낸다는 것이 그리 쉬운 일이 아니었다. 실제로 제나라에서 제강과 함께 살고 있을 때는 안락한 생활에 젖어 그곳을 떠나려고 하지 않았다. 오랜 망명 생활에서 지친 상태라 충분히 그럴 수 있었다. 그 어떤 나라보다 따뜻하게 반겨준 제환공이 종실녀까지 주었으니 제나라를 떠나고 싶었겠는가.

그런데도 제강은 중이의 참모들과 짜고 술에 취하게 한 뒤 수레에 태워 보냈다. 그때 남편 중이를 기약 없이 보내는 제강의 심정은 어떠했을까. 그렇게 보내면 중이가 훗날 금의환향하여 자신을 찾아줄 것이라고 확신하였을까. 설령 그렇게 믿었다고 하더라도 떠나보내고 싶었을까. 만약 중이가 그저 평범한 사람이었다면 제강이 그렇게 보냈을까. 중이의 그릇이 남달랐고 포부가 컸으며, 그 역량이 뛰어남을 제강도 알았을 것이다. 그저 사랑하는 남편과 아이들과 함께 행복의 시간을 오롯이 누리고 싶은 것이 솔직한 심정이 아니었을까. 가정과 가족을 포기하면서까지 대업을 이룬다는 것이 무슨 소용이 있으며 무슨 의미가 있을까 하는 것이 우리네 평범한 사람들의 생각일진대, 모든 것을 제쳐 놓고라도 제강이 중이를 멀리 보낸 것은 정말 대단한 일이었다.

그리고 진문공의 인간적인 면모도 결코 무시할 수 없다. 아무리 곁에 뛰어난 역량을 갖춘 인재가 모여 있다고 해도 주인공이 인간적인 풍모나 매력이 없다면 대업을 이룰 수 없다. 진문공 중이의 인간적인 면모 하면, 뇌리에 떠오르는 것이 신뢰(信賴)이다. 언제 어디서 어떻게 될지 모르는 긴박한 상황에서 상대방과 어쩔 수 없이 약속한 것을 세월이 흘렀어도 실천했다. 제위에 올라서 천하의 운명을 놓고 겨루는 전쟁을 할 때도 아득한 그 옛날 약속을 지켰다. 한 번 자신이 약속한 것은 반드시 지키려고 노력한 행위는 아무리 봐도 훌륭하다. 약속을 실천하는 것만큼이나 도의도 철저히 지켰다.

실제로 아버지 진헌공이 흉악한 여희의 계략에 휘말려 중이 자신을 죽이려고 했을 때 그는 충분히 저항할 수 있었다. 적(翟)의 군대와 포성의 군대를 이끌고 충분히 대항할 수 있었지만, 자식으로서 아버지인 진헌공을 공격하는 것은 인의에 어긋난다고 생각하여 저항을 포기하고 그 험난한 망명의 길에 들어섰다. 실제로 중이에게 왜 군사를 일으키지 않았는가 하고 되묻는 측근 신하도 있었다. 반드시 지켜야 할 약속도 아니었지만 자신의 약속을 철저히 지키고, 죽음의 위험에 처했어도 도의를 지킴으로써 천하의 신뢰를 받게 되었다. 그래서 중이가 더욱 천하의 존경을 받았다. 그런 도의와 신망을 갖추고 있었기 때문에 참모들도 진문공의 곁을 떠나지 않았다.

공자의 평가

진문공이 19년이란 오랜 세월의 고난을 극복한 점에 대한 칭송과 함께 그의 행적에 대한 비판도 있다. 공자(孔子)가 대표적인데, 『논어(論語)』 헌문(憲問)에서 다음과 같이 두 사람을 비교하고 있다.

> "진나라 문공은 남을 속이고 바르지 않았고, 제나라 환공
> 은 바르게 하면서 속이지 않았다."

> 晉文公, 譎而不正, 齊桓公, 正而不譎.

공자가 이렇게 본 근거가 다음과 같다.[25]

두 공(公)은 모두 제후의 맹주인데, 오랑캐를 물리치고 주나라 왕실을 높인 자들이다. 진문공과 제환공 모두 비록 무력을 가지고 인(仁)을 가장 하였으므로 둘 다 마음이 바르지 않았다. 그렇지만 제환공은 초나라를 칠 때 의(義)를 구실로 삼아 자신이 원하는 바를 집행함에 기만하는 방법을 사용하지 않았으니 오히려 환공이 문공보다 훌륭하다. 반면에 문공은 위 (衛)나라를 정벌할 때 초나라를 끌어들이고 음모로 승리를 취하였으니 그 속임이 심한 것이었다. 두 임금의 다른 일도 또한 이와 비슷한 것들이 많았기 때문에 공자께서 이것을 말씀하여 숨은 뜻을 밝힌 것이다.

공자는 진문공에 대해 부정적인 시각을 보였다. 공자가 진문공과 제환공을 비교하여 이렇게 단정하였으니 우리와 같이 범상한 사람들이야 감히 그 평가를 부정할 능력이야 있겠는가마는, 그래도 공자의 이 판단을 곧이곧대로 받아들이기 어려운 측면도 있다. 진문공과 제환공은 모두 춘추시대의 패자로 천하의 맹주가 되고 주나라 왕실을 도와 천하를 안정시켰다. 제환공이 춘추오패 중 첫 번째 진문공은 두 번째 패자였다. 그런데 공자는 두 사람의 행적을 비교하여 문공은 모략이 많았던 반면에 환공은 정도를 밟았다고 평가했다. 하지만 필자가 보기엔 제환공보다 진문공이 훨씬 매력적으로 다가온다. 제환공이 천하의 맹주가 되는 과정에서 제환공의 역량보다 특급 참모 관중의 역할이 크게 부각되어 공자가 그렇게 판단했을지 모르겠다.

> 자왈, "관중이 환공을 도와 제후의 맹주가 되었고, 한번 천하를 바로잡아 백성이 지금에 이르기까지 그 은혜(賜)를 받고 있다. 관중이 없었다면, 나는 아마도 머리를 풀어 헤치고 옷깃을 왼쪽으로 했을 것이다."

子曰: "管仲相桓公 霸諸侯 一匡天下 民到于今受其賜 微管仲,
吾其被髮左衽矣."

– 『논어(論語)』 「헌문(憲問)」

물론 공자가 평가한 것처럼 진문공의 행적을 제환공보다 부정적으로 볼 수도 있다. 공자가 맹렬히 비판한 것처럼 춘추시대의 대의라 할 수 있는 주나라의 예법을 무시하고 신하 신분인 제후가 회맹의 자리에 천자인 주양왕을 불렀다. 그것은 군신 간의 예의를 대의명분 차원에서 인식한 공자 입장에서 보자면 비판할 수 있다. 바로 이 때문에 공자는 제환공에 대해서는 칭찬과 폄하를 함께 논하면서도 궁극적으로는 그의 업적을 높이 평가했지만, 진문공에 대해서는 그 업적조차 인정하지 않고 폄하만 해 버린 인상이 농후하다.

실제로 제환공과 비교해 보면 진문공은 제위에 오른 후, 망명 시절 자신에게 어떻게 대했느냐에 따라 철저하게 응징하기도 하고, 적극적인 우호 관계를 전개하여 여타 제후국들을 처리한다. 오랜 기간 망명하면서 겪었던 수치와 모욕을 준 나라는 철저하게 응징한다. 그러한 복수 행위는 개인적 차원에서는 충분히 이해할 수 있지만, 천하를 아우르는 맹주가 되었을 때는 지난날의 원수를 과감히 포용하는 아량도 필요했다. 따라서 진문공이 제환공과 같은 넓은 포용력을 보여 주지 못했고 자신의 은혜와 원한, 자국의 이익에 지나치게 몰두했다고 평가할 수는 있겠다.

하지만 천자의 주나라가 힘을 잃어 가고 있던 당시 상황에서 천하의 패권을 가리는 치열한 쟁패 상황에서, 과연 천하의 실질적인 주인이 된 제후가 주양왕을 회맹에 불렀다는 것이 그렇게 비판받아야 할 일인가. 공자는 어떤 경우든 제후가 천자를 회맹의 장소에 초청한다는 것은 불가하다는 입장을 견지했다. 하지만 공자의 평가처럼 진문공이 예법을 지키지 않았다고 비난하는 것은 당시 시대 상황에 비추어 볼 때 지나치게 추상적, 이상적인 것이 아닐까.

약육강식의 철저한 힘의 논리가 냉혹한 현실인 춘추전국시대의 상황에서 그러한 예법에 근거하여 평가한다면 또 다른 송양지인(宋襄之仁)[26]을 바라는 것이 아닐까 싶다. 그렇게 급박하게 돌아가는 현실에서 그런 예법이 무슨 소용이란 말인가. 오직 약육강식의 논리가 만연한 현실에서 수단 방법을 가리지 않고 패권을 노리는 춘추전국시대에 공자와 같이 예법을 기준으로 인물들을 평가하는 것은 설득력이 떨어진다. 그리고 천자가 제후들을 강력하고 통제하고 있을 경우에는 공자의 견해와 관계없이 어떤 제후라도 감히 천자를 회맹의 장소로 부를 엄두도 내지 못한다. 진 문공이 회맹 장소에 천자를 부를 수 있었을 정도로 당시는 천자 중심의 중앙 집권 체제가 붕괴되어 있던 시대였다. 천하를 실질적으로 지배하는 패자가 허수아비 같은 천자를 회맹 장소에 부르는 현실적인 상황을 고려해야 한다.

성공 비결

진문공은 여희의 간악한 계략 때문에 43세에 조국 진나라를 떠나 적(翟)나라로 도망쳤고, 적나라에서 12년 간 머무르다 55세에 제나라에 갔으며, 본격적으로 노년기에 접어든 61세에는 진(秦)나라로 옮겨 갔다. 조국 진나라로 돌아와 즉위했을 때 그의 나이는 62세였다. 진목공의 후원 아래 진나라 군대와 함께 조국으로 돌아올 때까지 19년 간 나라 밖을 유랑했다. 안정된 생활보다 비바람을 맞으면서 노숙한 날이 많았다.

남의 집 울타리나 허허벌판의 논밭에서도 잠을 잤다. 하늘을 이불을 이불 삼아 이슬을 온통 뒤집어쓰며 기약 없는 세월을 보냈다. 일국의 공자가 천하를 비참하게 떠돌아다니는 날들을 처절하게 겪었다. 그 과정에서 삶의 쓴맛 단맛을 다 겪었으며 각국의 정치를 두루 살피며 천하의 흐름을 볼 수 있었다. 난관은 사람을 더욱 단련시킨다고 했던가. 그래서 19년 방랑의 우여곡절 끝에 군주의 자리에 올랐을 때, 그는 한결 어려움을 극복하고 성숙한 정치가가 되어 있었다.

진문공이 19년이란 그야말로 길고 험난한 세월을 극복하고, 62세란 매우 늦은 나이에 드디어 국군(國君)에 올랐다. 비록 그의 실제 재위 기간이 8년에 불과했지만, 제환공의 뒤를 이어 춘추시대 패자로 인정받았다. 천자인 주양왕을 복위시켜 제후의 맹주로서 초나라의 공격을 물리쳤다. 남방의 광대한 영토의 강국 초나라를 실제로 격파한 지도자로는 진문공이 유일하여 제환공보다 높은 평가를 받기도 한다. 사마천과 한비자는 공자와 달리 진문공을 제환공보다 위에 둔다.

실제로 춘추오패의 선두주자로 맹주에 올랐던 제환공은 그의 사망 이후 후계를 둘러싸고 극심한 권력 투쟁이 벌어졌다. 더욱이 제환공 본인은 자식들의 권력 투쟁 와중에 사망하고, 67일간 시체가 방치되었다. 그렇게 구더기가 담을 넘어오는 것을 보고, 세상 사람들이 그의 죽음을 사람들이 알 수 있었으니 그 비참함이야 이루 말할 수 있으랴! 제환공의 사후 극심한 후계 다툼으로 제나라는 세력이 급격히 약해진 반면에, 진(晉)나라는 이후 춘추시대가 끝날 때까지 북방의 강국으로 남아 위용을 떨쳤다.

이렇듯 진문공과 제환공이 모두 춘추오패의 맹주에 올랐지만, 그들의 사후에 전개된 국가적 상황은 전혀 달랐다. 제환공의 사망 이후 급격히 세력이 약해진 반면에 진문공은 사후에도 나라가 안정되었고, 지난날 그가 겪었던 여희의 모략 같은 일은 발생하지 않았다. 오히려 19년간 진문공이 인연을 맺었던 여러 부인들이 오히려 의좋게 지내면서 나라를 평화롭고 안정되게 유지하였다. 진문공의 방랑 기간 만났던 다수의 부인들이 훗날 중이가 제위에 오르자 속속 귀국하였고, 이들 사이가 원만하게 형성되면서 진문공 사후에 극심한 권력 다툼이 일어나지 않았다. 진문공 중이가 19년 간 천하를 방랑하는 데 결정적인 원인을 제공하였던 여후의 간교한 계략, 그것에 대한 학습효과였다.

진문공 중이가 성공할 수 있었던 이유로 몇 가지를 들 수 있다. 첫째, 자신이 한 약속을 철저히 지켰다. 최대 목표인 국군에 오른 후에도 망명 시절 자신에게 도움을 준 사람들의 은혜를 절대 잊지 않았다. 단적인 예로 초성왕과 약속 이행을 들 수 있다. 국가의 운명이 걸린 성복 전투에서 자신의 군대를 90리나 물린 퇴피삼사 실행이 대표적이다. 그리고 소국인 원(原)을 공격할 때 10일 내 공략하지 못하면 군대를 철수하겠다는 약속을 실제로 이행하였다.

둘째, 오랜 세월 기나긴 망명 생활 속에 온갖 수치와 모욕을 겪으면서도 결코 굴복하지 않았다. 그러한 고난을 극복하는 과정에서 국제 질서에 대한 정치적 견문을 크게 넓혀 탁월한 능력을 갖춘 성숙한 정치가로 성장할 수 있었다. 셋째, 중이의 19년 망명 기간 동안 단 한 번도 배반하지 않고 그를 지켜 준 숱한 참모들의 존재도 무시할 수 없다. 충성심 높고 유능한 인재들을 소중히 여겨 그들을 아꼈기 때문에 오랜 망명 생활에도 불구하고 든든한 보좌진을 보유할 수 있었다. 하지만 주변 상황이 아무리 유리해도 당사자의 역량이나 인품이 뒷받침되지 않는다면 어떤 일이든 이루어질 수 없다. 동서고금을 막론하고 천하를 호령하는 자리에 오르려는 사람들이 그 얼마나 많았는가. 권력 쟁취 야망이 그냥 욕망만 가진다고 달성되지는 않는다.

진문공 중이가 최종적으로 온갖 어려움을 뚫고 결국 조국에 돌아와 군주의 자리에 오르는 과정에서 우리가 얻어야 할 교훈은 무엇일까. 먼저, 주위에 자신을 도와주는 숱한 인재들이 포진해야 하고 천시(天時)를 비롯한 여러 물리적 환경이 뒷받침되어야 한다. 그리고 무엇보다 리더 자신의 그릇이 커야 한다. 자신을 비난하거나 공격한 사람도 품을 수 있는 넓은 아량을 갖고 있어야 하며, 언제 올지 모르는 기회를 무작정 기다리지 말고 평소에 역량을 쌓아야 한다. 나아가 주위에 사람들이 모일 수 있도록 너그러운 인간적 풍모를 갖추어야 한다. 그래서 리더가 되는 것이 어렵다.

진문공은 자신이 약속한 것은 반드시 지키고 뛰어난 포용력으로 타인을 아우르는 부드러움으로 강한 것을 제압한 전형적인 인물이라고 볼 수 있다. 그런 관점에서 사람들은 진문공 중이를 후한(後漢)의 광무제(光武帝) 유수[27]에 비교하기도 한다. 19년의 세월을 기다려 자신의 목표를 달성하면서 사람들의 신뢰를 한 몸에 받고 충성스런 신하들의 변함없는 보좌를 받으면서 스스로가 뱉은 약속은 끝까지 실천하려 한 진문공은 진실로 훌륭한 남자였다.

제3장

『사기』 열전 첫머리에
왜 「백이열전」을 실었을까?

積仁絜行如此而餓死！天之報施善人, 其何如哉.

그들과 같이 인의와 고결한 덕행을 쌓았지만 굶어 죽었다.

하늘이 선한 사람들에게 복을 내린다고 한다면 어떻게 그런 일이 일어날 수 있겠는가?

백이(伯夷)와 숙제(叔齊)는 조그만 나라 고죽국(孤竹國)의 왕자들이었는데, 결국은 수양산에 들어가 고비를 뜯어 먹다 굶어 죽었다. 사람들이 굶어 죽은 사건은 오랜 역사에서 너무나 허다하다. 그런데 백이와 숙제가 왕위를 던지고 자신들의 삶의 가치관을 지키면서 굶어 죽은 사건은 특별했고, 그에 대한 후세 사람들의 평가는 참으로 다양했다. 부왕이 국가의 안위를 고려하여 유능하다고 여긴 동생 숙제를 다음 왕으로 세우려고 했다. 그런데 숙제가 도의상 그건 곤란하다며 형 백이에게 왕위를 양보하고, 백이 또한 부친의 유명을 지켜야 한다며 즉위를 거절한다.

결국 두 사람 모두 왕위에 오르지 않았다. 그리고 두 사람은 주 무왕이 폭군 은(殷) 주왕(紂王)을 정벌하는 것에 대해 신하가 군주를 시해하는 것은 타당하지 않다고 간언한다. 간언이 거절되자 주나라 음식을 먹을 수 없다며 수양산에 들어가 고비를 뜯어 먹다 굶어 죽었다. 왕위를 두고 온갖 권모술수를 부리면서 권력 쟁탈전을 벌인 사례가 그 얼마나 많은

가. 그런데 이 두 사람은 왕위를 초개와 같이 여겼다. 그들이 왕위에 대한 욕심이 적어 조국을 떠난 사실도 평범하지 않지만, 폭군이었던 주왕을 토벌하려는 주 무왕의 군사 행동을 비판한 것도 비범한 처신이었다. 이제 그들의 인생 행적을 따라가면서 과연 그들이 어떤 가치관을 지녔는지 알아보자. 그리고 사마천이 『사기』 열전 제1편에 「백이열전」을 배치하였는지도 생각해 보자.

절의(節義)

B.C 1046년 주 무왕이 군사를 일으켜 은나라 수도 조가(朝歌) 서남쪽 20km 지점에 있는 목야(牧野)에서 은나라 폭군 주(紂)왕의 군대에 대승을 거둔다. 목야지전 또는 목야전투이다. 장기간의 실정으로 민심까지 잃어버린 은나라 주왕의 혹독한 폭정에 70만 대군임에도 주나라 45,000명에 애초부터 상대가 되지 않았다.[28] 처음부터 전투를 할 의지도 용기도 없어서 창을 거꾸로 들고 연이어 투항할 정도였다. 군세만 따진다면 주나라 군대는 은 주왕의 대군과 상대가 되지 않았다. 하지만 아무리 대군이라 해도 참전하는 군사들의 용맹, 의지가 뒷받침되지 않으면 그야말로 오합지졸에 불과하다. 결국 은 주왕의 대군이 크게 패한다. 목야전투는 어찌나 참혹했던지 피가 강물이 되어 흘렀고, 그 위로 병장기가 둥둥 떠다닐 정도였다.

"양쪽 군대가 목야에서 결전을 벌였는데, 은나라 군대의 선봉에 선 군사들은 우리 군사에 대적하지 않고 앞에 있던 무리들은 창을 거꾸로 들고서 뒤를 공격하여 패퇴하니, 피가 강물처럼 흘러 절굿공이가 떠다녔다."

會於牧野, 罔有敵于我師, 前徒倒戈, 攻於後以北, 血流漂杵.
― 『서경(書經)』 「주서(周書) 무성(武成)」

은 주왕을 토벌하는 주 무왕 연맹군은 비록 군사의 수가 절대 부족했지만 전원 일치단결하였고, 은나라 군사들은 싸울 생각조차 없을 정도로 허약했다. 오히려 무왕이 빨리 공격해 오기를 바라고 있던 터라 무기를 거꾸로 돌리고 무왕에게 길을 터 주는 지경까지 이르렀다. 무왕의 군대가 은나라 수도를 함락시킬 위기에 처하자, 은나라 군사들은 주왕의 곁을 떠나 모조리 흩어져 버렸다. 주왕도 패전이 분명해지자 도망간다. 그리고 녹대(鹿臺)의 꼭대기로 올라가 보옥으로 치장한 옷을 입고 불기둥 속으로 몸을 던져 스스로 목숨을 끊었다. 그렇게 은나라는 멸망했다. 은 주왕의 군대를 단번에 제압하여 역성혁명을 이룬 주 무왕은 신하가 임금을 시해했다는 비판에도 불구하고, 학정에 시달리는 백성들을 해방시켜 천하를 안정시킨 사람으로 평가받았다.

그런데도 백이와 숙제는 신하가 어떤 경우든 주군을 시해하면 안 된다고 보았다. 그에 반해 지긋지긋한 군주의 학정에 시달린 백성들에게 백이숙제의 시각이나 행동은 그야말로 자다가 봉창 두드리는 격으로 치부되었다. 주 무왕이 무력으로 은 주왕을 징벌함으로써 백성들에게 평화로운 세상을 가져다 준 은인이라는 인식이 상식일 텐데 말이다. 세상일이라는 것이 절대적으로 옳다 그르다고 단정적으로 판단할 수 없다. 겉으로는 아주 단순한 일이지만 그것이 일어나게 한 원인이나 이유는 참으로 복잡한 경우가 많다. 눈에 보이는 사건도 그러한데, 눈에 보이지 않는 사람들의 관점이나 인식이야 오죽하겠는가.

혹자는 말한다. 지금 우리가 접하고 있는 역사적 사실은 권력 상층부의 헤게모니 다툼이었지 일반 백성들의 삶과는 상관없다고 말이다.[29] 하지만 실제로 헤게모니 쟁탈 과정에서 권력을 잡기 위해 상층부에서 치열하게 싸우면 그 혼란이나 비극은 그곳에만 머무르지 않고 고스란히 백성들에게 돌아가기 때문에 정치적 상황은 백성들의 삶과 무관할 수 없다. 더욱이 군대를 동원할 때 병력 대부분을 백성들로 충당하기에 애먼 백성들의 희생이 매우 컸다. 결과적으로 주 무왕이 군사를 일으켜 은 주왕을 토멸함으로써 천하에 평화를 가져다 준 영웅으로 자리매김하였고, 백이숙제는 왕위도 포기하고 자신의 삶의 가치관을 바탕으로 절개를 지킨 인물로 평가되었다. 무엇보다 백이숙제의 충절은 누가 시킨 것도 아니고 오로지 그들의 순수한 충심에서 비롯되었다. 그것도 손에 들어온 권력을 내팽개치고 보인 절의라 더욱 높이 평가받았다.

천도(天道)에 대한 회의

사마천은 『사기』 열전 첫 부분 「백이열전」에서 백이와 숙제에 대한 자신의 생각을 설파하고 있다.

> "혹자는 말한다. '하늘의 도는 특별히 친하게 여기는 대상이 없고, 항상 선인(善人)의 편에 선다.'라고. 그렇다면 백이와 숙제는 선한 사람이라 할 수 있을까, 없을까? 그런데 그들은 그토록 인덕(仁德)을 쌓고 고결한 품행을 보여 주었지만 결국 굶어 죽고 말았다."

도대체 하늘의 도라는 것이 있다고 한다면, 그것은 과연 옳은 것인가, 그른 것인가!

儻所謂天道, 是邪非邪.

백이와 숙제가 왕위에 대한 욕심도 부리지 않았고, 신하의 군주 시해는 절대 불가함을 천명하였다. 그리고 주나라의 곡식을 먹을 수 없다 하여 수양산에 들어가 충절을 지키며 고비를 뜯어 먹다 굶어 죽었다. 이런 사실에 대해 사마천은 천도의 존재를 묻고 있다. 하지만 사마천의 질문을 좀 더 깊이 생각해 보면, 천도가 존재하지 않은 현실에 대한 강한 불만을 내포하고 있다.

현대를 살아가는 우리들 중 그 누가 이 사회에 착한 일은 권하고 나쁜 일을 벌한다는 '권선징악'과 모든 일은 올바른 것으로 귀결된다는 '사필귀정'이 확립되어 있다고 주장할 수 있을까. 가끔 우리 학생들에게 과연 이 사회에서 질서를 지키고 착한 일을 하는 사람이 복을 받고 나쁜 일을 하는 사람은 반드시 벌을 받는가 하고 물어보면, 대부분의 학생들이 우리가 살아가는 현실에선 법을 지키는 착한 사람이 복을 받지 못하는 것 같다고 답을 한다. 그러면 내가 그들의 답에 할 말이 궁색해진다. 그래서 당장 눈앞에서는 나쁜 일을 하는 사람이 덕을 볼지 모르지만, 결국은 착한 사람이 복을 받게 되니 착하게 살아야 하지 않겠는가 하고 어설픈 설명으로 끝낸다. 솔직히 내가 그렇게 설명하면서도 자신이 없기는 마찬가지이다.

그 누가 '천도(天道)는 공평하며 늘 선한 자의 편에 선다.'고 했던가? 과연 그런가? 진정 하늘의 도는 선한 자의 편에 서서 악인을 징벌하는가? 사마천은 이렇게 천도에 대해 강한 의구심을 표한다. 도척(盜跖)처럼 사람의 생간을 회로 쳐서 먹는 도둑은 천수를 누리고, 백이와 숙제처럼 충절을 지킨 사람은 굶어 죽게 만드는 현실을 강하게 비판한다. 사마천은 정직과 신의를 가진 사람이 대우를 받고, 악한 행동을 하는 사람이 그에 따른 벌을 받는 정의로운 사회를 희망한다. 하지만 현실은 결코 그렇지 않다는 강한 불만과 분노를 보인다. 왕위가 바로 눈앞에 와 있어서 자신이 결정만 하면, 바로 그 자리에 올라 온갖 부귀영화를 누리고 세상을 지배할 수 있다. 그런데도 왕위를 가볍게 뿌리친 백이와 숙제가 굶어 죽었다니.

현대인 시각

지금 우리가 살아가는 21세기는 사마천이 살던 수천 년 전의 그 아득한 중국 고대 세계와 달리, 자본주의의 번영과 함께 금융패권주의가 지배하고 있다. 이런 현실에서 사마천이 말하는 천도 따위를 언급하기가 좀 그렇다. 오히려 고리타분한 생각이라고 면박이나 받지 않으면 다행이다. 하지만 말이다. 세상이 아무리 물질만능주의와 황금 숭배 사상에 물들어 있다고 해도, 사람이 도리는 지켜야 하지 않겠는가. 고상한 천도를 강요할 생각은 없지만, 사람이 경우에 어긋나는 처신을 하는 것도 바람직하지 않다.

백이와 숙제가 왕위도 거부하고, 너무나 비현실적인 충절에 얽매여 고비나 뜯어 먹다 굶어 죽어 죽었다고 손가락질하며 비웃을 일만은 아니다. 오히려 신하가 군주를 시해하는 것은 바람직하지 않다는 생각 그 자체는 긍정적으로 받아들이면 되지 않을까 싶다. 군주가 군주답지 못하면 신하의 혁명이 정당하다는 생각은 언뜻 보면 그럴 듯하다. 하지만 군주답지 못하다는 평가는 누가 내릴 것인가. 그것은 지극히 주관적인 편견이 아닐까. 역사는 승자의 몫이라 하지 않는가. 승리한 쪽에서 자신들의 정당성을 부여하기 위해 사실을 날조하는 경우가 많다. 그래서 누가 그랬던가. 반란이 성공하면 충신이고, 실패하면 역적이라고. 그리고 군주다운가 아닌가는 언제 누가 어디서 어떤 시각에서 보느냐에 따라 달라지는 지극히 주관적인 판단에 불과하다.

『사기』 열전 70편 중 첫 페이지를 장식하는 것은 「백이열전」이다. 두 사람의 삶에 대한 내용부터 먼저 살펴보자. 백이와 숙제는 고죽국 왕의 아들이었다. 아버지는 아우 숙제를 다음 왕으로 세우려고 했다. 하지만 막상 아버지가 죽자 숙제는 왕위를 형 백이에게 양보했다. 그러자 백이는 "아버지의 명령이시다."라고 말하면서 마침내 그 자리를 피해 떠나가 버렸다. 숙제도 왕위에 오르려 하지 않고 역시 떠나가 버렸다. 이에 나라 안의 사람들은 할 수 없이 둘째 아들을 왕으로 옹립했다.

이때 백이와 숙제는 서백창(西伯昌)이 늙은이를 잘 봉양한다는 소문을 듣고 그를 찾아가서 귀의하고자 했다. 백이와 숙제가 가서 보니 서백은 이미 죽고, 시호를 문왕이라고 추존한 아버지의 나무 신주를 그의 아들 무왕이 수레에다 받들어 싣고 동쪽으로 폭군 은(殷) 주왕(紂王)을 정벌하려 하고 있었다. 이에 백이와 숙제는 무왕의 말고삐를 잡고 간했다.

> "부친이 돌아가셨는데 장례는 치르지 않고 바로 전쟁을
> 일으키면 이를 효라고 말할 수 있습니까? 신하된 자로써 군
> 주를 시해하려 하면 이를 인이라고 말할 수 있습니까?"

그러자 무왕 좌우에 있던 부하들이 백이와 숙제를 베려고 했다. 이때 강태공이 "이들은 의인들이다."라고 하며, 그들을 보호해 돌려보내 주었다.

그 후 무왕이 은나라를 평정한 뒤, 천하는 주 왕실을 종주로 삼아 섬겼다. 그러나 백이와 숙제는 주나라의 백성이 되는 것을 욕되게 생각하고, 지조를 지켜 주나라의 양식을 먹으려 하지 않고, 수양산(首陽山)에 은거

하며 고비(薇)를 꺾어 먹으면서 배를 채웠다. 그들이 굶주려서 곧 죽게
되었을 때, 노래를 지었는데 그 가사는 이러했다.

저 서산(西山)에 올라 산중의 고비나 꺾어 먹겠다.
포악한 것으로 포악한 것을 바꾸었으니
그 잘못을 알지 못하는구나.
신농(神農), 우(虞), 하(夏)의 시대는 홀연히 지나가 버렸으니
우리는 장차 어디로 귀의하겠는가?
아아, 가자꾸나!
쇠잔한 우리의 목숨이여!

마침내 이들은 수양산에서 굶어 죽고 말았다.

열전(列傳) 제1권

사마천은 기원전 109년부터 91년까지 장장 18여 년 동안 『사기』를 집필하게 되는데, 그중 「백이열전」을 『사기』 열전 70권 중 첫 번째에 배치하였다. 『사기』 130권은 12본기, 10표, 8서, 세가 30, 열전 70으로 총 52만 6,500자이다. 그중에서도 세상 사람들에게 인간학의 보고로 특별하게 평가받는 부분이 바로 열전 70권이다. 그런데 사마천은 「백이열전」을 70권 중 처음에 두었다. 사마천이 「백이열전」을 첫머리에 안배함으로써 이 책을 지은 목적과 사관으로서 가져야 할 역사관과 책임감을 뚜렷이 드러내고 있다.

사마천은 백이와 숙제와 같이 절개를 지키려는 사람이 귀한 현실에서 두 사람의 특별한 처신에 주목하였다. 동서고금을 막론하고 권력 투쟁이나 정권 교체 과정에서 우직하게 절개를 지킨 사람의 인생행로는 대부분 불행했다. 지금이야 지난날의 역사를 돌아보면서 그들의 절개를 높이 평가할지 모른다. 하지만 절개를 지키면 살아간 그 당대 그들의 삶은 비참했다. 백이와 숙제는 왕자의 신분임에도 왕위를 거부하고 차례로 자신의 나라를 떠났다. 비록 고죽국이 자그마한 나라이긴 하지만 엄연히 차기 왕위를 이을 수 있는 기회가 분명 눈앞에 있었다. 그런데 그것을 담담하게 던져 버리고 표표히 떠나가는 너무나 비현실적인 처신을 보여 준다. 우리 같은 보통 사람이 과연 그렇게 처신할 수 있을까.

은나라 폭군 주왕이 미녀 달기(妲己)를 총애하고, 신하들에게 포락지형(炮烙之刑)을 저지르며 광포했을지라도, 백이숙제 형제는 폭군 주왕을 치기 위해 역성혁명을 일으킨 주 무왕에 대해 신하의 주군 시해는 어떤 경우든 정당화되지 않는다고 보았다. 그런 주장은 누가 이해할 수 있을까. 포악한 군주 주왕을 처단하지 말라는 백이와 숙제의 주장을 우리가 쉽게 받아들일 수 있을까. 아무리 군주가 군주답지 못할지라도 신하의 몸으로 군주를 시해하는 것은 정당하지 않다는 백이숙제의 생각이 현실에서 쉽게 공감하기 어렵다. 신하가 어떤 경우든 군주를 시해하는 것은 안 된다는 형제의 주장 말이다.

그런데 자신의 욕망도 채우지 않고, 맑고 깨끗하게 절개를 지키면서 살아간 두 사람에게 하늘이 복을 주어야 바람직한 것이 아닌가. 역사가로서 사마천은 천도(天道)를 확신했다. 천도가 있다면 이 사회에 정의가 가득할 것이고, 사악한 무리들을 처단하는 분위기가 정착되어야 한다고 보았다. 하지만 「백이열전」을 보면, 사마천이 평소에 갖고 있던 천도관이 정면으로 흔들리고 있음을 알 수 있다. 여기서 사마천은 천도에 대해 회의적인 인식을 노골적으로 드러내고 있는데, 이러한 사상은 사마천 자신이 궁형(宮刑)을 당한 뼈아픈 경험에서 비롯된다.

사마천은 한 왕조가 천명을 얻어 왕조를 세웠다는 것을 진정으로 믿고 하나의 위대한 왕도정치 시대가 도래할 것이라고 보았다. 주공(周公)이 죽고 나서 500년 만에 공자가 태어났다. 그리고 공자가 죽고 나서 또 500년이 지났으니, 자신이 500년에 한 번씩 돌아오는 오백대운을 안고 제2의 공자가 되겠다는 뜻을 세우기도 하였다. 주공의 예악 제정에서, 공자의『춘추』저술로 다시 사마씨의『사기』저술로 이어진다고 본 것이다.[30] 그리고 그는 오직 한 마음으로 자신의 직책에 충실하면서 천자의 총애를 받으려고 애썼다. 이릉을 위해 변명한 것도 결국 한 무제를 위로하려는 충정에서 비롯되었다. 그러나 이러한 선의의 행동이 보답으로 이어지기는커녕 오히려 궁형이라는 너무나도 참혹한 극형을 당하게 되면서 상상하기 어려운 굴욕과 고통을 겪게 되었다.

이릉을 변호하기 위해 자신의 위험을 무릅쓴 사마천이 평소에 지니고 있던 천도관에 의문을 갖게 된다. 선한 자에게 상을 주고 악한 자에게는 반드시 벌을 내린다는 전통적인 신념에 대해 강한 회의를 느끼게 되었다. 백이와 숙제가 인덕을 쌓고 선행을 하였지만, 결국 비참하게 굶어 죽어 간 사실을 서술하면서 걷잡을 수 없는 회의와 분노를 표출한다. 사마천은 어쩌면 백이와 숙제의 아사(餓死)에서 자신의 비참한 모습을 보았을지 모른다. 나아가 역사와 현실에서 선악과 인과응보가 전도된 무수한 사례들을 파악하였을 터. 따라서 그는 '하늘에 따지려는' 의식이 강해질 수밖에 없었고, 역사 현장에서 발견한 숱한 사건을 접하면서 세상을 더욱 냉정하게 파악해 나갔다.

그런데 폭군인 은 주왕을 치는 것은 도탄에 빠진 백성들을 수렁에서 건지는 명명백백하게 명분을 지닌 행동이다. 따라서 주 무왕의 반정 자체를 부정적으로 본 백이와 숙제의 생각은 우리가 받아들이기 어렵다. 더욱이 주 무왕이 지배하는 나라에서 곡식까지 끊고 수양산에 올라 고사리와 비슷한 고비를 뜯어 먹으면서 삶을 마감한 그들의 처신에 대해 아무리 생각해 보아도 이해가 되지 않는다. 폭군이 백성을 고통에 빠뜨리는

데도 신하는 군신관계의 경직된 질서를 존중하여 그러한 현실을 인정하고 무작정 폭군을 따라야 하는가. 눈앞에 사람들이 죽어 나가는데도 고리타분한 군신관계에 목숨을 걸고 지켜야 할 것이 무엇인가. 그리고 두 사람은 폭군을 치는 주 무왕을 말린다곤 하지만 이것은 더욱 받아들이기 어렵다. 결국 백이숙제 주장의 핵심은 신하가 주군을 시해하는 것은 어떤 경우에도 정당화되지 못하다는 것이다. 백이와 숙제 두 사람이 명분에 지나치게 얽매인 것이 아닐까.

재조지은(再造之恩)

우리 역사에서 지나치게 명분에 매여 나라를 망친 사례들이 정말 허다하다. 그중 소중화(小中華) 의식으로 똘똘 뭉친 조선의 사대부들이 명에 대한 재조지은 의식은 정말 대단했다. 임진왜란 때 명나라가 군대를 보내 조선이 망하지 않고 다시 나라를 일으켜 준 은혜에 대해선 고맙게 생각한다. 사람이 은혜를 저버리는 것은 곤란하다. 명나라가 군대를 보내 조선을 구해 준 것은 그들 주장대로 고마운 면은 분명 있다. 문제는 고마워하는 차원을 넘어 극단적인 사대주의로 명나라를 떠받드는 의식에 있다.

조선의 사대부들은 이미 망해 버린 명나라에 대한 숭배 의식이 너무나 철저했다. 그들의 명나라에 대한 사대 의식이 너무나 철저하여 청나라의 중원 지배 현실을 받아들이려고 하지 않았다. 청나라가 오랑캐가 세운 더러운 나라라는 이유로 그랬다. 영화 〈광해, 왕이 된 남자〉에 보면 명나라 요청에 따라 조정에서 군사 2만을 명나라에 보내야 한다는 대신들의 건의 장면이 나온다. 오랑캐와 싸우다 온 백성이 짓밟혀 죽는 한이 있어도 명나라에 황제에 대한 은혜를 잊지 않아야 하기 때문에 사대의 예로 군사 2만을 명에 보내야 한다는 그들의 주장이 압권이었다. 광해가 그에 대해 그렇게 죽고 못 사는 명나라 황제에 대한 사대 의식이라면 그대 대신들이 아예 조선을 들어 명에 바치는 것이 낫지 않겠느냐고 질타한다. 그렇게 2만의 군사가 원치도 않는 명청전쟁에 끌려 들어가 개죽음당하는 것은 도저히 용납할 수 없다는 광해의 분노였다.

그런데도 사대부들은 이미 망한 명나라에 대한 사대 의식에 목을 매고 살았다. 청나라가 중국 대륙의 주인이 된 현실을 수용할 생각도 없었다. 그런데 조선의 사대부들이 특이한 논리를 전개한다. 호운불백년(胡運不百年)! 오랑캐의 운은 백 년을 넘기지 못한다는 뜻이다. 거란의 요, 여진의 금, 몽골의 원이 100년 이상 가지 못했던 사례들을 일반화하여 오랑캐의 나라인 청도 나라를 오래 유지할 수 없다는 주장이었다. 오랑캐 나라는 절대로 100년을 넘길 수 없다는 주장이 과연 타당한 것인가.

거란이나 여진, 몽골 등이 세운 나라들이 100년을 넘기지 못하고 망한 것은 그들이 그냥 오랑캐라서가 아니다. 집권 세력의 무능이나 부패, 분열로 망했다. 더욱이 청나라는 오랑캐인 만주족이 세웠지만 앞에서 언급한 나라들과는 차원이 다른 천하의 제국이었다. 물론 청 말기에 유럽 제국들에게 여지없이 깨지긴 했지만 말이다. 소중화 의식에 물든 조선의 사대부들이 그들의 정권을 유지하기 위해 호운불백년 따위의 황당한 주장을 펼치고, 조야에 불안감을 조성하였다. 무능한 서인 정권의 사회 통제 방식의 일환에서 나온 주장아 아니었을까. 그리고 그러한 대명의리론의 상징적인 주장인 '북벌론'은 요즘 흔히 말하는 뇌피셜에 가깝다.

다시 말하지만 조선의 사대부들이 이미 망해 버린 명나라에 대해 지조를 지켜야 한다는 주장은 너무나 비현실적이고 부질없는 짓이었다. 실제로 청나라가 개국한 뒤 조선의 사신들은 예전 명나라 관복과 유사한 복장으로 청나라 조정을 찾았다. 물론 조선 사신들의 복장이 명나라와 똑같은 것은 아니다. 하지만 청의 변발·호복과는 너무나도 달랐다. 청의 입장에서 조선 사신들이 얼마나 가소로웠을까. 청나라 치하에서 명의 유신

(遺臣)들조차 옛날 명나라 시절 자신들의 관복을 입는 것은 불가능할뿐
더러 그런 시도조차 하지 않았다. 글에 쓰인 글자 하나라도 시비를 걸어
문자옥(文字獄)[31]을 자행한 청나라 집권 세력에게 명나라의 조복이라니
당치도 않은 일이었다.

하기야 청나라가 명나라에 대해선 가혹하게 대했지만, 명을 제외한 여
러 나라에 대해선 포용 정책을 펼쳤다. 그래서 각종 자료에 나타난 청나
라 방문 각국 사신들의 복장은 매우 다양하다. 조선의 사신이 도포와 갓
을 쓴 것이 상당히 이채롭다. 천하의 주인이 청나라 여진 또는 만주족이
라는 현실을 굳이 거부하는 조선의 사신들의 행위를 보면서 청 황제나 조
정의 대신들은 얼마나 가소롭게 여겼을까. 그것도 지조를 지킨다는 조선
의 사대부들의 알량한 소중화 의식의 소산이 아니던가. 조선은 명이 망하
고 청이 개국한 현실에서도 오랑캐 만주족을 부정하고 경멸하였다. 그만
큼 숭명반청 의식은 조선 사대부의 사고방식을 진하게 지배하고 있었다.

당시 청나라 현실은 어떠했을까. 조선의 집권 사대부들이 알고 있듯
이, 청나라가 더러운 오랑캐의 수준 낮은 나라였으며, 유목 민족의 전형
처럼 금방 사라져 갈 제국이었을까. 그렇게도 청나라를 무시하고 경멸하
면서 사라져 간 명나라에 대한 지조와 절개를 지켜야 했을까. 과연 명나
라는 그렇게 우리 백성들이 목숨을 걸고 은혜에 보답할 나라였던가. 명
나라도 부모와 같은 마음으로 조선을 자식처럼 지극하게 여겼을까.

배우성 저『조선과 중화』[32]에 다음과 같은 내용이 나온다.

"조선은 오랑캐로 멸시하던 청나라와 군신 관계를 맺게 되었다. 현실을 받아들이기 어려울수록 문화적 자존 의식과 청나라에 대한 적대감은 커져 갔다. 급기야 조선 지식인들은 청나라가 오랑캐라는 그들의 숙명 때문에 몰락할 것이라는 전망마저 가지게 되었다. 전쟁에 대한 위기감은 여기에서 출발한다. 청나라가 북경에서 퇴각한다면 어디로 돌아갈 것인가. 조선 지식인들이 청나라의 최종 목적지로 예상한 것은 영고탑이었다.

그렇다면 청나라가 북경에서 영고탑으로 이동할 때 어느 길을 택할 것인가. 이 지점에서 조선의 서북 지역과 만주 일대의 지리에 대한 판단이 중요해진다. 조선 지식인들은 심양-길림을 거쳐 영고탑까지 가는 길이 험하고 먼 우회로인 반면, 조선의 서북 지방을 경유하는 길은 훨씬 완만한 지름길이라고 생각했다. 그들이 그렇게 판단한 근거가 무엇인지는 분명하지 않지만, 만일 지리적 형세가 실제로 그렇다면 전쟁은 피할 수 없는 일이 된다.

영고탑 회귀설에는 만주에 대한 지리적 판단과 함께 몽골에 대한 인식이 들어 있다. 청나라에서 오삼계의 난을 평정했다고 공언한 시점에서도 조선 사신들은 몽골의 태극달자(太極㺚子)가 강한 세력을 유지하고 있다고 생각했다. 조선 지식인들은 몽골이 겉으로는 청나라에 복속하고 있지만 언제든 등을 돌릴 수 있다고 여기면서도, 그들의 실체와 지리적 위치에 대해서는 자세히 알지 못했다. 효종도 몽골을 변수로 한 영고탑 회고설을 믿었다."

배우성의 이 책에서 영고탑 회귀설과 관련한 이광좌의 주장을 좀 더 들어 보자.

"오랑캐들이 중화의 땅을 점거한 지 100년이 지났는데, '오랑캐에게는 100년의 운세가 없다.'는 말이 있으니 저들이라고 어찌 걱정이 없겠는가. 100년 동안 중원대륙에 있다가 하루 아침에 만주로 이동하게 되면 그들에게도 어려운 점이 있을 것이다. 또 심양에서 영고탑으로 돌아갈 때 몽골의 저지를 받게 될 것이다. 그런 정황을 염두에 두면 최근에 벌어진 일련의 사태는 유사시 조선의 서북 지방을 경유하려는 목적이 깔려 있다고 보아야 한다.

1712년(숙종38) 청나라에서 목극등(穆克登)을 파견하여 국경을 조사하겠다는 방침을 알려 왔을 때, 청나라의 의도가 무엇인지를 놓고 논란이 벌어졌다. 이광좌는 청나라가 단지 『성경통지(盛京通志)』 편찬을 위해 사람을 보낸다는 판단은 너무나 낙관적이라고 비판했다."

영고탑 회귀설을 의식한 비판이었다. 청나라 관리들의 국경 파견의 전후의 세세한 사정은 논외로 하겠다. 그리고 이광좌는 앞에서 언급한 것과 같이 영고탑 회귀설을 거론했다. 영고탑 회귀설의 근저에는 청나라가 오랑캐 나라이기 때문에 중원에서 오래갈 수 없는 운명을 갖고 있다는 조선 사대부들의 희구가 깊이 깔려 있었다. 하지만 그 희구는 너무나 비현실적이었다. 중국 역사상 가장 광대한 영토를 확보한 대제국 청나라인데, 단지 만주족이 오랑캐이기 때문에 오래갈 수 없다는 관점은 참으로 희한한 것이었다.

앞에서도 언급했듯이, 조선의 사대부들의 뇌리에는 청나라가 오랑캐가 세운 나라이기 때문에 반드시 조만간 망한다는 인식이 강하게 지배하고 있었다. 청나라가 조만간 망하면 다시 명이 중원 땅에 들어설 것이니 그때까지 지조를 지키고 사대 의식을 갖고 있어야 한다는 생각이었다. 가당키나 한 일이던가. 망국 명나라를 섬긴답시고 천하를 주무르고 있는 대국 청나라의 존재를 부정하고, 오랑캐 민족이기에 결코 오래갈 수 없으리라는 지극히 일천한 사고방식이라니. 그런 인식하에 청나라 조정에 사행 가는 조선 관리들이 명나라에 대한 지조를 지킨다면서 명나라에 오갈 때 입었던 조선 관복을 그대로 입고 들어갔으니.

소중화(小中華)

그런데 조선의 사대부들의 생각과는 달리 18세기 청나라는 광대한 영토와 강력한 국력으로 아시아는 물론 유럽에서도 경외할 정도로 위세를 떨쳤다. 이런 상황은 조선에서 오래 지녀왔던 사고의 근본을 흔들었다. 그래도 조선은 청을 세운 만주족을 '오랑캐'로 규정했고, 따라서 그들의 국가 또한 오래 가지 못하리라고 생각했다. 그런데 막상 연행사로 청을 방문하여 청의 융성을 직접 목격한 조선의 지식인들은 엄청난 충격을 받았다.

여기서 청나라의 대표적인 황제 강희제도 언급할까 한다. 청나라를 강대국으로 만들었던 강희제는 역사적으로 손꼽을 정도로 뛰어난 군주로서 '강희대제'라고 불리기도 한다. 청나라의 전성기를 열어 세계적으로도 뛰어난 황제로 꼽힌다. 다양한 방면의 정책을 펼쳐 업적을 세워 '천 년에 한 번 나올 황제'라는 뜻의 이른바 천고일제(千古一帝)로 불린다. 그리고 62년이라는 세월 동안 청나라를 통치했는데, 겨우 8살의 어린 나이로 즉위하고 69살에 죽었으니 청나라 전체 역사 300년 중에 오분의 일이 넘는 기간이었다. 중국의 수많은 황제 가운데 가장 오래 제위에 있었다.[33]

강희제는 단순히 제위에 오래 있었던 것이 아니었다. 호학군주(好學君主)로서 엄청난 공부를 통해 지식과 교양을 쌓았다. 그리고 직접 군대를 이끌고 원정을 강행하여 정복 전쟁을 펼친 실로 문무를 겸비한 황제였다. 광활한 영토를 자랑하는 청의 내분을 진압하는 데도 심혈을 기울였다. 오삼계 세력을 완전히 소탕하고, 정성공 세력이 지배하고 있던 대만을 점령하여 자국 영토로 만들었다. 그리고 네르친스크 조약으로 러시아와 국경 문제를 해소하였고, 나아가 몽고와 티베트까지 복속시켰다. 그래서 강희제가 개척한 강역이 현재 중국 국경을 대강 형성하였다고 볼 수 있다. 대외 정복 정책을 강력하게 전개한 결과로 강희제 통치 당시 중국 강역이 대거 확대된 것이다.

그리고 강희-옹정-건륭으로 이어지는 강건성세를 활짝 열었던 대단한 인물이었다. 외치는 물론 내치에서도 뛰어난 역량을 발휘하였다. 세금을 크게 줄이고 관료들의 기강을 바로잡았다. 대규모 학문, 문화 사업을 벌여 지식인 또한 포섭하였다. 『사고전서(四庫全書)』가 대표적이다. 이것은 인류 역사상 출판된 단일 총서 중에서 가장 방대한 규모이며, 기원전 10세기경에 만들어진 최초의 시부터 건륭의 당대에까지 창작된, 중국의 문학·철학·역사 작품의 정본 모두를 수집하여 완성하였다. 사고전서를 보면 그 방대함에 혀를 내두를 정도였다.

한편으로 변발과 만주족 복식을 강요하여 한족들의 극렬한 반발을 초래하면서도 소수의 만주족이 절대 다수의 한족을 지배하는 청나라를 이끌었다. 한족의 명나라를 완전히 붕괴시키고 명실상부한 청나라 시대를 활짝 열었다. 이전의 북방 유목 왕조인 금나라와 원나라가 100년을 넘기지 못했지만, 강희제와 그를 이은 옹정제, 건륭제의 통치로 청은 20세기 초까지 총 270여 년에 이르는 왕조를 유지할 수 있었다. 오랑캐 나라가 100년을 넘기지 못한다는 조선의 당시 서인 세력의 헛된 주장이 무색해졌다. 청이 뛰어난 황제들의 등장으로 전성기를 맞이하고 있을 때도 당시 조선에서는 명에 대한 추모 작업을 공공연히 진행하고 있었다. 오랑캐 국가 청나라는 결코 100년을 못 간다는 확신과 명나라는 반드시 복원된다는 허황한 희망 때문에 그러지 않았을까.

실제로 청나라에 사신으로 파견된 조선 사대부들이 만주족의 호복 대신에 지난날 명나라에 갈 때 복장으로 청의 수도 연경 사행길에 올랐다. 이 때문에 충분히 청의 신경을 자극할 수 있었다. 그런데도 강희제는 조선을 '예의의 나라'로 지칭하였다고 한다. 강희제가 조선에 대해 무슨 좋은 감정이 있어서 그랬을까. 조선을 두려워할 리가 전혀 없는 강희제의 뛰어난 통치술의 일환이었다. 조선이 이미 망한 명나라에 대해서 그 정도로 예의를 지킨다면 살아 있는 청나라에는 더욱 예의를 지켜야 한다는 의도가 깔린 발언이었다. 김명호 저『홍대용과 항주의 세 선비』258쪽에 아래 내용이 나온다.

"그 사이에 북경을 다녀간 수많은 조선 사신들은 명나라의 관복(冠服) 제도를 보존한 자신들의 옷차림을 매우 자랑스러워하면서 중국인들의 반응을 살폈고, 조선 사신들의 복장을 보고 부러워하며 눈물을 흘리거나 중화의 제도가 아닌 현재의 복식을 부끄러워하는 중국인들의 모습을 여행기에 자주 기록했다. 이는 병자호란 이후 조선에서 존명배청(尊明排淸)의 의리를 실천하기 위한 방도의 하나로 송시열 등에 의해 '의관 제도 개혁'이 제창된 사실과 깊은 관련이 있었다."

조선은 명나라가 망한 이후 중화 문물을 보존하고 있는 천하 유일의 '소중화(小中華)'이므로, 의관 제도를 더욱 철저히 중화의 제도로 정비함으로써 명나라에 대한 의리를 지키는 한편, 장차 중국에 한족(漢族)에 의한 국가가 수립될 때까지 중화 문물을 지켜 나갈 시대를 짊어지고 있다는 것이다. 따라서 조선의 의관 제도 중 고려 시대 이래 몽골의 비루한 제도를 답습하고 있는 양반 여성들의 저고리와 머리 모양을 중화의 제도로 고치고 남녀 아동들의 땋은 머리를 쌍상투(쌍계, 雙紒)로 바꾸며, 당시 풍속인 갓 대신 중국식 관(冠)을 쓰자는 등의 주장이 주로 노론계 학맥을 통해 면면히 이어져 왔다.[34] 홍대용 역시 '이러한 의관 제도 개혁론'에 공감하고 이를 적극 실천하고자 했다.

청의 강희제는 이러한 조선의 처신에 대해 유연하게 받아들였다. 천하를 지배하는 황제로서 천하 만민을 너그럽게 받아들이는 포용력을 연출하는 차원에서였다. 청나라 황제를 알현하러 가는 길에 망국 명나라의 영향이 많은 조복을 걸쳤을 때, 만주족의 청의 황제와 대신들이 조금이라도 불쾌하게 여겼으면 그 상황이 지속될 수 있었을까. 그래도 조선 사대부들은 명에 대한 의리나 명분을 지킨다는 자세를 견지하였으니 참으로 답답할지어다. 아니 중국에서 우리를 동이(東夷)라 해서 오랑캐의 일종으로 보고 있는데, 청나라의 만주족을 보고 오랑캐라 멸시하는 꼴이라니 참으로 웃기는 장면이 아닌가.

조선의 입장에선 만주족이 중원을 지배하고 있는 현실을 어쩔 수 없이 받아들여야 했다. 어차피 명나라든 청나라든 조선의 입장에서는 자주 국가가 아닌 이상 조공을 바칠 대상만 바뀌었을 뿐이다. 중국의 황제 자리를 어느 민족이 차지하든 조선의 처지는 그냥 그대로 조공국이었다. 그런데 유독 조선의 사대부들은 명나라에만 사대의 예를 다해야 한다고 그렇게 고집을 부렸는지 아무리 생각해도 의아하다. 더욱이 이미 망해 버린 명나라 대신 청나라가 명실상부한 천하의 주인이 되어, 변방 국가로부터 조공을 받는 상황에서 우리 조선의 그 잘난 사대부들은 스스로도 오랑캐인 주제에 청나라를 오랑캐라 경멸하고 망국 명나라에 목을 매었단 말인가. 청이 천하의 주인이 된 현실에서 조선이 앞으로 어떤 방향으로 나아가고 대청 외교를 어떻게 전개할 것인가를 인식할 필요가 있었다. 그리고 새로운 국제 질서에 어떻게 적응할 것인가를 심각하게 고민하고 장기적인 관점에서 근본적인 해결책을 모색해야 했다. 허세나 명분이 아닌 철저한 국익을 챙기는 실리 외교를 추구해야 했다.

하지만 명나라가 사라진 상황에서 조선이 홀로 강력한 유교 문명을 견지하고 있다는 자부심이 소중화 의식을 충만하게 했는지 모른다. 언젠가 청나라가 사라질 때를 대비하여 유일한 유교 문명국 조선이라도 천하의 유교의 보루가 되어 유교 문화가 다시 꽃피는 날을 준비해야 한다는 사명감에 젖어 있었을지도 모른다. 앞에서도 언급하였듯이 당시 조선의 지식인들은 이전 유목계 왕조들이 오래 가지 못했던 역사를 단단히 기억하고 있었다.

중원의 한족이 아닌 변방의 오랑캐 만주족이 가까운 시일 내에 사라지고 다시 정통 한족 정권이 들어설 것을 고대하고 있었다. 다시 들어서는 한족 정권이 조선이 한족 중심의 유교 문명 유지에 헌신한 노력을 기억해 주고 고마워하길 기대하였는지 모른다. 그러나 현실은 너무나 달랐다.

소중화 의식에 절어 있던 이 땅의 사대부들은 만주족의 청나라가 오랑캐의 수준 낮은 문화를 갖고 있다고 여겼다. 그런데 그들이 그렇게 경멸했던 청이 지금까지 중국을 지배한 어느 제국보다 문화의 융성 시대를 만들어 냈으니, 그 충격과 파장은 엄청났다. 조선에서 청나라에 파견된 연행 사절단이 북경을 오가면서 목격한 대국의 문물은 상상을 초월하는 수준이었다.

대의명분

그렇게 조선의 사대부들이 숭명반청(崇明反淸) 사상이라는 실로 무의미한 그 명분에 젖어 불필요한 전쟁을 초래하여 애꿎은 백성들만 그 피해를 고스란히 입었다. 병자호란 당시 남한산성에서 인조와 그 세력들이 40여 일 버티고 있을 때, 조선군의 보호를 전혀 받지 못했던 백성들이 속절없이 유린당했다. 그러한 상황에서도 오직 대명 사대 의식이라는 명분만 추구하던 조선 사대부들의 허울 좋은 지조라니. 박지원을 비롯한 북학파들은 청의 존재를 깊이 인식하고, 그 선진 문화를 과감히 수용하여 이 나라를 발전시키자고 주장한다. 하지만 집권 세력은 여전히 망국 명나라만 받들어야 한다고 외치고 있었다.

박지원은 소설 『허생전』에서 당시 양반들의 허세와 대의명분을 통렬하게 비판하고 있다. 박지원의 생각처럼 효종이 북벌론을 주장한 것은 당시 조선과 청의 현실을 철저하게 외면한, 지극히 어리석은 만용이었다. 만약 효종의 희망대로 조선의 군사들이 청나라로 쳐들어갔다고 가정해 보자. 군세가 어디 비교나 될 것인가. 예를 들어 조선의 10만 군사가 중국으로 들어갔다면 그 군사들은 어찌 되었을까. A.D 612년 고구려를 공격하던 수양제가 동원한 병력이 2백만이었다. 수양제 당시와 도저히 비교할 수 없이 강대한 청나라의 국력을 감안하면 조선의 10만 군사는 중국에 가자마자, 제대로 힘 한 번 써 보지 못하고 그냥 전멸당했으리라. 지금도 전쟁 불사를 외치는 정치인들을 보면 조선 시대 허세를 부리던 사대부들이 떠오른다.

다시 백이·숙제의 이야기도 돌아가자. 사마천은 역사의 주인공을 인간이라고 보았다. 그래서 『사기』 열전에 다양한 인간 군상을 역사의 전면에 내세웠다. 그랬던 그가 백이숙제의 처신이 얼마나 비현실적인가를 몰랐을까. 보통 사람들이 받아들이기 어려운, 결벽에 가까운 두 사람의 처신을 굳이 열전 70권 중 첫 번째에 배치한 이유가 무엇이었을까. 굳이 추론해 본다면, 권세에 눈이 멀어 오직 권력자만 바라보면서 부귀를 탐하고 가렴주구(苛斂誅求)를 일삼다 결국 패가망신하는 사람들에 대한 경고가 아닐까 한다.

그리고 사마천이 「백이열전」을 『사기』 열전의 첫 부분에 당당하게 실어 놓은 것은, 사마천 자신이 현실 정치에서 가장 치욕적인 궁형을 당한 엄청난 고통과 아픔을 겪어 오히려 이상적인 정치 상황을 꿈꾼 것 때문이리라. 한 무제의 심기를 건드려 가면서까지 이릉을 옹호한 자신이 정당한 평가를 받지 못하고 어이없는 형벌을 겪었다는 점 때문에 분노한 것은 아니었을까.

이런 현실에서 인간의 덕행이 무슨 소용인가를 강력하게 설파하고 있다. 사마천이 살던 한 무제 당대에 대한 우회적이면서도 강력한 비판이 드러난다. 백이와 숙제는 너무나 깨끗한 절개를 가진 훌륭한 인격의 소유자이고, 안연은 공자가 가장 아꼈던 학자가 아니던가. 그리고 도척은 천하의 불한당이 아닌가? 그렇다면 도척이 천벌을 받아야 하지 않는가? 그럼에도 백이와 숙제는 굶어 죽고, 안연은 끼니를 제대로 잇지도 못하고 젊은 나이에 죽었다. 반면에 도척은 떵떵거리며 배불리 먹고 살아갈 수 있다는 현실을 사마천은 도저히 받아들이기 어려웠다. 적어도 사마천의 관점에선 백이와 숙제가 정당한 평가를 받아야 했다.

사마천 자신이 이릉의 화에 연루되었을 때, 이릉의 편에 서서 변호한 행위는 충분히 있을 수 있는 일이었다. 하지만 조정의 관리들 그 누구도 사마천을 변호해 주지 않고 철저하게 외면했다. 오히려 사마천 자신이 궁형을 당하는 어이없는 현실에 절망하여 그러한 자문(自問)을 하지 않았을까. 젊은 장수 이릉이 초기에 5천 명의 군사를 끌고 흉노족 정벌에 나서 초기에 연전연승하여 한 무제와 대소신료들이 한껏 고무되었고, 이릉에 대한 찬양가가 조정에 가득 울려 퍼졌다. 그러다가 어느 순간 수만 명의 흉노 대군에게 포위되어 불가항력으로 항복하였을 때, 급변한 신하들의 참소와 한 무제의 분노에 홀로 당당하게 이릉의 편을 들었던 사마천이다. 그런 그가 도리어 궁형을 겪었으니 천도(天道)의 존재에 대한 의구심이 강하게 들 수밖에 없었다.

일제와 분단 현실

우리 현대사도 정의가 과연 있긴 있는가 하는 의문이 들 때가 많다. 일제 식민지하에서 나라를 되찾아 오기 위해 모든 것을 바친 독립군 후손들은 가난에 허덕이고, 반면에 일제에 협력하면서 같은 민족을 학대한 친일파들의 후손들이 대를 이어 이 사회 곳곳에서 떵떵거리고 살아온 우리 현실 말이다. 사마천이 살던 시대나 수천 년의 시공간을 넘어 21세기 현대 사회도 정의로운 천도(天道)가 제대로 작동되지 않고 있으니 무얼 탓하겠는가!

정의로운 행동이 반드시 보답을 받는 것이 아님은 요산 김정한 선생의 소설 『수라도(修羅道)』에 절절하게 나타나 있다. 일제에 빼앗긴 나라를 되찾기 위해 온 일가가 희생하였지만 돌아온 현실은 참으로 비참했던 아수라장 같은 당시 시대 상황이 적나라하게 나타나 있다. 1969년 6월 『월간문학(月刊文學)』 8호에 발표되었던 작품이다. 가야 부인이라는 한 개인의 생애를 중심으로, 낙동강을 배경으로 한 허씨 문중의 가계와 오봉산 밑 촌락의 변화를 통하여 한국 근대사의 변천을 보여준 작품이다. 이 작품은 제목이 암시하듯 주인공 가야 부인의 지난하고 고통스런 삶의 역정을 오롯이 드러내고 있다.

주인공 가야 부인의 시할아버지는 왜놈이 주는 합방 은사금이라는 것을 거부하고 밉보인 탓에 서간도로 떠나 훗날 시신으로 돌아오고, 시아버지 오봉 선생은 아버지를 찾기 위해 만주를 헤매지만 가산만 탕진한다. 3·1 만세 운동이 일어나 시숙인 밀양 양반을 잃은 뒤 서생인 남편 명호 양반을 대신해 온갖 집안일을 도맡아온 가야 부인은 십여 년의 세월이 지난 뒤 집안에서 가모(家母) 대접을 받는다. 오봉 선생은 태평양 전쟁이 고비에 다다를 무렵 한반도 사건이라는 애국지사 박해 사건에 연루돼 고초를 겪다 출옥 후 누운 채 칠십 고령으로 세상을 떠난다.

이 나라 이 민족을 위해 희생한 시가 어른들이 일제에 저항한 결과 집안 전체가 풍비박산이 나고, 악질 친일분자들이 경찰서장으로, 국회의원까지 되는 이러한 현실이 아수라장의 수라도 모습이 아니겠는가. 광복이 되었지만 남편 명호 양반이나 일본 유학에서 돌아온 막내아들은 출세하지 못한다. 오히려 동포를 악랄하게 괴롭혔던 친일 경찰은 출세 가도를 달린다. 고등계 경부로 있던 참봉집 맏아들이 피신해 있다가 경찰 간부가 되고, 국회의원에 선출된다. 가야 부인은 멀리 포성이 울리자 모든 것을 뒤로 하고 최후를 기다린다. 결국 6남매의 어머니로, 며느리와 손자를 거느리게 된 수난의 여인상 가야 부인은 8·15 광복을 맞이하고도 그동안의 행적에 대한 보상도 전혀 받지 못하고 숨을 거둔다.

조국을 위해 희생한 사람들의 상징인 가야 부인의 삶의 행적을 보라. 이래도 하늘이 선한 일을 하는 사람에게 복을 준다는 것인가. 그럴 일이 절대 있어서도 안 되지만 혹시라도 다시 이 나라가 남의 식민지가 되거나 큰 국난을 겪을 때 누가 자신의 모든 것을 걸고 독립운동을 하거나 국가와 민족을 위해 희생하려 하겠는가. 우리네 역사에서 경험한 학습 효과가 그 얼마나 큰가. 해방 조국에서 독립군 후손들이 겪어야 하는 고초를 익히 알고 있는 우리들이 만에 하나 다시 이전처럼 제국주의에 침탈된다면 자신의 목숨을 바쳐 이 나라를 위해 기꺼이 희생할 사람이 다시 나올까.

사마천이 그렸던 역사적 배경이나 상황에서는 아무리 보아도 천도가 제대로 작동한다고 믿을 수 없었다. 사마천이 보기엔 천도가 정상적으로 행해지지 않고, 오히려 그 반대의 일들이 너무나 쉽게 발생했다. 사마천이 살던 시대나 지금이나 사람 사는 세상의 원리는 큰 변화가 없는 듯하다. 오히려 우리가 살아가는 21세기 정보화 자본주의 세계에서 천도는커녕, 오직 자신의 이욕에만 혈안이 된 자들이 최후의 승자가 되는 경우가 너무나 많다. 자본이 인간 세상을 강력하게 지배하여 그 자본이 오히려 천도를 결정하고 천도의 방향을 설정한다. 간단히 말해 자본이 천도인 시대가 되었다.

그리고 그 자본을 획득하기 위해 수단과 방법을 가리지 않고 상대방을 찍어 누르는 비열한 방법을, 일말의 양심의 가책도 느끼지 않고 잔인하게 행한다. 그리고 자본을 획득하여 상류 사회에 진입하는 순간 강력한 진입 장벽을 세워 다른 사람들에게는 상류 사회에 진입할 기회조차 주지 않는다. 정의가 반드시 승리하고 악을 행한 자는 벌을 받아야 한다는 정의로운 천도(天道)는 도저히 찾아볼 수 없는 슬픈 현실이 되었다. 오직 수단과 방법을 가리지 않고 다른 사람을 이겨 자신의 행복만을 추구하는 현실 말이다.

지조와 절개를 지키는 사람에게 그에 합당한 평가나 보상이 주어지지 않는 현실에서 천도를 기대하는 것은 어차피 무리일지 모른다. 그렇다고 해도 백이와 숙제의 왕위 양보와 절개·지조를 폄하해선 안 된다. 우리 역사에서 지조와 절개를 지킨 사람이 어디 흔하든가. 그리고 지조와 절개를 지켜 역사에 남은 인물이 그가 살던 당대에 온당한 평가와 대우를 받기보다 끔찍한 형벌을 받아 비참하게 생을 마친 사례가 흔하다. 그래서 자신의 목숨을 걸고 지조와 절개를 지킨 사람을 높이 평가해야 한다.

지조론(志操論)

조지훈의 『지조론』에 다음과 같은 글이 있다.

"지조란 것은 순일한 정신을 지키기 위한 불타는 신념이
요, 눈물겨운 정성이며, 냉철한 확집이요, 고귀한 투쟁이기
까지 하다. 지조가 교양인의 위의를 위하여 얼마나 값지고,
그것이 국민의 교화에 미치는 힘이 얼마나 크며, 따라서 지
조를 지키기 위한 괴로움이 얼마나 가혹한가를 헤아리는 사
람들은 한 나라의 지도자를 평가하는 기준으로서 먼저 그
지조의 강도를 살피려 한다. 지조가 없는 지도자는 믿을 수
가 없고, 믿을 수 없는 지도자는 따를 수가 없기 때문이다."

그러나 이와 같은 지조를 지킨 사람들의 이름이 세상에 널리 알려지지
않는 경우가 많았으니 참으로 안타깝다. 전제 군주가 지배하는 고대나
중세 시절 왕조 사회에 출사하는 사대부들 중에 지조를 지켜서 후세에 큰
본보기가 된 사람들이 드물다. 이것을 보면 지조를 지키는 것이 얼마나
어려운지 이해할 수 있다. 그런데 지조를 지킨 사람들의 비참한 말로를
역사책에서 접하면 과연 그렇게까지 해서 지조를 지켜야 하는지 의문이
들기도 하다. 실제로 우직하게 지조만 지킨다고 제대로 평가되고 인정받
는 세상이 아니다. 그리고 수단과 방법을 가리지 않고 치부나 하고 한 자
리를 차지하는 사람들의 눈에는 고고하게 지조를 지키며 사는 사람들이

오히려 우습게 보일 것이다.

조지훈의 지조론을 접하면서 가끔 이런 생각을 하게 된다. 요즘 우리 사회 정치인들 중에 국민들에 대해 지조를 지키는 사람이 얼마나 될까. 겉으로는 국민을 그렇게도 쉽게 자주 입에 올리는 정치인들에겐 필시 국민이 지조를 지키는 대상이 될 텐데, 그들이 진정으로 국민에게 지조를 지키고 국민을 위해 제대로 된 정치를 하는 것일까. 국회의원 한 자리 하려고 저렇게 혈안이 된 자들이 과연 국민에 대한 지조, 국민에 대한 충성심이 있기나 할까. 여야를 막론하고 진심으로 국민의 삶을 걱정하고 국민들의 먹고 사는 문제를 깊이 고민하여 우리들의 삶의 질을 제고하는데 전력을 기울일 사람이 몇이나 있을까. 사마천이 말한 천도(天道)까진 아니라 해도, 그들이 정치하는 목적이 분명 국민들의 복된 삶을 만드는 것에 있을진대, 그렇게 비치지 않은 것은 나의 시선이 삐딱해서 그럴까.

선거 때만 되면 그렇게도 국민들을 위해 정치하겠노라고 목놓아 외치던 사람들이 막상 당선되면 목에 힘이 잔뜩 들어가 국민들 허파를 뒤집어 놓았던 일이 얼마나 많았던가. 요즘은 국민들의 수준이 높아져 정치인들의 행동들이 코메디처럼 보인다고 하지만, 어쩌랴 우리 국민들의 삶을 지배하는 법률을 그자들이 만드는 것을. 더 웃기는 것은 국회의원이나 지방의원들이 자신의 수당을 자신들이 담합하여 인상하는 일이 언론에 심심찮게 보도된다. 국민들이 도저히 통제할 수 없는 일이 비일비재하다. 국민들의 수준이 높아졌다곤 하지만 2류 3류 정치인들은 무대 뒤에서 희희낙락하며 우리를 비웃지 않는다고 누가 장담할 것인가. 그들이 국민들에게 지조를 지키기를 기대하는 것은 실로 난망한 일인가.

성삼문의 절개

지조하면 널리 알려진 인물 성삼문이 있다. 태어날 때 하늘이 세 번이나 물었다고 해서 이름도 삼문(三問)으로 지은 매죽헌 성삼문은 사육신의 한 사람이다. 그는 수양대군의 계유정난 이후 정국에서 단종 복위 운동을 시도하다가 사전에 발각되어 혹독한 고문을 받아 처형되었고 결국 멸문지화를 당하고 말았다. 사육신을 비롯하여 단종 복위에 관련된 숱한 사람들이 자신은 물론 집안 전체가 그야말로 쑥대밭이 되어 버렸다. 세종의 아들인 문종이 제위에 오른 지 2년 6개월 만에 붕어하고 어린 단종이 12세 나이로 후사를 이었으나 권력욕에 불타는 수양대군의 마수를 벗어날 순 없었다. 성삼문은 수양이 단종을 폐위하고 왕위를 찬탈하자 세상을 한탄하는 시조를 지었다.

"수양산 바라보며 백이숙제 한탄하노라. 주려 죽을지언정 고사리는 어디에 난 것인가. 아무리 푸새엣 것인들 그 뉘 땅에 났더니."

그리고 한시도 있는데, 성삼문이 중국 연경에 사신으로 갔다가 백이숙제의 묘를 보고 지었다는 「제이제묘(題夷齊廟)」이다.

당시 주무왕의 말고삐 잡고 감히 부당함을 간하고,
그 대의는 너무도 당당하여 일월처럼 빛나지만,

그대 살던 곳의 초목 또한 주 임금 은혜에 젖었으니,
수양산 고사리 캐어 먹은 그대들 부끄러워야 하리.

성삼문의 주장은 이렇다. 백이와 숙제가 절개를 지키려 하였다 하나 수양산도 주나라 땅이고 그 땅에 난 고비도 무왕 천하에 소재한 것이니, 그 산에 자라는 고비를 따먹다 굶어 죽은 것이 부끄러운 일이 아닌가.

이 장면에서 새삼 떠오르는 추억 하나 있다. 고교 시절에 어느 친구가 선생님께 고비와 고사리의 차이점이 무엇인가에 대한 질문을 던져 수업 시간 내내 고비와 고사리에 관한 이야기를 지루하게 들었던 기억이 아스라하다. 당시 선생님께서 시골 출신이셔서 고비와 고사리의 차이를 자신 있게 설명해 주셨다. 그리고 입시에서 고비를 고사리로 착각하면 안 된다는 것을 강조했다. 그러나 당시 선생님의 말씀을 들었을 때나 지금이나 고사리와 고비의 차이를 잘 이해하지 못한다.

고사리와 고비 차이에 대한 설명은 지루하게 하시다가 정작 중요한 사실은 제대로 말씀하시지 않으셨던 것 같다. 백이숙제가 고비를 뜯어 먹다 굶어 죽은 행위가 무엇을 의미하는지 말이다. 선생님께선 수양산이 중의적이고 성삼문의 절개가 강하게 반영된 시조라는 사실은 분명히 말씀하셨다. 하지만 백이와 숙제의 행적이나 그들의 최후가 갖는 의의는 언급하지 않았거나 가볍게 넘겨 버렸던 것 같다. 군사독재 시절이라 선생님도 은근히 회피하셨을까. 아니면 백이숙제 관련 역사적 배경을 충분하게 이해하지 못하셨을까.

조카 단종을 시해한 수양대군에 맞서 절개를 지키다가 자신과 가족 그리고 삼족이 참혹한 멸문지화를 겪은 성삼문은 목에 칼이 들어와도 굴하지 않는 사대부였다. 그의 입장에서는 차라리 그냥 굶어 죽을지언정 수양대군이 주는 봉록이나 작위 따위는 결코 받을 수 없었다. 백이와 숙제처럼 하찮은 고비를 뜯어 먹는 것조차도 성삼문의 입장에서는 도저히 수용할 수 없었다. 그리고 백이와 숙제가 당시 군주를 시해하려는 주무왕의 말고삐를 돌리지 못했다면 소극적인 저항을 할 것이 아니라, 그 자리에서 목에 칼을 물고 자진했어야 했다고 강력하게 말하고 있다.

성삼문이 사육신의 한 사람으로서 수양대군을 치고 단종을 복위시키겠다는 시도는 철저히 실패하였다. 하지만 목숨을 걸고 단종 복위 운동을 펼칠 정도로 기백이 가득 찼던 성삼문의 사고방식에선 백이와 숙제의 행위가 얼마나 구구하고 옹색하게 보였을까. 수양산에 들어가 고비는 왜 뜯어 먹는단 말인가. 그냥 죽으려면 장렬하게 사라질 일이지 구질구질하게 주무왕의 천하 수양산 고비를 뜯어먹다 굶어 죽었나 하는 것이 성삼문의 심정이었다.

주의식(朱義植)의 옹호

그런데 성삼문의 이 시조와 다른 뉘앙스를 풍기는 작품도 있다. 숙종 때 남곡(南谷) 주의식이 지은 시조를 보자.[35] 성삼문의 '절의가(絶義歌)'에 화답하는 형식을 빌려 성삼문과는 다른 차원에서 채미(採薇)를 해석한 시조라고 볼 수 있다. 성삼문이 백이와 숙제를 통렬하게 비판하는 모양 새였다면 남곡 주의식 시조는 언뜻 이 형제를 감싸는 듯하게 보인다.

"주려 주그려 ᄒ고 首陽山에 드럿거니, 헌마 고사리 머그려 구븐 줄 애다라 펴 보려고 키야시랴. 物性이 구븐 줄 애다라 펴 보려고 두어라 구븐줄 믜워 펴보려고 키미라.

굶주려 죽으려고 수양산에 들었거니, 설마 고사리를 먹으려고 캤으랴. 본래에 구부러져서 보기 싫어 펴주려고 캔 것이라."

주의식은 백이와 숙제가 고사리를 캐어 먹으려고 하지 않고, 고사리가 굽어 있어서 바로잡으려 했다고 보았다. 성삼문이 백이·숙제의 훼절을 통렬하게 비판한 것에 대하여, 주의식은 형제의 입장을 일정 부분 옹호하고 변명해 주면서 합리화한 것으로 보인다. 이 시조의 표층적 의미는 그렇게 보일지 모른다. 그러나 그 이면적 의미를 깊이 살펴보면 꼭 그런 것은 아니다. 오히려 백이와 숙제의 고사를 빌어 지나친 세상의 혼탁을 간접적으로 탓하고 있다.

주 무왕이 신하의 몸으로 은 주왕을 시해한 것에 대한 항의로 주 무왕의 천하에 살아가는 것을 정면으로 거부하면서 수양산에 들어가 굶어 죽었던 사람들이 아닌가. 그까짓 고사리를 먹었는가가 아닌가가 뭐 그리 중요한가. 백이와 숙제가 어떤 의도로 수양산에 들어갔는가에 초점을 맞춰야 하지 않는가. 주의식의 시조처럼 백이와 숙제는 오히려 고사리의 굽어진 성질이 보기 싫어 펴 보려고 캔 것일 뿐이다. 고사리가 굽어 있다는 것으로 작자 자신이 사악한 세태와 부정한 관리를 비난하는 마음을 우의적으로 비유하여 나타내고 있다.

실제 정치 현실에서는 군주에 대한 신하의 도리로 '충신은 두 임금을 섬기지 않는다.'는 충신불사이군(忠臣不事二君) 같은 절조를 지키는 사례가 오히려 드물다. 오히려 권력을 손에 넣기 위해 수단을 가리지 않고 상대를 무너뜨리는 경우가 허다하다. 관리가 되기 전 학문을 닦을 때는 모두가 나라와 민족을 위하여 정의로운 정치를 할 것을 가슴속에 깊이 간직한다. 하지만 실제 벼슬길에 들어서는 순간, 온갖 권모술수로 자신의 욕망과 부귀를 추구하게 되는 사람들을 은근히 빗대어 전개한 것이 아닐까. 남곡의 시조를 처음 접할 때는 백이와 숙제를 위한 어설픈 변명이라는 생각이 들었다.

그런데 이 시조를 몇 번 곱씹어 보면서 생각이 점점 달라진다. 남곡 정도의 인물이 그렇게 가볍게 변명하거나 옹호하는 따위를 입에 올릴 리가 없다. 좀 더 나이가 들고 세월이 가면서 삶에 대해 되돌아보고 깊이 생각해 보니, 이 시조가 새롭게 다가온다. 불의가 판치는 현실에서 목숨을 초개처럼 버리면서 지켜야 할 절조도 지극히 아름답다. 하지만 굽은 것을 펴 보려고 캐 본다는 그 마음도 또한 아름답지 아니한가. 대쪽 같은 절개를 강조하면서 주 무왕의 천하의 일부인 수양산에 나는 그 사소한 고사리조차도 먹으면 불가하다는 성삼문의 강력한 호통도 감동을 주지만, 남곡의 절묘한 비유도 또한 많은 것을 생각하게 한다. 세상을 보는 시각이나 자신의 이상을 실현하는 방법이 어찌 한 가지뿐이랴!

주공 단(旦)

그런데 백이숙제에겐 지나치게 이상적인 명분에 빠져 혁명을 도외시했다는 비판도 많다. 주 무왕을 도와 은 주왕을 격파했던 주공은 백이·숙제의 가치관에서 본다면 대척점에 선 인물이다. 신하는 어떤 상황에서든 군주를 시해하면 안 된다는 지극히 이상론적인 관점은 주공의 입장에서 결코 받아들이기 어렵다. 폭군 은 주왕이 주지육림(酒池肉林)이나 즐기고, 포락지형 같은 잔인한 형벌을 자행하였다. 그리고 충간하는 신하들을 죽여서 포를 뜨거나, 소금에 절여 천하의 제후들을 공포에 떨게 하였다. 그 주(紂)왕을 몰아내기 위해 형 주(周) 무왕과 함께 군사를 일으킨 주공이다.

그리고 공자가 꿈에서조차 만나고 싶었다던 주공! 그 주공이 인재를 구하고자 머리를 감다 세 번 나온 일과 밥을 먹다가 세 번 뱉었다는 고사 일목삼착(一沐三捉)과 일반삼토(一飯三吐)가 유명하다. 인재는 오는 것이 아니라 찾아다니는 것이며, 그냥 무작정 기다리는 리더에게 탁월한 인재가 찾아오지 않는다. 국정에 반드시 필요한 뛰어난 인재를 어떻게 발탁해야 하는가가 주공의 국정 수행에 핵심적인 관심 사항이었다.

주공은 친형 무왕 희발을 도와 은나라를 정벌하고 주 왕조를 창립하는 데 결정적인 공을 세웠고 이름은 희단(姬旦)이다. 그는 무왕을 도와 봉건제도를 창안하고 이를 위해 주례로 대변되는 예악을 제정했다. 주공은 왕조의 기틀을 다지는 데 혼신의 힘을 쏟았다. 무왕이 죽자 직접 왕권을 장악하라는 주변의 유혹을 뿌리치고 대신 무왕의 어린 조카 성왕(成王)을 보좌하는 길을 택했다. 그 후 성왕에게 통치 기술을 가르치기 시작했다. 그러나 주공이 섭정직에 오르자마자 그의 세 동생 관(管)·채(蔡)·곽(霍)과 몰락한 은(殷)의 후계자 무경이 이끄는 대규모 반란이 일어났다.

그리고 반란을 진압한 뒤 조카인 성왕이 열아홉 살이 되자 깨끗하게 권력을 돌려준다. 후세 사람들에게 높이 평가되는 부분이다. 천하의 권력은 부자지간에도 나누지 않는 법인데 주공은 어린 조카 성왕에서 권력을 돌려주고 신하의 위치로 돌아간다. 역사적으로 주공처럼 권력을 본래대로 돌려놓는 사례는 극히 드물다. 오히려 무리하게 권력을 찬탈하려다 온갖 무리수를 두면서 엄청난 피해자를 양산한 사례가 훨씬 많았다. 그리고 수양대군의 사례에서 보듯이 강력한 권력을 행사한 주공이 스스로 제위에 올라 그 권력을 마음껏 누린다 해도 별 무리가 없었다.

주공이 조카 성왕을 대신하여 섭정하다가 성왕이 열아홉 살이 되었을 때, 권력을 오롯이 되돌려 준 것과 관련하여 유명한 '금등(金縢)'에 관한 일화가 있다. 금등은 금(金)으로 봉인(封印)했다는 뜻으로 『서경(書經)』 금등(金縢) 편에 나온다. 무왕이 죽고 난 후 아들 성왕이 즉위하고 주공이 섭정을 맡게 되었는데 주공이 무왕을 독살했다는 모함을 받게 되었다. 나중에 성왕은 금등 속에 들어 있던 주공의 글을 보고 그 모함이 잘못되었음을 파악하고 주공의 누명을 벗게 했다. 주공 단의 형인 주 무왕(周武王)이 병들었을 때, 주공(周公)이 단(壇)을 모아 놓고 자신을 대신 죽게 해 달라고 신명께 기도하였더니, 다음 날에 무왕의 병이 바로 나았다.

이러한 사실을 사관(史官)이 기록하여 금으로 봉인한 궤에 간직하여 둔 것을 말한다. 그래서 억울하거나 비밀스러운 일이 있어 이를 후대에 알려 진실을 알게 하는 문서를 금등지서(金縢之書)혹은 금등지사(金縢之詞)라 한다. 주공은 애초부터 조카 성왕을 곤란에 빠뜨릴 생각이 없었다. 오히려 주공은 형님인 주 무왕을 성실하게 보좌하고, 조카 성왕 대신 섭정한 뒤 성왕이 성인이 되자 권력을 온전히 되돌려 준 것이다. 주공이 얼마나 훌륭한 인물인가를 공자의 입을 빌려 확인해 본다.

『논어(論語)』「술이편(述而篇)」에 보면, 공자가 다음과 같이 탄식하는 장면이 나온다.

"심하도다. 나의 노쇠함이여! 내가 다시 주공(周公)을 꿈 속에서 뵙지 못한지도 오래되었도다."

甚矣. 吾衰也. 久矣. 吾不復夢見周公.

주공은 공자보다 600년 전 사람이다. 주(周)나라의 이상 정치를 실현한 인물로 공자가 가장 존경하여 사숙(私淑)한 성인 중 하나다. 공자는 평생 자신의 조국 노나라를 주나라처럼 만들고자 했으며 주공 단을 이상형으로 존경했다. 수천 년 긴긴 세월 중국을 비롯한 동양 한자 문화권에서 공자의 위상이야 논할 필요도 없이 위대하다. 위대한 인물 공자가 주공을 흠모 대상으로 삼았다니. 주공은 주대(周代) 문화의 기초를 닦고 덕치를 펼쳤던 위대한 치자(治者)이면서 위대한 사상가였다. 그리고 주공은 인간의 이성을 바탕으로 학문과 도덕을 발전시켜 사회를 개명하게 하는 동시에 인간 윤리의 기틀을 마련했다. 그런 주공이 설계하고 만들어 간 주나라가 잔학무도한 은나라 주왕을 토벌할 수 없다는 논리가 과연 타당한 견해일까. 정상적인 행정 시스템이 작동되는 상황이고, 임금이 백성을 진정으로 사랑하는 나라라면! 백이와 숙제가 말하는 것처럼 신하의 군주 시해는 분명 심각한 문제가 된다.

주지육림(酒池肉林)

그러나 은 주왕은 자신에 충언하는 신하를 포락지형(炮烙之刑)에 처하는 잔혹한 군주였으며, 달기(妲己)라는 여인에게 빠져 정사를 돌보지 않았다. 포락지형은 불에 달군 쇠로 단근질하는 형벌이다. 은 주왕은 수도인 조가(朝歌)에 녹대(鹿臺)를 설치하여, 백성들로부터 가혹하게 걷은 세금으로 가득 채웠으며, 거교(鉅橋)에는 곡식이 가득 채운 창고를 지었다. 또한 주왕은 또한 달기의 뜻을 받아들여 술로 채운 연못과 고기 안주를 곳곳에 매단 숲을 만들었다.

세상 사람들이 그곳을 주지육림이라 하였고, 발가벗은 남녀들을 데리고 질탕하게 놀았다. 그런데도 신하라는 이유로 군신 관계에 따른 신하의 도리를 다해야 한다고. 그렇게 궁궐에서 흥청망청 세월만 보내고 천하를 도탄에 빠지게 하고, 백성들을 돌보지 않는 군주가 과연 제대로 된 군주인가! 그래도 그 군주를 위해 신하의 도리를 다하고 있어야 한다는 말인가! 당연히 혁명의 이름으로 처단해야 한다. 그런데도 백이숙제 형세는 군신 관계의 엄중함만 강조하여 무왕의 군주 시해를 부정적으로 보았다.

맹자가 옹호하는 역성혁명론의 입장에서 백이와 숙제의 처신을 본다면 아마도 미생의 어리석은 신의처럼 보일 것이다. 상대방과의 약속은 반드시 지켜야 한다는 그 일념 때문에 오히려 목숨까지 잃는 그런 어리석음 말이다. 그리고 맹자가 자신의 학문에서 혁명의 정당성을 강력하게 설파하니 조선 시대에는 맹자가 그리 인기가 없었다는 것을 어느 교수님의 강의에서 들은 적도 있다. 하지만 맹자의 시각처럼 백성을 돌보지 않고 학대하는 군주는 당연히 혁명을 통해 몰아내야 한다. 그저 군주이기 때문에 신하는 어떤 경우든 받들어야 하고, 신하가 어떤 상황에서도 군주를 시해해선 안 된다는 생각은 타당하지 않다. 맹자의 생각을 보자.

『孟子』「梁惠王」에 다음 내용이 나온다.[36]

제선왕이 맹자에게 물었다.

"은나라 탕왕이 하나라 걸왕을 추방하고, 주나라 무왕이 은나라 주왕을 정벌했다고 하는데, 그러한 일이 있었습니까?"

라고 하니, 맹자께서 대답하여 말하기를, "옛 기록에 있습니다."라고 하였다. 제선왕이 답했다.

"신하가 임금을 죽일 수 있습니까?"

라고 하니, 맹자께서 말했다.

"인자함을 해치는 자를 적(賊)이라 일컫고, 정의를 해치는 자를 잔(殘)이라고 일컬으며, 잔과 적을 다 범한 사람을 한 나쁜 사내라고 하니, 한 나쁜 사내인 주(紂)를 베었다는 말은

216

들었지만, 임금을 시해하였다는 말은 듣지 못했습니다."

聞誅一夫紂矣, 未聞弑君也.

　　이런 생각을 가진 맹자가 백이와 숙제의 처신을 목격하였다면 아마도 그들의 어리석음을 비웃었을 것이다. 세상이 워낙 약속을 쉽게 저버리니 그러한 세태에서 그나마 약속을 지키겠다는 그 마음씨야 그 자체로 아름답긴 하지만, 그렇다고 폭군 은 주왕을 치러 가는 주 무왕의 정벌 군대를 막고 반대하다가 급기야 수양산에 들어가 굶어 죽는 것은 너무 지나치다. 만약 백이와 숙제가 현대에 살아서 그렇게 절개를 지키겠노라고 굶어 죽는다면, 요즘 사람들 눈에 그들의 행위는 미생의 맹목적인 신의와 똑같이 손가락질을 받지 않을까!

계유정난(癸酉靖難)과 신숙주

우리의 역사에서 신하가 군주를 몰아내고 권력을 찬탈한 사례가 꽤 있다. 그중에 계유정난을 일으켜 조카 단종을 축출하고 조정의 신하들을 도륙하여 권력을 쟁취한 수양의 왕위 찬탈한 것이 대표적이다. 물론 수양대군이 단종의 숙부이니 조금은 특별한 관계일 수 있으나 엄연히 신하였다. 사육신이 주도한 단종 복위 운동이 실패하고 참혹한 고문에 시달리면서도 죽음으로써 항거한 성삼문의 절개는 아무리 시대가 바뀌어도 그 가치가 손상되지 않는다. 원칙을 지키고자 하는 인간의 높은 품격 자체다. 백이와 숙제조차 가소롭게 여긴 성삼문의 절개는 길이 역사의 커다란 교훈을 준다.

성삼문을 언급하면 함께 따라오는 인물이 있으니, 바로 신숙주다. 신숙주는 뛰어난 재능을 소유하여 세종의 총애를 받았다. 그런데 신숙주가 단종을 배신하고 수양대군을 따르는 바람에 훗날 사람들에게 변절의 전형으로 혹평을 받게 된다. 신숙주의 행위를 풍자하는 말에 '숙주나물'이 있을 정도이다. 그렇다면 숙주나물은 무엇이기에 신숙주가 그렇게 좋지 않은 오명을 썼어야 한 것일까.

여기에는 다음과 같은 내력이 전한다. 한국문화대백과사전에 따르면 세조 때 신숙주(申叔舟)가 단종에게 충성을 맹세한 여섯 신하를 고변(告變)하여 죽게 하였다. 그래서 백성들이 그를 미워하여 이 나물을 숙주라

이름하였다. 그것은 숙주나물로 만두소를 만들 때 짓이겨서 만들기 때문에 신숙주를 '나물 짓이기듯이' 하라는 뜻이 담겨 있다 한다. 실제로 백성들이 그런 마음으로 신숙주를 으깨듯이 만두 속에 들어가는 나물을 짓이겼는지는 의문이다. 숙주나물이 그렇게 오명이 될 대상인 것도 또한 의문이다. 멀쩡한 나물에다 그런 오명을 씌운 사람들의 의도까지는 알 수 없지만, 변절한 인물을 경계하고자 하는 그 마음은 이해할 수 있다.

숙주나물은 요즈음에는 밥상에 흔히 오르는 반찬 중의 하나이다. 그러나 조선 시대에는 봄이나 여름철에 어른의 생신날 아침상에 주로 올렸다. 그리고 돌날 점심에 손님들이 받는 국수 상에 올리던 반찬이었다. 숙주는 콩나물에 비하여 열량은 떨어지는 편이나 비타민A는 콩나물보다 훨씬 많다. 비타민이 콩나물에 많이 함유된 숙주나물에 신숙주의 변절을 가미한 것은 어이없는 일이지만 말이다. 숙주나물이 사람처럼 생각이나 하는 존재였다면 인간 사회를 원망하였으리라.

그런데 수양대군 통치하에서 신숙주의 삶과 공적을 판단하면서 그냥 '변절'이라고 한마디로 간단하게 평가할 수 있을까. 무엇보다도 단종은 옳고, 수양대군은 틀렸다는 관점이 맞는 것인지, 사육신과 다른 길을 걸어간 신숙주의 삶을 단정적으로 변절이라고 판단할 수 있을지는 필자도 자신이 없다. 신숙주가 원칙과 현실 사이에서 숱한 고민으로 불면의 시간을 보내지 않았을까. 물론 해당 인물의 입장을 일일이 고려하면서 평가한다면 역사상 대부분 인물들에게 면죄부를 줄 수 있는 위험성은 있다. 민족이나 국가를 배반한 사람들 그 누구든 할 말이 반드시 있을 것이니 말이다. 어쨌든 변절은 그 무엇으로도 변명할 수가 없는 매우 부정적인 행위이다.

시불(詩佛) 왕유(王維)

문학 작품을 통해서 자신의 절의를 나타내는 경우도 있다. 중국 역사상 유명한 시인 왕유는 시불이라 하여, 시선(詩仙) 이백, 시성(詩聖) 두보와 함께 중국의 서정시 형식을 완성한 3대 시인으로 인정받았다. 그의 「춘계문답(春桂問答)」이 유명하다.[37]

봄 계수나무에게 묻노니	問春桂
복숭아 오얏나무 지금 꽃 피어 한창이며	桃李正芳華
봄빛이 이르는 곳마다 가득한데	年光隨處滿
무슨 일로 홀로 꽃이 없는가?	何事獨無花
봄 계수나무 대답하기를	春桂答
봄꽃이 얼마나 오래가리오	春華詎能久
바람과 서리에 흔들려 잎이 질 때	風霜搖落時
홀로 빼어남을 그대는 모르는가?	獨秀君知不

이 시에서 계수나무에 왜 꽃이 없느냐는 물음에 봄날에는 어느 나무나 꽃을 무성하게 피우겠지만, 바람과 서리가 몰아치는 험난한 시절이 오면 그 무성한 꽃들은 다 사라진다고 답한다. 하지만 계수나무는 바람이 불고 서리 내리는 날에 홀로 살아남는다며 세상에 빼어난 존재는 오직 자신뿐임을 내세우고 있다. 태평성대 시절에는 모두들 자신의 향기를 가득 드러내지만 정작 고난의 시기에는 사라져 버리는 존재로 복숭아와 오

220

얏나무로 인간 세태를 비유하고 있다. 계수나무에 자신을 빗대어 험난한 시절에도 지조와 절개를 지킬 것을 은연중 나타낸다.

시인은 문학 작품을 통해 고도의 상징과 비유를 써서 자신의 생각을 표현한다. 왕유가 자신의 의사를 직접적으로 표현하지 않았지만, 여기에 등장하는 '복숭아, 오얏나무, 봄빛, 바람과 서리 등'을 통하여 당대 현실에 대한 의식을 고스란히 드러내고 있다. 우리도 그의 시를 감상하면서 왕유가 살던 시대를 추체험하듯이 접하게 된다. 물론 왕유가 이 시에서 조선의 성삼문처럼 비분강개하거나 절의를 온몸으로 드러내지는 않는다. 그러나 세태에 민감하게 반응하여 가볍게 행동하는 사람들의 처신을 비유하면서 자신은 어려운 시절에 절개는 지킨다는 것을 강조하고 있다.

앞의 시는 중국 당나라 시절 안록산과 사사명이 일으킨 '안사(安史)의 난'이 중국 전체를 거세게 휘몰아치던 시대에 쓴 작품이다. 안록산이 난을 일으켰을 때 수많은 지식인들이 그에게 협력했다. 안록산의 인품에 감동받아 동조한 것이 아니라, 막강한 군사력을 지닌 그의 위세에 굴복했다. 거대한 당 제국의 중앙 집권 체제가 붕괴되고 국력이 쇠퇴하던 시절에 전국 각지의 유력한 군벌이 반란을 일으켰다. 그리고 평소에 부귀영화를 누리던 고관대작들이 반란군의 형세에 짓눌려 협력했다.

당시 왕유도 한때 안록산의 군대에 붙잡혔으나, 약을 먹어 벙어리가 되었다는 거짓말로 벼슬길에 나가지 않고, 시(詩)로 세월을 보냈다. 당시 막강한 권력 실세 안록산의 행보에 협조하지 않겠다는 의도였다. 그때는 현종이 양귀비를 총애하여 정치를 보살피지 않았고, 권신이었던 이임보

(李林甫)와 양국충(楊國忠)이 차례로 집권하던 때였다. 또 환관 고력사
(高力士)가 정치에 개입하여 정치가 몹시 부패했던 시절이었다. 왕유는
간신들이 권력을 독점하는 당시 현실 정치에 발을 디딜 생각이 전혀 없었
기에 관리가 되기를 거부한다.

고력사처럼 환관들은 역사 현장에서 다분히 음습한 정치 음모와 전횡
이미지가 강하다. 사마천의 『사기』 열전에서 진시황 사후에 호해로 권력
이 넘어가는 과정에서 천하의 질서를 무너뜨린 환관 조고가 대표적이다.
중국 역사상 환관의 정치적 폐해가 정말 많았다. 후한 시절에도 당고의
화(黨錮之禍)[38]를 초래하여 나라를 패망의 길로 이끌었던 환관들이 있었
다. 그리고 십상시라 불리는 10명의 환관들이 저지른 패악은 또 어떤가.

평화롭고 안정된 시가와 달리 격동의 정치 혼란기에는 언제 어떻게 될
지 모르는 상황에서 지조와 절개를 지키는 것이 매우 어렵다. 신흥 세력
이 정치의 전면에 등장하여 어떤 노선을 가질 것인가에 대해 명확한 입장
표명을 요구할 때, 그저 세(勢)가 강한 곳으로 가서 부귀영화를 누리려는
사람에게는 절개는 큰 의미가 없다. 자신에게 이익이 된다면 간도 쓸개
도 모두 버리고 권력에 빌붙는다. 순간의 선택이 자신뿐만 아니라, 일가
친척이 멸족하는, 엄혹하고 강고한 전제 군주 치하(治下)라면 그런 처신
이 이해도 된다.

그렇지만 오늘을 사는 우리들이 그렇게 처신하면 정말 곤란하다. 지금
은 고대 왕정 체제가 아니고, 독재 국가 치하도 아니다. 그런데도 눈앞의
이익 때문에 절개도 지조도 없는 정치인이 많다. 당장은 눈앞의 이익 때

문에 절개나 지조가 무의미하다고 생각할지 모른다. 그러나 오로지 눈앞의 이익에 현혹되어 우선 세가 강한 곳에 붙어 자신의 이익을 추구하려다가 결국은 신세 망치는 경우가 많다. 하지만 21세기 정보혁명 시대에 살아가면서 우리가 그렇게 눈앞의 이익에 매여 의리도 가볍게 저버리는 것은 너무나 안타까운 일이다. 그렇게 이익을 추구해 본들 조금만 시간이 지나면 다 무의미하게 되기 때문이다. 세상 사람들이 모두 그렇게 이익에 매몰되어 지조도 절개도 없이 산다고 해도 난 그렇게는 살고 싶지 않다.

김준엽

　진심으로 존경하는 인물 중 진정한 지식인 고(故) 김준엽이 있다. 92세로 돌아가셔서 천수를 다한 셈이지만 격동의 근현대사에 학자로서 선비로서 고결하게 살다간 삶이 우리들에게 커다란 교훈을 주었다. 언젠가 우연히 대학 선배들로부터 그분의 삶을 간접적으로 접하였다. 80년대 대학을 다닐 때 군사독재에 항거하는 민주화 시위에 참여한 선배들에게서 들었는데, 김준엽 총장이 고려대학교 학생처장으로 재직 중 시위를 마치고 돌아오는 고려대 학생들을 위해 라면을 끓여 주었다는 것이다.

　내가 그것을 직접 목격하거나 확인한 것은 아니지만 그 일화를 소문처럼 듣고 그분에 대해 관심을 갖게 되었다. 전두환 정권부터 문민정부까지 훗날 국무총리로 몇 번이나 권유받았지만 결국 관직에 나가지 않았다는 사실도 알게 되었다. 선생은 일제 시대 일본 게이오 대학 유학 시절에 일본군의 학병으로 징집돼 중국 전선에 배치되었다. 그러나 한 달 만에 장준하 선생 등과 함께 일본군을 탈출, 6천 리 길을 걸어 중국 충칭의 광복군에 합류하게 된다. 당시 중국 전선에서 일본군 탈출은 목숨을 걸어야만 하는 위험천만한 것이었으며, 그 장정에서 보여 준 선생의 행동은 용기와 민족애가 돋보이는 사건이었다.

　일본의 명문 게이오 대학에서 유학 중인 김준엽이 일제를 부정하고 그 지난한 길을 걸어간 것은 평범한 사람들은 쉽게 이해하기 어렵다. 일제 식민지 치하에서 일본 명문대학을 졸업하고 귀국하면 얼마나 좋은 자리가 많았던가. 그러나 그는 부귀영화를 거부하고 실로 험난한 독립운동의 길에 뛰어들었다. 출세 지향적 사고가 팽배한 현실에서 부와 명예가 보장된 길을 버리고, 험난한 조국 독립 운동의 길을 걸어간 것은 정말 어려운 선택이었다.

광활한 중국 대륙 안에서 기약 없는 조국 독립 운동을 선택한 김준엽이었다. 그리고 민족과 국가의 독립을 위한 대의를 위해 온몸을 바쳤던 김준엽 선생의 입장에선 총칼로 정권을 탈취한 군부독재 정부의 국무총리는 결코 받아들일 수 없었다. 김영삼 대통령의 문민정부 시절엔 나이를 핑계 대고 총리 자리를 거절했다고는 하지만, 김준엽이 보기엔 문민정부 역시 군부독재 정부와 별반 다르지 않다고 여겨서 거부하지 않았을까 싶다.

일제 치하 일경의 감시가 촘촘한 촉수를 뚫고 김준엽의 탈출 장정(長征)은 그 자체가 위험천만한 일이었다. 설령 일본군을 탈출한다고 해도 중국 어디든 일제 치하 망국의 조선 청년 학도를 기꺼이 받아 줄 곳은 없었다. 언제 잡혀 끔찍한 고문을 당하고 처형될지 모르는 긴박한 현실에서 오직 조국과 민족을 위한 길을 걸어간 행동이었다. 일제 시대 지난한 독립지사의 길을 걸었던 김준엽은 80년대 대학 총장을 하던 시절 전두환 정권하에서의 반독재 투쟁에서 민주화 투쟁을 벌이던 학생들에 대한 처벌을 거부한다.

실제로 당시 대다수의 대학 총장들은 정권에 빌붙어 민주화를 요구하는 동료 교수들을 학교에서 쫓아내거나 학생들을 감옥으로 보내는 데 적극적으로 앞장섰다. 조선의 독립을 위해 험난한 길을 가고, 부와 명예가 보장된 국무총리 자리를 거부하면서 군사독재 정권에 저항한 김준엽의 처신을 알았던 당시 고대 학생들은 총장실 창 너머 길가에 모여서 〈광복군가〉를 불렀단다. 나중에 선생이 정권의 압력을 받아 사임하려고 하자 학생들이 나서서 '김준엽 총장 퇴진 반대운동'을 펼치기도 하는 일이 벌어지기도 하였다고 한다.

김준엽은 광복군으로서 독립 투쟁한 경력에 뛰어난 학자였기 때문에 박정희 정권에서부터 김대중 정권까지 무려 10여 차례에 걸쳐 국무총리 자리를 제의받았으나 번번이 이를 거절하였다. 총리는 '일인지하 만인지상'의 자리로 누구나 탐내는 자리였기 때문에 총리 제안을 거절한다는 것은 분명 흔한 일이 아니었다. 국무총리직 제의에 "고려대학교 총장이 총리보다 높은 자리인데, 어떻게 총장을 하다가 총리가 되나."라고 거절한 일화는 유명하다.[39] 이와 관련해 김준엽은 생전에 "우리 사회에 나 한 사람쯤이라도 벼슬자리에 연연해하지 않고 후학의 존경을 받는 원로가 있어야 하지 않겠는가."라고 담담하게 말한 적이 있다.

실제 일제 치하에 조국과 민족을 버리고 적의 품에 안겨 부귀영화를 누린 지식인들이 부지기수고, 해방 이후에도 군부독재 정권에 부역하여 오랜 기간 이 민족을 절망하게 하였던 지도층 인사들이 적지 않다. 그리고 엄혹한 일제 치하에서 나라와 민족을 배반하고 친일파의 후손들이 갖가지 혜택과 권력을 무한히 누렸다는 우리의 역사적 현실이 결코 먼 나라 이야기가 아니었다. 어쩌면 이런 현실이 아직도 진행형이 아니던가. 그래서 김준엽 같은 인물의 행적은 우리에게 커다란 교훈을 준다. 시간이 지나면 권력이란 것도 한줌밖에 되지 않지만, 권력의 달콤함에 푹 빠져 지조니 절개니 나라와 민족 등을 헌신짝처럼 저버리고 권력자의 품에 들어가 국민을 절망케 한 위정자들이 너무나도 많았기에 김준엽의 행적을 다시 한번 떠올리게 된다.

현대 지식인들

대학교수 출신들이 줄줄이 정치권력에 줄을 댄 적이 있다. 그런데 그들 가운데 상당수가 도덕성이니 전문성 측면에서 자격 미달이다. 이는 여러 차례의 국회 인사청문회 과정에서 백일하에 드러난 바 있는데, 구체적인 사례로는 위장 전입·부동산 투기·세금 탈루·병역 기피·논문 중복 게재 및 조작 등이다. 이들 가운데는 '3관왕', '4관왕'을 하고서도 진솔한 사죄는커녕, 오히려 해명한답시고 뻔뻔스런 변명을 늘어놓았으니 참으로 후안무치하다. 물론 교수 출신들의 정치 참여를 무조건 비난할 일만은 아니다. 평소에 정치에 관해 연구하고, 국민을 위한 훌륭한 정책을 펼칠 수 있는 훌륭한 식견을 갖고 있다면 그건 반길 일이다. 문제는 능력도 안 되는 자가 권력자에게 꼬리를 치다가 기회가 되면 앞뒤 안 가리고 권력의 앞잡이나 시녀 노릇을 하는 행태이다.

오래전 인사청문회에서 보았던 장면이 떠오른다. 당시 후보자들의 답변을 들으면 국민들은 분노, 통탄하지 않을 수 없었다. 웬만한 전과는 그들에게 심각한 사안이 되지 않았다. 위장 전입과 부동산 투기에 대한 의혹을 묻는 위원들에게 어떤 후보자가 "흙을 사랑하기 때문이었다. 그리고 암이 아니라는 병원의 통보에 남편이 선물로 주었다."라고 답변하여 TV 생중계 청문회 장면을 시청하던 시민들의 분노를 자아냈다. 그런 발언은 성실하게 세금을 내면서 의무를 충실하게 지키는 국민들의 가슴을 그야말로 후벼 파는 송곳과 같았다. 이 나라 최고 학부를 졸업한 엘리트

들은 부끄러워할 줄도 몰랐다. 더욱이 우리를 슬프게 하는 것은 그 후보자를 감싸는 옹호세력들이 '후보자가 장관직을 수행하는 데는 흠결이 되지 않는다.'는 식의 정말 기가 찬 멘트이다. 맑은 물처럼 완벽하게 깨끗한 사람은 없다. 그야말로 털어 먼지 안 나는 사람은 없다. 하지만 이것은 아니지 않는가.

사람은 누구나 살아가면서 실수를 할 수 있다. 그렇다면 그 실수나 잘못을 깨끗이 인정한다면, 그 얼마나 솔직하고 인간적인가. 그런데 명백한 증거가 나와도 사퇴한다는 말 대신에 '더욱 열심히 일하라는 격려로 받아들이겠다.'는 후보자들의 말을 들으면 정말 한 대 탁 쳐 버리고 싶었다. 공직에 나와서 자신의 잘못을 인정할 줄 모르고 뻔뻔하게 그 직위에 집착하는 사회 고위 지도층의 행태는 그대로 수많은 국민들에게 정치에 대한 혐오감을 심어 주고, 신뢰를 완전히 상실하게 만들고 만다. 국민을 위한 공복이 되겠다는 그들의 약속이 공염불에 불과하다. 국민이 아니라 인사권자의 눈치만 보는 공직자가 되는 것을 우리가 얼마나 많이 보았던가.

불평등 사회

이 사회의 고위층들이 불신 사회를 조장하여 국민들의 신뢰를 잃었다. 이러한 사회 현상의 최종 피해는 고스란히 국민들에게 돌아간다. 고위층들이 국민들의 신뢰를 잃으면 그 사회는 분열되기 쉽다. 정보 비대칭성의 결과에 대한 연구로 2001년 노벨 경제학상을 수상한 조지프 스티글리츠는 『불평등의 대가』의 「분열된 사회는 왜 위험한가」에서 다음과 같이 주장한다.[40]

"협력과 신뢰는 사회의 어느 분야에서나 중요하다. 우리는 경제가 제대로 굴러가도록 하는 신뢰의 역할이나 사회 구성원의 단합을 이끌어 내는 사회 계약의 중요성을 과소평가할 때가 많다. 하지만 법정의 판결을 거쳐야만 사업 계약서가 이행된다면 정치는 물론 경제도 교착 상태에 빠지게 된다. 사법 체계는 특정한 형태의 〈선행〉을 강제하지만, 대다수의 선행은 자발적으로 이루어진다. 그렇지 않다면 시스템은 기능이 마비되고 말 것이다. 처벌을 받을 우려가 없을 때마다 사람들이 쓰레기를 내버린다면, 거리에는 쓰레기가 산더미같이 쌓일 것이다. 그렇지 않더라도 어마어마한 돈이 거리 청소비용으로 들어갈 것이다.

사람들이 계약을 해놓고도 번번이 계약을 위반한다면, 세상살이는 참으로 불편하고 그러한 행위는 사회적 비용을 커지게 할 것이다. 사람들이 신뢰를 최고로 여기면, 악수 한 번으로 거래가 이루어지는 곳이 먼저 번영하게 된다. 신뢰가 없으면 사업상의 거래는 이루어지기 어렵다. 신뢰가 없으면, 거래의 양 당사자는 사업 그 자체보다 상대방이 언제 어떻게 자신을 배신할지 알아내는 일에 공을 들인다. 어떤 일이 닥쳤을 때 자신이 입을 손실을 모면하기 위해서 보험을 들고 대비책을 마련하는 것처럼, 사람들은 〈배신〉을 당할 경우 자신의 손실을 최소화할 대비책을 마련하는 일에 노력과 자원을 투입한다.”

아득한 그 옛날 중국 고대사에서 있었던 백이숙제의 왕위 양보나 절개 등을 21세기 정보화 시대 자본주의의 치열한 경쟁 시대에 그대로 적용하는 것은 한계가 있다. 신뢰가 땅에 떨어져도 자신의 이익만 획득하면 사회의 잘못은 그냥 눈감고 넘어가는 세태에서는 더욱 그렇다. 일제 치하에서 6·25 동란, 군부 독재 치하 그리고 짧은 민주주의 경험, 압축 성장의 빛과 그늘이 공존하는 이 자본주의 체제하에서 백이숙제와 같은 절개는 오히려 거추장스러울지 모른다. 백이와 숙제처럼 처신하면 바보 같다고 오히려 손가락질을 받기 딱 알맞다.

어쩌면 우리 시민들 모두가 그러한 물질 지상주의, 성공 지상주의에 물들어 원칙도 없고, 정의도 없는 세상에서, 정말 피 터지는 경쟁 체제하에서 오직 자신의 이익만 추구하는 현실을 생각하면 백이와 숙제를 찾는 그 자체가 웃기는 소리가 될 것이다. 하지만 아무리 사회 풍조가 그렇다 하더라도 정의가 살아 있는 사회를 만들어 나가야 한다. 지난날 우리 사회가 그렇게 부정과 비리가 판치는 것이 유행했을지라도 정의를 지키기 위해 노력한 사람들도 있었음을 잊지 않아야 한다. 아무리 흙탕물이 가득한 세상이라 해도 어디선가 조그만 맑은 물이 지속적으로 흘러나오면 이 사회도 조금씩이라도 점점 맑아질 수 있다. 역사는 진보한다. 잠시 후퇴하거나 퇴행하는 경우가 있을지 몰라도 대국적, 장기적으로는 역사는 진보한다는 믿음을 가져야 한다.

'창백한 정신의 귀족' 백이와 숙제를 열전의 첫머리에 올린 사마천의 의도는 의미심장하다. 권력과 이익을 위해 절대 다수의 백성을 희생시키는 현실 정치와는 너무도 뚜렷한 대조를 이루는 두 형제의 왕위 '양보'를 드러내고, 사람을 기만하는 '천도'를 강력하게 부정하면서 자신의 불우한 처지를 투영하고 있다.[41] 사마천이 열전 첫머리에서 백이와 숙제의 왕위 포기 상황을 제시했을 때, 그리고 그 이후의 그들의 행적을 전개하면서 사마천이 무엇을 의도했는지에 대해 명백하게 언급하지는 않았다.

그러나 두 사람의 지극히 비현실적인 처신을 통해 천도가 과연 존재하는가를 강하게 물었던 것은 아닐까. 신하가 주군을 시해하는 것은 결코 바람직하지 않다는 백이와 숙제의 생각은 답답할 만큼 우직하고 비현실적이다. 왕이 왕답지 못할 때 그때도 신하는 그렇게 주군을 섬겨야 하는가. 당대의 군주가 왕다운지 아닌지 평가는 과연 가능할까. 너무나 주관적인 관점이 아닐까. 이런 다양한 논쟁거리를 우리에게 안겨 주려고 했던 것은 아닐까. 실제로 독서 토론회에서 참가자들에게 백이숙제의 행위에 대해 토론을 시켜 보면 몇 시간이고 결론이 나지 않는다. 그만큼 논쟁거리가 풍부한 테제가 된다.

제4장

조고(趙高)와 이사(李斯)의
권력 투쟁

"탐욕스러운 자는 재물 때문에 목숨을 잃고, 열사(烈士)는 명분에 목숨을 바치며, 과시욕이 강한 사람은 그 권세 때문에 죽고, 일반 서민들은 자기의 목숨에만 매달린다."

貪夫徇財, 烈士徇名, 誇者死權, 衆庶馮生.

『사기(史記)』「백이열전(伯夷列傳)」에 나오는 위 구절은 서한 초기의 정치가이자 문장가인 가의(賈誼)의 「복조부(鵬鳥賦)」에도 있다. 가의는 낙양 출신으로 굴원의 뒤를 이은 초사(楚辭) 작가이며, 33살의 젊은 나이로 요절했다. 그의 대표작으로 진(秦)나라가 멸망한 원인을 분석한 '과진론(過秦論)'과 초나라의 충신 굴원의 죽음을 애도한 '조굴원부(弔屈原賦)'가 있다. 가의가 '과진론'에서 가장 융성했던 진나라가 어떻게 그렇게 빨리 멸망했는지를 분석하였다. 우리는 과진론에서 언급한 '인의로 다스리지 않으면 공격과 수비의 형세가 바뀐다.'라는 구절에 특히 주목할 필요가 있다.

진나라가 패망한 이유가 많이 있겠지만, 여기서는 그 격동의 시기에 주역을 맡았던 환관 조고와 승상 이사 두 사람에 초점을 맞추어 확인해 보고자 한다. B.C 221년에 중국을 최초로 통일한 진나라가 불과 15년 만에 패망한다. B.C 210년 6월에 전국을 순행하던 진시황이 사구평대[沙

丘平臺, 지금의 하북 광종현(廣宗縣)]에 이르러 갑자기 병으로 사망한다. 이때는 진시황이 50세로 천하를 통일한 지 12년이 되던 해였다. 최초의 통일 국가인 진나라의 시황제가 사망하자, 당시 시황제의 최측근이었던 이 두 사람이 치열하게 논쟁하게 된다. 결과적으로 보면 논쟁이라기보다는 조고의 음흉하고 노회한 계략에 탐욕스러운 이사가 일방적으로 말려들어가는 것이었지만.

간신(奸臣)

결국 조고가 이사의 약점을 거론하면서 자신의 의지대로 정국을 이끌어 가고 결국 권력 헤게모니 싸움에서 최종적으로 승리를 거둔 뒤 이사의 집안을 도륙하는 멸문지화의 피바람이 몰아친다. 이사를 비롯한 가족, 친척들이 수도 함양 저자에 끌려 나와 처형을 당하는데, 특히 이사는 작두로 허리가 잘리는 요참형을 받았다. 둘 다 겉으로는 진시황에게 충성을 다했을지라도 결국 권력만 탐하는 간신의 전형적인 인물들이었다.

특히 조고의 전횡은 결국 통일 국가인 진나라의 급속한 멸망을 재촉하게 된다. 중국 최초의 통일 국가인 진나라가 15년 만에 급격하게 망하는 과정은 흡사 브레이크 없는 벤츠처럼 그야말로 순식간이었다. 환관 조고가 국정을 농단하였으니 진나라의 붕괴는 불 보듯 훤했다. 동서고금을 막론하고 간신은 언제나 역사에 등장하기 마련이며, 그들의 횡포로 수많은 사람들의 희생과 역사의 후퇴를 가져오게 된다.

국내 사기(史記) 연구의 대가인 김영수 교수의 저서『치명적인 내부의 적, 간신』4쪽에 보면, 공자(孔子)의 주장을 인용하여 나라와 백성을 해치는 다섯 가지 유형의 간신을 언급하고 있다.

첫째. 마음을 반대로 먹고 있는 음험한 자
둘째. 말에 사기성이 농후한데 달변인 자

236

셋째. 행동이 한쪽으로 치우쳐 있고 고집만 센 자

넷째. 뜻은 어리석으면서 지식만 많은 자

다섯째. 비리를 저지르며 혜택만 누리는 자

이 다섯 가지 유형의 자들을 보면 모두 언변이 뛰어나고, 지식이 많으며, 총명하여 통달하여 다양한 능력을 갖고 있지만, 그 안을 들여다보면 진실하지 않다는 공통점이 있다. 이런 자들의 행위는 속임수투성이며, 그 지혜는 군중을 마음대로 몰고 다니기에 충분하고, 홀로 설 수 있을 정도로 강하다.

간신은 '한 사람'이 아니다. 간신들은 사리사욕과 그것을 유지할 권력을 유지하는 '연줄'로 존재한다. 그래서 간신은 항상 복수형인 '간신들'로 이루어진 '네트워크 관계이고, 세력이자 구조'이기도 하다. 그러므로 누구 하나 처벌한다고 해서 뿌리가 뽑히는 것이 결코 아니다.[42] 여론, 공론을 가장한 간신의 요설(饒舌)은 사회를 황폐하게 만든다. 간신들이 중심이 된 거대 권력 집단이 공권력을 동원하여 자신의 이익과 목적을 달성하고, 패권을 유지하기 위해 온갖 권모술수를 행한다. 그들 집단의 규모는 일반 민중들의 상상을 초월한다. 또한 눈에 보이지 않는 세력이 반드시 존재하기 때문에 눈에 띄는 권력자 한 둘을 제거한다고 간신 세력이 뿌리 뽑히리라고 기대하는 것은 참으로 순진한 생각이다.

자신이 가진 역량을 민족이나 국가에 헌신하는 데 쓰지 않고, 오직 자신의 이익을 채우고 불리는 데 온 마음을 쏟는다. 나아가 그 과정에서 자신의 진로에 방해가 된다 싶으면 정말 잔인하고 교활하게 상대방을 제거한다. 이들이 벌이는 권모술수도 굉장한 고단수다. 통치자가 멀리해야 할 인물, 즉 간신의 유형에 빗대어 살펴보면 조고와 이사는 정도의 차이가 있을 뿐, 앞 다섯 가지에 모두 해당하는 듯하다. 역사적인 순간에 논리 정연하게 상대를 설득하는 것처럼 보이지만, 그 밑바탕에는 권력에 대한 탐욕이 깔려 있었다. 이런 간신들은 하나같이 나라를 잘못된 길로 빠뜨려 나라를 전복하기 때문에 반드시 제거되어 할 대상이다.

제환공과 간신들

춘추오패(五霸) 중 가장 먼저 맹주가 된 제나라 환공은 명재상 관중의
보필을 받아 부강한 나라를 만들었다. 그러나 말년에 총기를 상실하고
관중이 죽기 직전 극구 반대했던 세 인물을 결국 등용한다. 역아(易牙),
수조(竪刁), 개방(開方)이 바로 그들이다. 첫째 인물이 역아인데, 이 자는
노예 기술자로 태어났지만 요리 솜씨가 뛰어나 권력의 핵심에 들어올 수
있었다. 어느 날 천하 맹주 제나라 환공이 농담 삼아 말했다.

> "내가 평생을 안 먹어 본 것이 없는데 사람 고기는 못 먹
> 어 봤다."

역아가 세 살짜리 자기 아들을 요리해 바쳐 환심을 샀다. 이 역아는 나
중에 수조, 개방과 함께 궁정 반란을 일으켜 환공을 죽음으로 몰아넣었다.
관중이 죽은 뒤에 환공이 처음에는 이 세 사람은 절대 기용하면 안 된다는
관중의 간언을 받아들여 따랐으나 시일이 지나자, 그들의 아첨에 도취되어
관직을 주게 된다. 아첨은 달콤하고 권력자는 아첨을 좋아한다는 것은 만
고에 통하는 불변의 진리가 아닐까. 「제태공세가」[43]에 다음 내용이 나온다.

> "겨울 10월 을해 일에 제 환공이 죽었다. 역아가 들어가 수
> 조와 함께 총애받던 첩의 측근들과 결탁하여 신하들을 죽이
> 고 공자 무궤를 국군으로 세웠다. 태자 소는 송으로 달아났

다. 환공이 병이 들어 다섯 공자가 각자 당파를 지어 자리를
다투다가 환공이 죽자 마침내 서로를 공격하니, 이 때문에 궁
중이 비어 시신을 수습할 사람이 없었다. 환공의 시신은 침상
에서 67일 동안 방치되어 구더기가 문 밖으로 기어 나왔다.”

身死三月不收, 蟲出於戶.

위에 언급한 것처럼 제환공이 제나라와 노나라 사이에 위치한 당부(堂
阜)라는 지역으로 유람했을 때, 수조, 역아, 개방과 그 밖의 무리들이 합
세하여 반란을 일으키게 된다. 관중이 죽기 전에 이 세 사람을 절대 쓰지
말라고 신신당부하였지만, 환공은 그들의 달콤한 아첨이 너무나 좋았다.
제환공 아들들 사이에 권력 투쟁의 거센 회오리가 일어나 환공은 굶어 죽
었고, 연금 상태에서 사후 67일이 지나도록 매장하지 않아 시체에서 구더
기가 나와 담장 너머로 기어 나올 때까지 아무도 몰랐다. 춘추오패의 첫
번째 맹주로서 천하의 제후를 모아 놓고 회맹을 주도했던 그 제환공의 말
로가 이렇게 비참하게 된 것은 관중이 절대 등용하지 말라고 했던 간신
세 명의 탓이었다. 그렇다고 그들을 기용한 제환공의 책임도 적은 것은
결코 아니다.

사람 고기는 못 먹어 봤다는 제환공의 고백도 엽기적이지만, 그 군주
에 아첨하기 위해 자신의 어린 아이를 요리하여 군주에게 먹인 역아의 행
위는 더욱 충격적이다. 중국이란 나라가 워낙 인구가 많은 곳이어서 별
별 종류의 인간 군상이 존재하였으니 그런 사람이 있었을지도 모른다.
아니면 권력을 추구하는 인간 본성 때문에 일어날 수 있었던 일일까? 아

무리 권력에 미쳤다고 해도 환심을 사려고 자식을 요리하여 주군을 먹이다니. 역아의 본색을 미리 파악한 관중이 제환공에 절대로 등용하지 말라고 극간(極諫)한 심정이 이해가 간다.

그리고 제환공이 수조에 대해서 물어보게 된다. 관리로서 적합한가 하는 것인데, 앞에서 언급한 대로 관중은 수조도 부정적으로 보았다. 사람은 누구나 자기를 소중히 여기는 것이 인지상정이다. 수조는 질투심이 강하고 스스로 궁형을 받아 내시가 된 자이니, 자기 몸마저 소중히 하지 않는 자가 어찌 군주를 소중히 섬기겠느냐고 관중이 답한다. 궁중에 들어가 황제의 총애를 받기 위해 스스로 궁형을 받는 비정상적인 자가 국가경영에 도움이 될 수 있을까? 이런 자가 진정성을 갖고 충심으로 나라를 위해 일할 수는 없다.

마지막으로 위(衛)나라 출신 개방에 대해 물었다. 관중은 개방에 대해서도 부정적이었다. 제나라와 위나라는 불과 10일 여정의 길밖에 떨어져 있지 않은데, 개방은 왕의 비위를 맞추려고 15년 동안이나 위에 있는 부모님을 만나러 가지 않았다. 자신의 부모도 제대로 섬기지 못한 자가 어찌 군주를 섬길 수 있겠느냐는 것이 관중의 생각이었다. 개방이나 역아, 수조 세 사람 같은 간신이 제환공 측근이 되기까지 온갖 수단 방법을 동원하여 이 자리에 올랐으니 그들이 어찌 정상적인 인간이었을까.

그리고 제환공의 이어지는 질문에 친구 포숙아를 등용하는 것도 반대한다. 앞의 세 사람과 달리 포숙아 등용을 반대한 것은 뜻밖이었다. 제환공을 보좌하여 천하를 제패하는 데 일등 공신인 친구 포숙아의 등용을 관중이 반대했다. 더욱이 포숙아는 관중을 죽음의 위기에서 구해 준 생명의 은인이 아니던가. 그런데 관중은 반대했다. 포숙아는 군자여서 정치를 할 수 없다. 그리고 선악을 대하는 태도가 명확하여 백성들의 다양한 상황을 고려하여 국정을 수행하는 데 적합하지 않다. 그래서 악을 행하는 자는 절대 견딜 수 없어서 엄격하게 처벌할 것이다. 관중이 포숙아의 등용을 반대한 이유들이다.

실제 정치 행위를 하면서 모든 것을 육법전서에 딱딱 맞추어 적용하는 것은 불가능하다. 법은 인간 사회에서 최종적인 수단이 되어야 한다. 실제로 모든 사회생활에 법을 적용하면 그 사회가 매우 살벌하게 변할 수밖에 없다. 법전에 나온 대로 그대로 적용하면 여유도 없고, 예외도 없어지면서 법만 피하면 된다는 사고가 만연해진다. 가급적 법 이전 단계에서 웬만한 문제가 해결되어야 그 사회가 유연하게 돌아가게 된다.

물론 지나친 온정주의가 그 사회에 미치는 문제도 발생할 수 있다. 그래서 법이 추상같이 적용되어야 함은 물론이다. 하지만 복잡다기한 인간 사회에서는 집권층엔 법이 추상같이 적용되고 일반 민간에는 좀 더 너그러워야 한다. 포숙아의 인품으로 보자면 모든 계층에 법을 추상같이 적용할 것이고, 그에 따른 문제점이 우려된다는 것이 관중의 생각이었다. 관중이 그런 이유로 포숙아의 천거를 반대하였다. 그런데도 포숙아가 훗날 관중의 그 말을 듣고도 화를 내지 않고 관중의 견해를 흔쾌히 인정했다는 유명한 일화도 있다.

관중은 40여 년 간 제환공을 보필하여 제나라를 천하의 맹주로 만들었다. 아무리 뛰어난 재상일지라도 죽음은 피할 수 없는 법이다. 관중은 죽기 전에 환공에게 여러 가지 경계해야 할 것들을 유언으로 남긴다. 그중에는 4유(維) 즉 '예의염치(禮義廉恥)'가 있다. 예는 분수를 넘지 않아야 하고, 의는 지나치게 스스로 내세우지 않고 어긋나는 일이 없어야 하며, 염은 자신의 잘못을 감추지 않아야 하고, 치는 부정을 따르지 않는다 등이다.

그리고 관중이 남긴 유명한 문장이 있다.

"창고가 가득해야 예절을 알고, 의식이 풍족해야 영욕을 안다."

倉廩實則知禮節 衣食足則知榮辱.

먹고사는 문제는 인류 역사 내내 사람들의 삶을 관통하는 핵심 아젠다이다. 정치, 사회, 문화 등 다양한 제기되는 숱한 문제 중에서 먹고사는 문제만큼 절박하고 절대적인 것이 없다. 관중의 탁월한 경제적 시각은 2천 여 년 세월 너머 현대 사회에도 그대로 적용할 수 있는 혜안이다. 우리가 언론 보도에서 많이 접하는 수많은 사건 사고 중에서 먹고 사는 문제와 분리해서 볼 수 있는 것이 있던가. 인의예의가 인간 사회에 매우 중요하지만 그것도 창고에 곡식이 가득 차야 가능하다. 민주주의도 배고픈 나라에선 요원하다. 우리 현대사에서 심지어 독재라도 좋으니, 국민들을 배불리 먹게만 하면 된다고 했던 시절도 분명 있었다.

관중은 철저한 실물경제를 바탕으로 현실을 충실히 반영한 정치철학으로 제환공을 천하의 맹주로 떠받쳐 올린 명재상이다. 공자조차도 "환공이 제후들을 규합하였으되, 무력을 사용하지 않은 것은 관중의 힘이었으니, 누가 그의 인(仁)을 따라가겠는가?"라고 극찬하였다. 제나라를 천하의 강국으로 만든 명재상 관중이 제환공에게 이 세 사람을 절대로 등용하지 말라고 극언으로 간언했지만 결국 환공은 그들을 등용하여 그야말로 패가망신한다.

처음엔 환공이 관중의 충언을 충실히 따랐다. 그러나 시간이 지나면서 결국 간신 세 사람을 등용하게 된다. 그리고 후계 문제를 분명하게 하지 않아 급기야는 자식 간의 다툼을 자초했으며, 자신은 간신들에 의해 밀실에 감금돼 굶어 죽고 만다. 운명하기 전 "내가 죽어서 무슨 낯으로 관중을 대하겠는가." 하고 후회하지만 이미 때는 늦어 버렸다. 한때 천하를 지배하고 중원을 호령하던 패자 환공의 말년이 비참하게 끝난 것은 교만과 방심으로 충신의 고언을 무시한 탓이었다. 아무리 뛰어난 리더라도 초심을 끝까지 유지하려면 충신의 말에 귀를 기울이고 한시도 교만에 빠져 귀를 기울여야 한다. 자신의 공적을 과시하는 지도자는 그것에 도취되어 주위를 돌아볼 여유를 갖지 못한다. 그리고 스스로가 선(善)이라는 강한 자의식이 자신의 한계를 강하게 만들어 버린다.

제환공 시절 역아, 수조, 개방 같은 간신들 때문에 제환공이 비참하게 죽고, 제나라는 명재상 관중이 쌓아 올린 국부(國富)를 상당 부분 상실하여, 그에 따라 국력도 초라하게 된다. 춘추오패의 첫 번째 패자로 전하를 호령했던 제나라가 강국 반열에서 이탈하는 데는 긴 시간이 걸리지 않았다. 간신에게 나라를 맡기면 이런 결과를 초래할 수밖에 없다.

성계탕

영화나 드라마를 보면 음식을 통해서 현실 정치를 풍자하는 경우가 많다. 예전에 방영된 드라마 〈정도전〉에 성계탕, 성계국이 언급된 적이 있다. 드라마 중에 백성들이 '성계탕'을 즐긴다는 것을 알고 이성계가 눈물을 쏟는 장면이 있었다. 자신을 비웃는 민초에 대한 원망이나 분노보다 역성혁명의 와중에서 불가피하게 자신이 제거한 정적들을 떠올리며 지난날에 대한 회한을 깊이 드러냈다. 잔인한 역사적 배경과 달리 이성계 역을 맡았던 유동근의 감정 이입 연기가 널리 회자되었다. 당시 드라마 〈정도전〉에서 나온 성계탕은 당시 백성들의 한스런 마음을 그대로 드러내고 있다. 그리고 무당들이 굿을 하며 제물로 바치는 통돼지를 사용하는데 굿이 끝나면 이를 난자해 사람들에게 나눠 주고 질겅질겅 씹어 먹게 한다.

그런데 이렇게 먹는 고기를 성계육(成桂肉)이라 한다는데, 왜 하필이면 그렇게 부를까? 성계육은 말 그대로 이성계 고기라는 뜻이다. 최영 장군은 무속인들 사이에 신적인 존재로 인식되고 있었지만, 이성계는 무속인들을 포함한 민중들 사이에 좋은 평가를 받지 못했다. 고려에서 조선으로 역성혁명에 따른 왕조 교체기에 최영은 고려를 지키는 충신의 이미지로 자리매김했고, 이성계는 새로운 나라를 세운다는 명분을 내세워 최영을 축출하였다. 백성들 사이에는 억울하게 죽임을 당한 최영에 대한 존경심이 가득한 반면에, 고려를 멸망시키고 새 왕조를 연 이성계에 대한 반감이 그대로 드러났다.

역사란 어떻게 해석하느냐에 따라 다양한 관점이 나올 수 있다. 그래서 최영과 이성계에 대한 평가는 간단하게 단정하기 어렵다. 각자 입장에서 상대방을 보면 간신이고 처단해야 할 인물로 보일 것이다. 하지만 각 인물의 처신에 대해 단정적으로 판단하기가 쉽지 않다. 누구는 선이고, 누구는 악이라는 단순한 이분법적 판단은 역사 해석에서 바람직한 것이 아니다. 상황이나 배경을 면밀하게 살펴봐야 한다. 하지만 당시 고려 백성들 사이에는 최영과 이성계에 대한 이분법적 인식이 퍼져 있었다. 쓰러져 가는 나라 고려를 유지하기 위해 충성을 다한 최영과 고려 왕조를 엎어 버리고 새로운 나라 조선을 세우는 과정에서 엄청난 인명을 살상한 이성계에 대해 당시 백성들의 관점이 명확하게 흑백논리로 갈라진다. 하지만 오늘의 시각에서 보자면 두 사람 모두 자신의 상황 논리에 맞게 처신한 인물로도 볼 수도 있다.

이(李)밥

그렇다고 해서 이성계에 대한 반감만 있었던 것은 아니다. 부정적인 이미지가 강한 성계육, 성계탕과 정반대로 이성계를 칭송하는 용어도 있었으니, 바로 쌀밥을 뜻하는 이밥[44]이다. 젊은 세대들은 이 용어를 들어 본 적이 별로 없어 이해하기 어렵겠지만 나는 어린 시절 어머니 생전에 들었던 기억이 어렴풋이 난다. 물론 이밥이란 말은 들은 적이 있지만 이밥이 실제로 이성계와 관련되어 있는지는 솔직히 잘 모른다. 어쨌든 1392년 이성계가 고려 왕조를 무너뜨리고, 조선을 개국하면서 조세와 토지 개혁을 전격적으로 실시하였다. 군사 쿠데타로 정권을 잡은 이성계나 그 세력의 입장에서는 당연히 전 정권의 제도를 개혁하여 민중들에게 혁명의 정당성을 인정받으려는 욕망이 앞설 수밖에 없다. 오랜 역사적 교훈을 생각해 보면, 권력을 안정적으로 유지하기 위해서는 민중들의 배고픔은 가장 먼저 해결해야 할 문제였다.

전제 군주 정치 체제에서 왕족이나 귀족들로 대변되는 권력층, 지배층은 노동, 병역이나 세금 부담은 전혀 지지 않고 엄청난 토지를 독점하여 부귀영화를 마음껏 누렸다. 실제로 고려 말기 귀족들이 사전을 대거 보유하면서 국가의 역량을 떨어뜨리는 경우가 많았다. 귀족들이 토지를 대거 겸병하면서 불쌍한 민초들의 삶은 너무나 피폐하였다. 화(禍)는 홀로 오지 않는다고 하지 않던가. 민초들의 삶을 고달프게 한 것이 비단 토지 문제뿐이랴! 국가 내외적인 상황이 백성들을 더욱 힘들게 하였는데, 특히 왜구의 출몰에 따른 피해 또한 심대하였으니 백성들의 황폐한 삶은 오죽했으랴. 심지어 관리들에게 주는 봉급마저 밀릴 정도로 고려의 재정은 매우 심각했다.

이성계가 이끄는 요동 정벌군이 위화도 회군을 통해 대세를 장악하여, 반대 세력의 거두이자 백성들의 존경을 한 몸에 받았던 최영을 처형하고 국권을 휘어잡았다. 이때 이성계 일파의 신진사대부들이 민심을 돌리기 위해 급히 마련한 것이 전제(田制)의 개편이었다. 전제 개혁을 통해 직접 농사짓는 사람이 토지를 소유하는 정책을 펼친다. 경자유전(耕者有田)의 원칙에 따라 과전법을 시행하자 많은 농토가 소작농에게 돌아갔다.

토지 개혁을 통해 백성들이 이전에는 구경도 하지 못했던 쌀밥을 먹게 되었으니. 조선의 태조 이성계에 대한 고마움이 컸을 것이다. 이렇게 하여 백성들의 마음이 담긴 말이 바로 '이밥!' 이 씨의 밥, 즉 이성계가 내려준 밥이라고 쌀밥을 지칭한 것이라고 한다. 혹자는 '이밥'이 이성계에 얽힌 실제 사실이 아닌 야담에 불과하다고 주장하기도 한다. 커피 한 잔이 쌀 한 되보다 가격이 비싼 현대 사회의 젊은이들은 이해하기 어려울지 모른다. 산업화 시절에 또는 그 이전에 근대화 과정에서 보릿고개를 겪어 본 세대들은 쌀의 중요성을 깊이 실감한다. 쌀가마니만 집안에 들여놓아도 그냥 배부르다고 하지 않았던가. 필자는 요즘도 마트에 가서 쌀을 사 오거나, 시골에서 쌀가마니가 오면 쌀을 보기만 해도 풍요로움을 느낀다.

그 옛날 우리 선조들의 삶을 생각해 보면 지난한 세월에 쌀이 주는 존재감이 그 얼마나 컸던가. 실제로 배고픔에 시달린 백성들의 입장에서는 쌀밥 마음껏 먹는 것이 평생소원일 만큼 삶의 과정이 팍팍하였으니, 이성계가 확보해 준 쌀밥이라니 얼마나 기뻤을까. 백성들의 입장에선 어떤 세력이 권력을 잡는가는 그리 중요하지 않다. 오직 백성들 자신들의 삶에 배고픔이 없다면 누가 권력을 잡든 상관없었다. 그만큼 백성들에게는 먹고 사는 문제가 중요하였다. 그런데 이성계 덕으로 쌀을 볼 수 있었다니 이런 용어가 충분히 등장할 만하지 않은가. 물론 조선 왕조가 대대로 그렇게 백성들의 속을 깊이 헤아리는 정치를 지속한 것은 아니다. 시간이 지나면서 권력층이 다시 백성들의 고혈을 빨아먹는 짓을 서슴지 않았음에랴!

요우티아오(油條)

고려를 멸망시키고 고려 유신들을 잔인하게 학살한 주역이 이성계였다. 그 이성계에 대한 반발 심리가 반영되어 백성들 사이에서 성계탕, 성계육, 성계국이란 말이 등장하였듯이, 중국의 요우티아오의 유래는 남송 시절의 간신 진회(秦檜)와 관련된다. 사람들은 '회(檜)'라는 글자를 꺼려, 지금도 이름을 지을 때에 이 글자를 사용하지 않는다고 한다. 진회라는 이름에 대해 중국인들의 반감이 어느 정도 컸는지를 알 수 있다.

중국 서민들이 아침 식사로 즐겨 먹는 '요우티아오'는 길게 두 가닥으로 반죽된 밀가루를 길쭉하게 떼어 내 기름에 튀겨서 만든 면 음식이다. 저장성 항저우에서 기원된 음식으로 주로 아침에 먹는다. 중국 여행객들이 노점상에서 쉽게 접근할 수 있는 간식용 먹거리이다. 이것을 광둥성 사람들은 여우자귀(油炸鬼)라고 하고 북방 쪽에서는 과즈(果子)라고 하기도 한다.[45] 진회를 증오하여 한때 '요우티아오(油條)'를 '요우짜휘(油炸檜)'로도 불렀다고 한다. 진회의 이름 중에서 회(檜)를 교묘하게 요리 이름에 붙여서 간신 진회에 대한 증오감과 분노의 심정을 반영하였다.

요우짜휘(油炸檜)를 풀어 보자면 '기름에 튀길 회(檜)'가 된다. 우리네 사회에서도 무엇에 튀겨 죽일 놈이라는 말이 있는 것을 보면, 극단적인 분노에는 튀긴다는 말이 우리나 중국에서 공통으로 사용되었는가 보다. 진회가 누구인가! 중국 남송 시대 재상이었던 진회가 금나라와의 전쟁에서 주화파의 거두로서 갖가지 술책을 부린 끝에 강경한 주전파 악비(岳飛) 부자를 교활한 방법으로 살해하였다. 우리도 조선 인조 시절에 남한산성에서 주화파와 주전파의 치열한 논쟁이 있었고, 결국은 청 태종의 말발굽 아래 인조가 참으로 치욕적인 '삼전도의 굴욕'을 겪었다. 인조가 당상에 있는 청 태종을 받들어 세 번 절하고 아홉 번 이마를 땅바닥에 찧는 삼배구고(三拜九叩)의 예를 올리면서 우리 한민족 5천년 역사에 유례없는 굴욕을 당했다. 그래도 주화파가 주전파를 제거하는 비열한 술책을 획책하진 않았다. 악비 같은 충성스런 무장을 교활한 방법으로 제거한 사례는 적어도 없었다. 그렇다고 인조 당시의 우리 집권층이 훌륭한 정책을 펼치거나 현명한 처신을 하였다는 뜻은 아니다.

'요우티아오'는 『송사(宋史)』에도 진회가 악비를 괴롭힌 것과 관련하여 기록되어 있다. 진회의 악행에 불만을 가진 일반 민중이 밀가루로 만든 진회의 인형을 뜨거운 기름에 튀겨 지옥의 고통을 맛보게 하려고 했던 데서 탄생하였다. 비록 아무런 힘이 없던 백성들이라도 나라를 위해 충성을 다한 악비를, 탁월한 영웅 악비 그 충신을 아주 비열하게 제거한 간신 진회의 행위를 도저히 용납할 수 없었다. 힘없는 민중들이 그렇게 진회에 대한 한풀이를 한다고 해서 역사적 문제가 해결된다거나 진회를 처벌할 수는 없었다. 그저 단순한 한풀이로 끝날 수밖에 없었다. 하지만 자신의 정치적인 이익을 위해 권모술수로 충신을 잔인하게 죽게 한 진회에 대한 민중들의 평가는 엄중하였다.

악비와 진회

진회가 왜 이렇게 민중의 원성을 온몸으로 받아야 했을까. 남송 시기에 유명했던 민족 영웅 악비와 희대의 간신 진회에 얽힌 이야기다. 충신 악비는 남송 초기에 침략국 금나라 여진족 군대에 대항해 싸웠다. 장군의 신분이었지만 학문으로도 이름을 널리 알렸던 악비는 후세에 저서 『악충무왕집(岳忠武王集)』을 남겼다. 그의 시호는 충무(忠武)이고, 1178년 무목(武穆)의 시호를 받았다가 뒤에 충무로 개정되었으며, 1204년 왕으로 추존되어 악왕(鄂王)이 되었다. 시호에서 느낄 수 있듯이 충성심이 대단한 인물이었다.

송나라 사람이지만 명나라 이후 대대로 중국 정통 한족의 정신적 영웅으로 추앙되었다. 그는 어린 시절부터 어머니의 엄한 교육 밑에 자랐으며, 용기와 지력이 뛰어났다. 병법에 능란했던 악비는 전쟁에서 한 번도 패한 적이 없다. 상승장군 악비가 금나라와의 전쟁에서 구릉이 많은 남방 특유의 지형을 활용하여 기마병 중심의 여진군을 격파하여 여러 차례 큰 공을 세웠다. 그리고 그가 거느린 '악가군'은 정병으로 용맹했다. 당시 금나라에서는

> "산을 무너뜨리기는 쉬워도 '악가군'을 무너뜨리기는 힘들다."

撼山易, 撼嶽家軍難.

라는 말이 떠돌 정도로 '악가군'의 기세는 하늘을 찔렀다. 제국 송나라를 괴멸시킬 정도로 막강한 군사력을 자랑하던 금나라의 평가가 이러하였으니, 악비의 군대의 전투 능력은 실로 대단했다.

전장(戰場)에서 엄격한 규율이 정말 중요하다. 이렇게 엄정한 군율 아래 뛰어난 조직력을 갖춘 악비의 군대는 전투력 또한 탁월했고, 그의 군사들의 사기는 하늘을 찔렀다. 그리고 승리에 승리를 거듭하면서 북방의 신흥 강국 금나라에 강력하게 대항할 수 있었다. 악비는 금나라의 군신들이 두려워하는 존재가 되었다. 악비의 군대가 용맹한데다가 지휘관인 악비의 전술 전략도 뛰어났다. 전장에서 민심을 자신의 편으로 이끄는 데도 유능하였다. 특히 악비 군대는 철칙이 있었다.

"얼어 죽더라도 민가를 훼손하지 말라. 굶어 죽더라도 노략질하지 말라."

凍死不拆屋, 餓死不擄掠.

이러한 엄정한 군율은 자연스럽게 백성으로부터 칭송을 받았으며, 악비는 송 왕조 부흥의 새로운 희망으로 부각되었다. 악가군에 비해 당시 송나라 정부군은 부정과 비리로 얼룩져 매우 취약한 상태였다. 악비의 군대가 없었다면 허약한 송나라가 신흥강국 금나라에 일찌감치 망했을 것이다. 아무리 군사의 수가 많다 해도 내부적으로 지도자의 정신이 허약하고, 부정과 비리가 판치게 되면 전력이 형편없이 떨어지게 된다. 그만큼 지휘관의 용기, 정의감, 군 내부의 기강 등이 중요하다.

시대를 훨씬 뛰어넘어 중국 현대사에서도 이런 일이 반복된다. 중국의 국공 내전 당시 장개석이 이끄는 국민군이 월등한 군사력을 갖고 있었음에도, 모택동의 군대에게 역전패를 당한 것도 국민당 내부의 부정부패의 만연에 따른 군대의 규율 이완과 민심의 확보 실패에서 원인을 찾는 사람들이 많다. 지금이야 우리나라와 중국이 국교를 맺고 여러 방면에서 외교 활동을 하는 사이가 되었지만, 일제 치하에서 상해 임시 망명정부를 실질적으로 지원했던 장개석의 패배에 대해 우리 국민들이 아쉬워하기도 했다. 중국의 국공 내전뿐만 아니라, 동서고금을 막론하고 민심이 떠난 군대가 전쟁이나 전투에서 패한 사례가 무수하다.

전쟁은 절대 일어나지 않아야 하지만, 막상 전쟁이 일어나면 자국의 모든 자산과 역량을 투입하여 어떤 수단 방법을 써서라도 승리해야 한다. 승리를 위해서 뛰어난 무기, 병력의 우세, 경제력의 우위 등 여러 요소가 뒷받침되어야 한다. 무엇보다 국민의 정신적 일체감이 가장 필수적이다. 군대가 부정부패하면 민심은 한순간에 사라진다. 그런 상황에서는 군사력을 비롯한 다양한 역량을 제대로 떨칠 수 없고, 결국 비참하게 패하고 만다. 그만큼 민심은 중요하고 엄중한 것이다. 실제로 전투 상황에서 승패를 결정하는 여러 요소가 있지만, 그중에 엄정한 군율은 매우 중요하다. 단순히 병력만 많다고 해서 승리를 보장할 수 있는 것이 아니다.

하지만 당시 악비에 대한 조정의 평가는 그리 호의적이지 않았다. 정당하고 객관적인 평가라기보다는 조정의 집권층의 일방적인 인식이 그랬다. 뛰어난 역량을 갖춘 인물이 나타나 커다란 공을 세우면 반드시 그를 질투하고 시기하는 사람이 나타나기 마련이다. 당시 백성들의 신망을 한 몸에 받았던 악비는 금나라와는 절대 타협하지 않는 철저한 주전파였다. 악비는 강력한 신흥 국가인 북방의 금나라 군대를 여지없이 격파하여 외적에 대한 공포감에 짓눌린 백성들에게 메시아적인 존재로 자리매김하게 된다.

하지만 그 상승장군 악비가 재상 진회의 교활한 견제를 받게 된다. 애초부터 악비와 진회는 양립할 수 없었다. 더욱이 진회를 비롯한 주화파들이 갖은 모략을 꾸며내 악비를 반역죄로 몰아갔고, 결국 악비는 아들과 함께 감금되어 버린다. 정말 어이없고 기가 찬 상황이었다. 모략을 꾸미는 간사한 세력들의 음흉한 계략은 여기에서 멈추지 않고 끝내 악비와 그 아들을 독살해 버렸다. 이때 악비는 39세였다. 참으로 연부역강(年富力强)! 아까운 나이였다.

남이(南怡)

하기야 우리 역사에도 그 비슷한 사례가 있으니 바로 남이 장군이다. 남이 장군은 태종 이방원의 외증손이자 권람의 사위라는 든든한 배경에 뛰어난 역량을 발휘하여, 17세에 무과에 급제했던 인재였다. 요즘 흔히 말하는 금수저 집안에서 태어났다. 평소 강직하고 굽힐 줄 모르는 성품을 지녔던 그는 함경도에서 이시애의 난이 일어났을 때 뛰어난 무공을 발휘하여 출셋길에 올랐다. 이어서 파저강 일대의 건주위 여진족 정벌에 참여하여 추장 이만주 부자를 사살함으로써 일약 조야의 주목을 받게 되었다. 더욱이 세조 말년에 남이는 임금의 총애를 받아 28세의 젊은 나이에 병조 판서가 되었다.

그런데 당시 집권 세력의 주축이던 한명회와 신숙주 등 훈구대신들은 28세 젊은 나이의 병조 판서를 도저히 받아들일 수가 없었다. 갖은 모략을 가해 남이를 견제하기 시작한다. 그리고 남이를 총애하던 세조가 승하하고 예종이 등극하자마자 남이는 병조 판서에서 겸사복장으로 좌천되고 만다. 그 직후 남이는 역모를 꾀했다는 유자광의 고변으로 체포되어 능지처참에 처해지고, 가문은 멸문지화를 당했다. 젊은 장수 남이는 훈구대신들의 간교하고 집요한 모략을 받아, 뛰어난 역량을 갖추고 국가에 공을 세웠지만 정말 꽃다운 나이에 불귀의 객이 되고 말았다.

남이의 삶의 행적을 살펴보자. 서북변에 건주위 여진족이 출몰하자 남이는 조정의 명을 받고 평안도선위사 윤필상이 지휘하는 정벌군에 소속되어 우상대장으로 참전하게 된다.[46] 이때 그는 주장 강순, 좌상대장 어유소와 함께 파저강 인근을 공격하여 여진족의 지도자 이만주와 아들 고납합을 죽이는 대공을 세웠다. 여진족 정벌에 나서 대승을 거둔 그 의기양양하여 남이 장군이 시 한 수를 읊었다.

> 백두산의 돌들은 칼을 갈아서 닳아 없애고,
> 두만강 물은 말에게 먹여서 마르게 하겠노라.
> 남아 스무 살이 되어도 나라를 평정하지 못한다면,
> 후세에 누가 나를 일컬어 대장부라 하겠는가.

> 白頭山石磨刀盡,
> 頭滿江水飮馬無.
> 男兒二十未平國,
> 後世誰稱大丈夫.

당시 훈구대신이던 유자광이 남이 장군을 고변한다. 시조 제3행의 '남아 스무 살이 되어도 나라를 평정하지 못했다면' 거기에 평정의 평(平)자를 도려내고 얻을 득(得)이라고 썼다. 남이의 의도와 전혀 다른 결과를 초래하게 된다. 평(平)을 득(得)으로 쓰게 되면 남아이십미득국((男兒二十未得國)으로 되어 남이가 나라를 얻기를 희망하였다는 의미가 된다. 전형적인 문자옥(文字獄)이었다. 나라를 평정한다는 원래의 시구도 엄밀히 따지고 보면 위험천만한 표현임에 틀림없지만.

글자 하나를 바꾸어 놓고 보면 이렇게 장수 남이가 역모를 하였다는 고변이 되어 버린다. 참으로 간교한 고변이었다. 결국 유자광의 의도대로 남이가 역모에 휘말리면서 그 새파란 스물여덟 나이에 목숨을 잃고 멸문지화를 당하고 만다. 젊은 나이에 뜻밖의 대승을 거둔 그 득의만만함에 자신을 노리는 눈들을 전혀 의식하지 않고 한 편의 자신만만한 시를 읊다가 자신은 물론 온 가족이 전멸하고 말았다. 물론 훈구 세력은 어떻게든 온갖 방법을 동원하여 젊은 장군 남이를 제거하려고 하였을 터.

남이의 사례처럼 정적을 제거하기 위해 음해, 고변, 역모 등 갖가지 방법이 동원된다. 그 목적이 달성될 때까지 집요하게 달려든다. 진회가 충신 악비를 제거하는 과정도 흡사하다. 지금도 항저우 시후(西湖)의 악비묘(岳飛墓)에 가면 악비의 동상과 함께 진회 부부가 꿇어앉아 있는 동상을 볼 수 있다. 악비 묘 앞에 진회 부부가 상반신이 벌거벗겨진 모습으로, 두 손을 뒤로 포박당한 채 무릎을 꿇고 있는 조각상이 있다. 충신 악비와 그 아들을 죽음으로 몰아넣은 간신 진회에 대한 이 지역 사람들의 증오감을 보여 주는 단적인 모습이다. 실제로 이곳을 찾은 사람들이 하도 침을 뱉어서, "문명인답게 침을 뱉지 마시오[文明游览请勿吐痰]."라는 문구가 적혀 있을 정도이다. 악비가 억울하게 죽어 간 울분을 바로 곁에 있는 진회 부부상에다 침을 뱉는 것으로 풀려는 심정의 반영이 아니었을까.

그리고 항저우의 서호 인근 악비의 무덤이 있는 충렬사에는 그의 좌상과 함께 그의 죽음에 관여한 진회(秦檜), 진회의 부인 왕씨, 만사설(万俟卨), 장준(張俊), 왕준(王俊)의 5명이 악비의 거대한 좌상을 향해 무릎을 꿇고 있는 철상(鐵像)이 조성되어 있다. 아마도 이들을 역사적으로 처벌한다는 상징적인 표상이 아닐까 싶다. 중국 사람들 사이에는 몸이 아프면 악비 사당에 와서 이 다섯 간신의 몸에서 자신이 아픈 부위와 같은 곳을 때리면 낫는다는 속설이 있다.

과학적 근거가 없는 한갓 속설에 불과하지만. 사람들이 자신의 오른쪽 어깨가 아프면 이 간신들의 오른쪽 어깨를 때리고, 무릎이 아프면 이들의 무릎을 때린다. 그래서 악비 사당 앞에 무릎 꿇고 있는 다섯 간신의 조각상은 사람들이 하도 때리고 만져서 반들반들하다. 진회와 그 일당의 후손에게는 정말 씻을 수 없는 치욕이 되었을 것이다. 이렇게 한다고 해서 악비의 억울한 죽음에 대해 충분한 보상이 될 리가 없겠지만, 오랜 세월 중국인들의 마음속으로 악비에 대한 동정과 안타까움과 함께 진회에 대한 분노와 저주를 쏟아냈을 것이다.

그런데 진회가 과연 정말 만고의 역적인가? 다시 말하지만, 역사적 사건이나 인물에 대한 평가는 간단하지 않다. 보는 이의 시각이나, 정치적 입장에 따라 그 평가가 달라진다. 진회에 대한 평가를 언급하기 전에 당시 상황을 좀 더 살펴볼 필요가 있다. 저 유명한 '정강(靖康)의 변'은 북송이 금에 의해 멸망한 사건을 말한다. 정강은 흠종의 연호이다. 1126년에 금나라 군사들이 카이펑[開封]을 함락시키고, 이듬해 휘종(徽宗)·흠종(欽宗) 부자를 비롯하여 황후·태자·비빈·대신 등 3천여 명을 포로로 하고, 많은 재물을 약탈하여 만주로 가지고 가니, 1127년이 정강 원년이기에 이 사건을 정강의 변, 혹은 정강의 난이라 한다.

우리 역사에서도 정강의 변 못지않게 치욕적인 사건이 있었는데 바로

'삼전도 굴욕'이다. 병자호란 당시 최명길을 필두로 하는 주화파와 김상헌을 대표로 하는 주전파가 치열하게 논쟁하였는데, 어느 쪽이 옳았는지 단순하게 평가나 단언하는 것은 한계가 있다. 이처럼 정강의 변 당시에 남송의 취약한 국력을 감안하면 진회의 주화 논리도 일정 부분 설득력이 있지 않을까도 싶다. 그렇게 사안마다 이런 논리를 들이대면 그것도 또한 문제가 될 수도 있으니, 참으로 판단하기 어렵다. 어쨌든 신흥 강국 금나라 여진족의 기마병 말발굽에 희생되어 가던 남송의 백성들에게는 연전연승하던 악비가 구세주와 같았다. 그래서 진회가 갖가지 모해를 가해 악비를 잔인하게 제거한 것은 결코 용납될 수 없었다. 하지만 금과 화친책을 추진하던 세력을 무작정 비판하기 전에 당시 남송의 현실은 어떠했을까. 왜 자신들이 말하는 오랑캐와 비굴한 화친을 할 수밖에 없는 현실을.

배주석병권(杯酒釋兵權)

송 왕조는 태조 조광윤 이래로 문치주의를 표방하였다. 조광윤 하면 '배주석병권'이 유명하다. 술을 마시며 병권을 내놓았다는 뜻이다. 송나라 초대 황제의 자리에 올랐던 조광윤은 내정의 안정을 어느 정도 이룬 후 본격적으로 천하 통일 전쟁에 들어가게 된다. 당나라 멸망 후 우후죽순처럼 생겨난 숱한 국가들을 차례로 정벌하여, 중국 북부 지역에 강력한 송나라의 기틀을 마련한다. 그렇게 송나라를 개국하고 넓은 지역의 영토를 확보하여 본격적인 통치를 시작하였지만, 아울러 통치 과정에서 장애물이 등장하였다. 바로 강력한 지방 절도사의 군사력과 개국 공신들이었다.

동서고금을 막론하고 개국이나 창업에 성공하고 나면 공신들에 대한 처리가 심각한 문제로 대두된다. 아무리 뛰어난 능력을 소유한 영웅이라 해도, 그 또한 사람이라 혼자 무언가를 도모하는 것은 절대적으로 불가능하다. 그래서 주위에 사람을 모아 일정 세력을 확보한 다음에 천하를 도모하는 것이 정해진 수순이다. 그 과정에서 숱한 사람들의 마음을 사기 위해 끊임없는 노력을 기울여야 한다. 그런데 새로운 나라를 세워 창업에 성공하면 곧장 수성의 어려움이 닥친다. 창업도 어렵지만 수성은 더욱 어렵다고 하지 않는가. 중국 진시황이 최초로 천하 통일을 이룩했지만, 우둔한 2세 황제 호해 때문에 대제국 진나라가 15년 만에 급격하게 붕괴하여 망한 것을 보면 수성(守城)이 얼마나 어려운지 알 수 있다.

한 고조 유방이 진시황 사후 천하가 혼란에 빠졌을 때의 일이다. 유방이 5년간의 치열한 초한 쟁패 끝에 초패왕 항우를 격파하고 한나라를 건국하여 의기양양하였다. 공신 육가(陸賈)가 어전에 나가 유방에 진언할 때 수시로 시경(詩經)과 서경(書經)을 인용한다. 말단 정장(亭長)으로 출신 성분이 비천했던 유방 입장에서 그런 고리타분한 경서가 못마땅하여 육가를 꾸짖으며 말했다.

"나는 말 위에서 천하를 얻었거늘 시경, 서경으로 무슨 일을 하겠는가?"

居馬上而得之, 安事詩書?

이에 순순히 물러날 육가가 아니었다. 육가가 유방의 질책에 답한다.

"말 위에서 천하를 얻었다고 어찌 말 위에서 천하를 다스릴 수 있겠습니까?"

居馬上得之, 寧可以馬上治之乎?

유방과 육가의 대화에서 보듯이 나라의 창업과 수성은 그 방법이 다르다. 따라서 단순한 군사력 우위만으로 창업이 가능할 수 있지만, 수성은 문무겸비가 되어야 된다는 뜻이니 창업보다 수성이 훨씬 어려운 법이다. 현대 사회에서 기업들도 창업주가 어렵게 회사를 세우지만 2세, 3세로 내려가면서 유지 확장하지 못하는 경우가 많다. 사람 사는 세상일의 원리는 세월이 아무리 흘러도 변하지 않는 법이다.

그래서 개국 초에 공신(功臣)을 어떻게 대우하거나 처리하는가에 따라 그 국가의 향후 진로가 결정된다. 그렇다면 어떻게 할 것인가. 역사적 사례를 보면 대부분 공신을 제거해 버려 반란의 싹을 없애려 하였다. 그래서 권력자들이 강력한 무력을 행사하여 강압적으로 공신들의 사병(私兵)을 해산시켜 저항의 여지를 제거한다. 공신들의 약점을 집중 공격하거나 역모 등의 권모술수와 잔인한 고문을 가해 공신들을 처단해 버리기도 한다. 그에 따른 반발이 생기면서 개국 초기엔 공신을 처리하는 과정에서 숱한 혼란과 시행착오를 겪게 된다. 명나라 주원장의 경우가 대표적인데, 실로 엄청난 수의 관리를 처형하고 숙청하였다. 명나라 주원장은 1368년부터 30년 간 황제의 자리에 있었다. 이 기간에 주원장은 무려 10만여 명의 공신, 군인, 대신, 관료를 숙청했다.

어쨌든 황제의 권력 독점에 조금이라도 방해가 된다면 그 어떤 사람도 주원장의 칼날을 피해 갈 수 없었다. 한 고조 유방도 마찬가지이다. 초한쟁패에서 항우를 격파하고 대제국 한나라의 황제에 오르고 나서 자신을 도운 수많은 공신들을 제거하였다. 그중 숱한 전투에서 군대를 이끌어 유방의 승리에 결정적인 역할을 한 한신이 죽어 갈 때 토사구팽이라 한탄하였던 일이 대표적이다. 『사기』의 「회음후열전(淮陰侯列傳)」에 보면 다음과 같은 한신의 탄식이 나온다.

"과연 사람들의 말과 같도다. 교활한 토끼가 죽고 나면 좋은 사냥개도 삶아 죽이고, 높이 나는 새가 다 잡히고 나면 좋은 활도 창고에 들어가며, 적국이 타파되면 함께 도모한 신하도 죽인다. 천하가 평정되었으니 나도 마땅히 팽(烹)당하겠지."

果若人言. 狡兔死良狗烹, 飛鳥盡良弓藏, 敵國破謀臣亡.
天下已定我固當烹.

"토끼가 죽으니 사냥개를 삶아 먹는다."는 것인데, 한 고조 유방이 초패왕 항우를 누르고 천하 제패의 목적을 달성하니 사냥개의 역할을 한 한신 자신이 그 희생이 되었다는 의미가 된다. 어디 한신뿐이랴!

그런데 송나라 태조 조광윤은 한 고조나 주원장처럼 공신을 처리하지 않았다. 그가 쓴 방법은 매우 현명하였다. 어느 날 송나라 건국과 조광윤 자신의 황제 등극에 결정적인 공을 세운 조보(趙普), 석수신(石守信) 등 공신들과 절도사를 불러 모아 연회를 열었다. 당일 연회에 참여한 신하들은 조광윤으로부터 자신들의 공적에 대한 칭찬과 보답을 기대했을 터. 그런데 조광윤이 연회에 참석한 공신들에게 차례로 술을 권하며 자신의 생각을 털어놓았다.

먼저 의례적인 인사지만 공신들의 보좌로 조광윤 자신이 황제의 자리에 올랐다는 것을 먼저 밝혀 고마움을 표했다. 그리고 천하의 질서를 바로 세우고 백성들의 평안을 도모하기 위해 함께 군사를 일으켰던 공신들은 절대 의심하지 않는다는 점도 밝혔다. 하지만 공신들의 부하들이 문제가 될 것 같다는 염려를 드러냈다. 나아가 지금 바로 앞에 앉은 공신들이 지난날 조광윤에게 황포를 입혔던 것처럼 공신들의 부하들이 반란을 권하고 황포를 입힌다면 공신들이 어떻게 거스르겠냐고.

당일 연회에 참석한 공신들이 역모를 한다든가 하는 기미가 있었던 것도 아니었다. 어려웠던 시절 조광윤을 황제의 자리에 올릴 때 혁혁한 공을 세웠던 부하들이라 충성심이 대단한 사람들이었다. 그러나 하늘 아래 태양은 하나밖에 없고 권력은 결코 나눌 수 없으니 공신들의 부하가 쿠데타를 일으켜 공신 중 한 사람을 제위에 올릴 가능성이 있다. 아니, 지금 동석한 공신 누군가가 그런 반란의 주도 세력이 될 수도 있는 것 아닌가. 조광윤의 우려 섞인 발언에 참석한 공신들이 변함없는 충성을 맹세하면서 어떻게 하면 좋겠느냐고 조광윤에게 도로 물었다.

> "경들이 이제 나이도 들고 했으니 낙향하여 좋은 집에 수많은 노비들을 거느리고 호화롭고 편안하게 사는 것 또한 좋지 않겠소?"

그 연회가 있고 나서 절도사와 공신들은 모두 사임서를 제출하고 각자의 고향으로 떠났다. 훗날 이를 두고 술을 마시며 병권을 내놓다는 의미로 '배주석병권'이라 하였으니 세상 사람들은 조광윤의 현명하고도 탁월한 공신 처리 방식이었다. 실제로 개국 이후 공신 처리를 하면서 피비린내 나는 상황이 숱하게 전개되면서 엄청난 살육이 따랐던 사례들과 비교하면 조광윤의 이 방식은 참으로 현명하였다. 혹자는 배주석병권을 통해 공신들에게 부정부패를 마음껏 자행할 권리를 주었다고 혹평하기도 한다.

송태조 조광윤의 훌륭한 공신 처리 방식과는 별개로 송나라가 표방하고 추진했던 문치주의는 필연적으로 국방력의 약화를 초래하여 송 왕조 내내 심각한 문제가 된다. 여기서 창업과 수성의 문제가 부각된다. 공신들을 그렇게 현명하게 내보낸 조광윤이었지만, 문치주의가 낳은 국방력의 약화는 나라를 통째로 혼란에 빠지게 한 요소가 되어 버렸다. 그것이 수성의 문제를 넘어서서 국가를 패망의 길로 접어들게 하는 결정적인 요인이 되어 버린다.

거란족이 세운 요(遼), 티베트 계통인 탕구트족의 서하(西夏), 여진족이 건립한 금(金)나라 등이 번갈아 가며 허약한 송나라 국경을 마음대로 유린하였다. 특히 북방의 신흥 강자 금나라는 한때 송나라와 연합하여, 거란족의 요나라를 무너뜨린 뒤에 오랜 시간 송나라를 집요하게 괴롭힌다. 송나라가 신흥 강국 금나라의 의도를 전혀 눈치채지 못하고 단편적인 시각에서 동맹을 맺었는데, 금나라와 맺은 이 동맹이 결과적으로 송나라의 쇠퇴를 촉진하는 결정적인 계기가 되고 말았다.

문치주의에 따른 국방력이 약화되고, 눈앞의 위기만 의식하고 동맹국과 연합하는 데 급급했던 송 왕조가 결국 비참한 최후를 겪게 된다. 휘종제위 시절이었던 1126년에 금의 침공을 받아 수도 개봉(開封)이 함락되었다. 여진족의 금나라 6만 정예군에 송의 대군이 정면충돌하였는데, 송나라 군대가 여지없이 괴멸되었다. 아무리 군사의 수가 많다 해도 전쟁에 참여하는 장병들의 전투 의지가 없으면 아무 소용이 없다. 혹자들은 송나라 군세가 100만 대군이라고 하지만 오합지졸에 불과했던 송나라 군대는 추풍낙엽처럼 쓰러졌다. 결국 1127년 3월에 휘종 흠종 부자, 위(韋)

태후, 진회, 문무백관 등 수천 명이 포로로 끌려갔으니 이를 '정강의 변(靖康之變)'이라 한다. 중국 드라마에 보면 휘종, 흠종 부자가 벌거벗은 몸에 짐승 가죽을 입고 기면서 조아리는 수모를 당하는 장면이 나온 적이 있다. 견양례(牽羊禮)라는 항복 의식으로 웃옷을 벗기고 등에 생양피를 뒤집어쓰게 하는 매우 모욕적인 것이었다.

황제 휘종과 아들 흠종을 비롯한 왕족 등이 고위 관리들과 함께 금나라에 대거 끌려가 북송 정권은 사실상 막을 내렸다. 그리고 1127년 상구(商丘)에서 휘종의 9남 고종 조구(趙構)가 나라를 새로 세웠는데, 바로 남송(南宋)이다. 한번 기세가 꺾인 송나라의 국운은 급격하게 쇠망의 길로 접어들고 만다. '정강의 변' 이후 12년 뒤인 1139년에 남송은 결국 금에게 항복하게 되고 군신 관계의 신하국으로 자청하게 된다. 참으로 굴욕적인 순간이었다. 그렇게 경멸하던 오랑캐에게 중원의 황제가 신하국으로 자처하게 되는 현실을 정통 한족들이 도저히 받아들이기 어려웠다. 화친을 맺을 당시, 고종이 병을 핑계로 항복의 현장에 나오지 않았고, 황제를 대신한 주화파 진회가 금의 사신 앞에 무릎을 꿇었다. 화친의 결과로 휘종의 영구(靈柩)와 위태후가 귀환하였다. 흠종은 금나라에서 죽을 때까지 지냈으니, 결과적으로 휘종과 흠종 부자 모두 북방 금나라 이국땅에서 비참하고 쓸쓸하게 죽었다.

진회(秦檜)의 술수

한편 '정강의 변' 때 포로로 잡혀갔던 진회는 금 태조 아골타(阿骨打)의 사촌 동생이자 실력자인 다란(撻懶)의 휘하에서 환대를 받으며 지냈다. 훗날을 도모하기 위해 다란이 의도적으로 진회에게 호의적으로 대했을 것이다. 조국 송나라가 금에게 굴욕적인 항복을 한 상태에서 진회는 포로 신세임에도 적지에서 비교적 편하게 지냈다. 조국과 민족이 위험에 처했을 때는 자신과 가문보다 나라의 미래를 더 걱정해야 하지만, 진회는 그리 하지 않았다. 물론 진회는 훗날을 도모하고자 개인적 이익이 아니라 나라와 민족의 미래를 위해 금나라 실력자와 가깝게 지냈다고 자기 합리화를 할지 모른다. 그렇게 금나라에서 3년 동안 억류 생활에서 풀려난 진회가 1130년에 진회가 남송으로 귀환한다. 남송으로 돌아온 뒤에 금과의 화친을 내걸고 대대적인 주전파 탄압에 나섰다.

금나라에서 아무리 환대를 받았다고 해도 적지에 장기간 구속된 고난의 세월을 적지에서 보낸 진회가 왜 금나라와 화친을 주장하게 되었을까. 아무래도 당시 상황과 밀접한 연관이 있지 않을까 한다. 휘종과 흠종 황제와 고종의 생모 위 태후, 고관 대신 등 요인들이 인질로 붙들려 금나라에서 꼼짝 못 하고 있는 상황에서 취약한 송나라가 금나라와 정면 승부하는 것에 상당한 부담을 느꼈을 것이다. 기울어 가는 송나라의 현실에서 신흥 강국 금나라와 정면 대결하면 나라와 민족의 미래를 유지할 수 없다고 생각했을지도 모른다. 적절한 타협으로 송 왕조를 유지하기로 가

닥을 잡은 진회는 오히려 금나라의 비호 아래 실질적인 권력자로 처신하게 된다.

휘종과 흠종이 금나라에 잡혀 있는 동안 남송의 황제로 등극한 고종도 취약하기는 마찬가지였다. 황제라고는 하나 진회라는 실질적인 권력자를 거스르기 힘들었고, 실제로 진회가 황제 고종의 주변에 자신의 세력을 배치하여 감시할 정도였다. 황제는 그냥 허수아비에 불과했다. 그래서 고종이 자신을 지키기 위해서 단도를 늘 감추고 다니다가 진회가 죽고 나서 그 단도를 버렸다는 일화도 있다. 진회가 사실상 남송의 통치자가 되어 세월이 흘러가던 1140년에 남송이 강력한 금나라 군대의 재침을 겪게 된다.

정강의 변에서 치욕적인 상황을 경험한 남송에게 또다시 위기가 몰려온다. 금나라 완안올술(完顔兀術)이 지난날의 약속을 깨고 송을 다시 침략했다. 한 번 기세가 꺾인 국운은 이렇게 일어나기가 힘들다. 더욱이 적에게 빌붙은 자가 실권을 쥐고 있다면 국난을 극복하기 더욱 힘든 법이다. 악비가 있는 한 자신의 뜻대로 되지 못할 것을 직감한 완안올술이 이번에는 '악비의 목'을 조건으로 남송의 허약한 조정에 화친을 제의하였다. 결국 진회와 고종의 공모로 악비의 병권을 박탈하고 반역죄를 씌워 악비를 처형하였다. 어리석은 황제 고종과 교활한 반민족주의자 진회가 합작하여 충신 악비를 제거하고 만 것이다.

악비 부자(父子)를 비롯한 주전파들이 대부분 희생되는 결과를 초래하고 말았다. 앞에서도 언급하였듯이 서른아홉의 아까운 나이에 악비가 외부의 적(敵)이 아닌 같은 나라 조정의 음모에 어이없게 희생되고 만다. 국가가 멸망하는 이유가 외침에만 있는 것이 아니다. 악비가 희생되는 과정을 보면 외부보다 내부에서 진회가 같은 간신 때문에 망국의 길을 걷는 경우도 많다. 어쨌든 남송과 금나라 양국은 1142년에 화약을 맺게 되었다. 북방의 방대한 영토와 예물을 바치고 머리를 조아리며, 증오와 경멸의 대상이었던 오랑캐에게 비굴하게 또다시 고개를 숙이게 되었다. 조선의 인조가 병자호란 당시 만주족 청나라에 굴복하는 과정과 흡사하다. 진회같이 우리 내부의 충신을 죽이는 사건은 없었지만.

진회와 악비 재평가

주화파의 거두 진회가 금나라의 비호 아래 갖은 모략을 써서 악비를 제거하였으니, 남송 당대 조정에서는 악비가 당연히 부정적인 인물로 치부될 수밖에 없었다. 그런데 송이 멸망하고 이민족인 몽골의 원(元)이 중국 중원을 지배하였고, 후에 주원장의 명나라가 원나라를 격파하여 북방으로 밀어낸다. 화이사상(華夷思想)으로 무장된 명나라의 주자학파들에게는 중국 한족들의 자존심을 세울 인물이 필요했다. 나라와 민족을 위해 충성을 다하다 오랑캐와 손잡은 세력에 희생된 악비가 그들의 구미에 딱 맞았다.

그리고 중국 역사상 최대 광역을 자랑하던 청나라가 말기에 이르러 국력이 극히 쇠퇴하고 서구 열강들의 무자비한 침탈에 시달리게 되자, 국난의 위기를 극복하고, 민족의 정체성 정립과 민족의 단결을 도모하기 위해서는 상징적 영웅이 필요했다. 특히 만주족인 청나라 정부를 배척하고 새로운 공화국을 수립하고자 했던 손문과 같은 한족(漢族) 지도자들에게 이민족인 여진족과 맞서 굴하지 않고 연전연승하다 간신들의 모략에 희생된 악비를 최고의 영웅으로 부각시킬 필요가 더욱 커진다. 선명한 대비 효과를 노리기 위해서 충신과 간신의 상징적 인물로 악비와 진회를 극단적으로 안배하였다.

그런데 최근 중국에서 진회에 대한 재평가가 나오고 있다고 한다. 남송 초기의 정치가 진회가 악비를 교활하게 제거한 간신이 아니라, 시대를 직시하고 나라와 백성을 위기에서 건져 낸 영웅이라는 재평가 말이다. 진회는 24년간 재상을 맡아 신흥강국인 금나라와의 화평책을 주장하면서, 금나라와 결사 항전을 주장하는 악비 등을 처형하였다. 그리고 금에 대하여 신하의 예를 취하고 조공을 바치는 치욕적인 불평등 조약을 체결하여 오랜 기간 간신의 전형적인 인물로 찍혔다. 하지만 작금에 와서 교활한 간신이 아닌 국가를 환란의 위기에서 구해낸 탁월한 외교 실력자였다는 평가가 등장한다. 따지고 보면 지금은 충신의 대표적인 인물이라고 격찬하는 악비조차도 당대에는 제대로 인정받지 못했다. 그런데 기나긴 세월 경멸과 저주를 받아 왔던 진회가 21세기 들어 긍정적인 인물로 재평가되고 있다.

역사적 사실이 시대 상황에 따라 다양하게 평가된다는 점은 이해할 수 있으나, 그렇게 오랜 기간 아니, 지금도 민중들의 증오를 받고 있는 진회를 긍정적으로 평가하는 것은 이해하기 어렵다. '다민족 일체론'의 일환인가. 중국이 강조하는 '다민족 일체론'은 여진족, 몽골족, 만주족 등과 싸웠던 한족의 전쟁을, 이민족과의 전쟁이 아닌 민족 내부의 갈등으로 변질시켰다. 심지어 우리가 그렇게 자랑스러워하는 고구려도 중국 측에선 중국의 지방 부족 국가 중의 하나라고 주장한다. 나아가 수나라와 당나라가 대규모 원정군을 보내 고구려를 쳤던 사실은 국가 간의 전쟁이 아니라 중국에 소속된 일부 부족의 난을 정벌한 것으로 역사를 다시 쓰고 있다고 한다. 우리가 잘 아는 동북공정의 일환이다.

여기에서 우리의 눈길을 끄는 것은, 여진족의 금나라에 대항하여 적극적으로 싸울 것을 고집했던 주전파의 상징적 인물인 악비가 더 이상 '민족'의 영웅이 아니며, 오히려 유연한 화평책으로 더 이상의 국가 환란을 막은 진회가 시대의 흐름을 넓은 시야로 파악한 유능한 관리였다고 보는 시각이다. 세상의 그 무슨 일도 시각에 따라 그 의미가 달라진다. 시대가 변하면 시각도 변하긴 마련이지만 아무리 그래도 구국의 충신 악비를 부정적으로 천하의 간신 진회를 유능한 관리로 재평가하다니, 중국의 역사 공정의 실체가 두렵다. G2로 성장한 오늘의 중국이 수천 년 동안 충신의 상징으로 섬기던 악비도, 간신의 전형적인 인물로 낙인찍었던 진회도 자신들의 입맛에 따라 평가를 달리한다니.

더욱이 중국이 주장하는 만리장성의 길이도 시간이 가면서 점점 길어지고 있다. 실제로 장성이 늘어난다는 것이 아니라 중국이 주장하는 장성의 길이가 길어진다는 뜻이다. 이건 아무리 생각해도 역사를 자의적으로 해석하는 것으로밖에 보이지 않는다. 그런 논리라면 우리 한반도의 한민족도 중국 한족의 지배를 받았던 소수 이민족으로 자신들의 역사적 테두리에 넣지나 않을지 모르겠다. 아니, 동북공정을 강력하게 추진하는 중국의 현실에서 그들의 마음속에는 엄연한 독립국 대한민국의 역사를 그들의 속국 부족의 역사로 인식하고 있을지도 모르겠다.

막수유(莫須有)

진회에 대한 재평가는 제쳐 놓고, 진회(秦檜)가 악비를 살해할 때 어떤 죄목을 들이대었을까. 인간 사회에서 헤게모니 쟁탈 과정에서 정적을 제거할 때 합당한 근거가 없다고 시도를 쉽게 포기하지 않는다. 합당한 근거나 이유가 없다면 없는 죄목도 만들어 내는 것이 추악한 권력의 세계가 아니던가. 진회가 중국의 민족 영웅으로 칭송받는 악비와 아들 악운을 무참히 살해할 때 했던 말에 '막수유'가 있다. '어쩌면 있었을지 모른다.'라는 뜻이다. 어떻게 이렇게 어이없는 혐의가 악비에게 가해졌을까.

진회와 그 일당이 금과 화친을 추진하던 중에 금의 올술(兀術)이 악비를 죽여야 화친을 할 수 있다는 조건을 건다. 금의 의도는 뻔했다. 악비가 있는 한 남송을 도저히 멸망시킬 수 없으니 남송 조정 내부에 이간책을 써서 분열을 유도하고, 남의 손을 빌려 사람을 죽이는 차도살인(借刀殺人) 방식으로 악비를 제거하고자 했다. 손도 안 대고 코 푸는 식의 교활한 술수였다. 그런데 금나라의 요구대로 남송의 권력자 진회와 그 일당이 일단은 악비를 반역의 죄목으로 투옥하지만, 막상 악비의 주변을 아무리 알아봐도 합당한 처벌 증거를 찾지 못한다.

그러자 진회 일파들이 '막수유'라는 참으로 허무맹랑한 명목으로 악비와 그의 아들 악운(岳云)을 함께 엮어 처형하였다. 악비의 어머니가 아들의 등에 '정충보국(精忠報國)'을 새겼으며, 아들도 어머니의 기대를 저버리지 않고 민족과 국가에 충성을 다했는데, 진회와 그 일당들이 정확한 증거도 없이 그저 막수유란 애매모호한 말 한마디로 죄인을 만들었다. 도대체 악비의 죄가 무엇인가. 막수유(莫須有)라고 '그냥 죄가 있었을지 모른다.' 세상에 이런 죄도 있던가. 참으로 기가 찬 죄목이 아닐 수 없다.

조고(趙高)

이제 다시 돌아와 진시황 사후 얘기를 계속해 보자. 중국 최초로 천하 통일을 이룬 진시황의 진나라는 환관 조고 때문에 멸망의 길로 접어들었다. 물론 조고 혼자만의 잘못은 아니다. 그렇지만 진나라 붕괴의 주요 원인으로 조고의 진시황 유조 변조임은 부정할 수 없는 사실이다. 진시황이 왜 간신인 조고에게 중책을 맡겼던 것일까? 사람은 누구나 나이가 들면 총기가 사라지기 마련이다. 그것이 자연의 정해진 이치이니 어쩔 수 없긴 하지만 그래도 조고가 어떻게 진시황의 눈과 귀를 가렸을까. 원래부터 충신은 비굴하게 임금의 비위를 맞추면서 아첨하는 행위를 극도로 꺼리고, 간신은 입안의 혀처럼 임금을 대하는 데 능하다. 동서고금을 막론하고 권력자는 아래 사람의 아첨이 달콤한 법이다.

중국 천하를 최초로 통일하여 강력한 중앙 집권 체제를 확립한 진시황이 군현제를 도입하고, 문자와 도량형, 화폐 등을 통일시켜 전면적인 개혁을 실시하여 많은 성과를 거두었지만, 개혁 과정이 너무나 급격하게 진행된 탓에 상당한 후유증이 발생한다. 따지고 보면 중국 서쪽 변방에 불과하던 진나라를 중원으로 진출하여 강대국으로 성장하는 데 결정적인 역할을 하는 것이 바로 진효공 시절 상앙(商鞅)의 전면적이고 급진적인 개혁이었다.

개혁은 과정도 힘들지만, 그 여파도 만만치 않다. 개혁은 반드시 반개혁을 초래하고 그에 따라 반발하는 세력이 반드시 나타난다. 그리고 진나라의 엄격한 법치주의가 전국적으로 시행되면서 각 지역에서는 가혹하고 무거운 통치가 이어졌다. 까다로운 법률과 무거운 형벌로 인해 민심은 권력층으로부터 점차 이반되어 갔다. 강력한 집권 체제를 확립하기위해 이사가 분서갱유를 주장했을 때, 조야에 신망이 두터웠던 태자 부소(扶蘇)가 민심 이반을 들어 강력하게 진언했다. 그러나 진시황은 오히려 부소를 북쪽의 상군으로 파견해 북방을 지키고 있던 몽염(蒙恬) 군대를 감독하도록 하였다. 태자를 북방에 보낸다는 것은 차기 황제의 자리에 오를 기회를 놓칠 가능성이 높았으니, 사실상 내치는 것이나 마찬가지였다.

또한 진시황이 천하를 통치하는 지존이 되었지만, 그도 죽음만은 절대피할 수가 없었다. 진시황이 나이가 들어가면서 죽음을 두려워하게 되고, 그에 따라 장생불사를 꿈꾸게 된다. 평소의 총명한 기운이 가득할 때는 생각하지 않았던 일이지만, 진시황도 영원토록 살겠다는 욕망 때문에비현실적인 미신에 집착하기 시작했다. '망진자호야(亡秦者胡也)' 즉 진나라를 망하게 하는 것은 호(胡)라는 참언이 돌자, 그것을 과신한 나머지명장인 몽염에게 만리장성을 쌓게 하기도 하였다. 그런데 그 오랑캐 호(胡)라고 만리장성을 쌓게 하였는데, 실제로 진나라를 멸망의 길로 이끈것은 호해(胡亥) 그 우둔한 2세 황제였다.

진시황이 통일 이후 다섯 차례 시행한 '천하 순행'도 자신의 권위를 세상 사람들에게 과시하기 위한 목적이 다분했다. 실제 진시황이 다섯 차례 천하 순행 때 들른 곳마다 '자신의 위대함과 제국의 무궁함'을 기원하는 비석을 세우는 데는 열심이었다. 하지만 그렇게 다섯 차례나 천하 순행을 다녔지만, 민심은 오히려 멀어져 갔다. 진시황의 꿈속에서 청의동자와 싸워 이기는 홍의동자가 보게 되는데, 주위에서 홍의동자가 진시황의 나라를 빼앗는다는 해몽을 하였다고 한다. 이에 진시황이 해몽을 믿고 그 동자를 찾기 위해 5차례 순행길에 올랐다는 설도 있을 정도이다.

진시황의 죽음

제국 진나라의 운명이 걸린 마지막 제5차 순행은 B.C 210년에 있었는데, 당시 승상 이사와 환관 조고, 막내아들 호해가 동행하였다. 사구 지방에 이르러 위독해진 시황제는 환관 조고에게 유언장을 쓰게 한다. 그는 옥새는 적장자인 부소에게 전하고 부소가 돌아와 자신의 장례를 치르도록 유언을 남긴 뒤 7월 22일, 50세로 숨을 거두고 말았다. 『사기』 「진시황본기」에 아래 기록이 나온다.

> "시황이 평원진(平原津)에 이르렀을 때 병이 들었다. 시황
> 은 죽음이라는 글자를 매우 싫어하여 군신들은 아무도 감히
> 죽음에 대해 언급하지 못했다. 황제의 병이 더욱 악화되자
> 새서(璽書)를 부소 앞으로 썼다."

> "함양으로 돌아와 나의 장례식에 참석하라!"

與喪會咸陽而葬!

그러나 진시황은 옥새가 찍혀 있는 문서, 즉 새서를 작성하였지만 그것이 부소에게 전달되지 못했다. 진나라의 운명을 결정할 수 있는 그 중차대한 새서가 당시 중거부령(中車府令) 조고의 손에 들어갔다. 조야에 두터운 신망을 받고 백성의 고통을 남달리 이해하던 맏아들이자 태자인

부소가 수도 함양으로 돌아와 장례식으로 치렀으면 진시황에 이어 큰 혼란이 없이 황위를 이었을 터. 그런데 역사의 운명이란 본디 그런 것인가! 이 새서가 천하의 간신 조고의 손에 들어갔으니 그 또한 진나라와 당시 백성들의 운명이 아니겠는가.

그해 7월에 진시황이 함양으로 복귀하던 중에 사구평(沙丘平)에서 결국 숨을 거두었다. 진시황의 붕어(崩御) 사실을 아는 이가 조고와 승상 그리고 2세 호해를 비롯한 환관 몇 명에 불과하였으니, 몇 사람만 입을 맞추면 진시황의 붕어 사실을 비밀로 할 수 있었다. 실제 그랬다. 승상 이사는 황제의 죽음이 밖에 알려지게 되면 진시황의 여러 공자들을 비롯한 권력을 노리는 세력들이 들고 일어나 혼란이 발생할까 우려하게 된다. 그래서 진시황의 붕어 사실을 철저하게 비밀에 부치고 사구평 현지에서는 황제의 상(喪)을 발하지 않았다.

진시황의 관을 온량거(轀涼車)에 싣고, 평소처럼 수레가 이르는 곳마다 황제에게 음식을 올리게 하였다. 온량거는 온도를 조절할 수 있는 수레였다. 각종 공문서는 환관을 통해 출납하였으니 평소처럼 진시황이 직접 결재를 하는 줄 알았고, 당시 수행하던 백관들조차 진시황의 붕어 사실을 몰랐다. 새서를 손에 쥐고 있는 조고가 진시황의 후사 문제를 두고 생각에 빠진다. 진시황의 유고대로 장자 부소에게 전달하여 황위를 잇게 하면 조고의 역할을 다한다. 하지만 욕심 가득한 조고가 그렇게 하지 않았다. 그래서 거센 회오리바람이 조정 내외에 일어나고 엄청난 인명이 살상되는 지옥 세상이 펼쳐졌다. 간악한 환관 조고의 손에 진나라의 운명이 결정되어 버린다.

권력 투쟁

북방에 있는 승계 영순위인 부소에게 그대로 전달하면 어떻게 될 것인가. 부소가 복귀하여 황제에 오르면 북방을 지키고 있는 몽염이 총애를 받게 된다. 태자 부소와 명장 몽염이 북방에서 오랜 시간 함께 지내면서 의기투합했을 가능성이 높다. 더욱이 몽염 집안은 대대로 진나라에 공을 많이 세운 명문거족이었다. 결정적으로 조고는 몽 씨 집안 좀 더 구체적으로 말하자면 몽염 동생인 몽의(蒙毅)와 너무나 좋지 않은 인연이 있었다. 한번은 조고가 범죄를 저질러 사형선고를 받은 적이 있었는데, 그때 몽의를 반대를 뚫고 진시황이 특별 사면하여 간신히 목숨을 부지하였다.

그때 조고를 조사했던 사람도 몽의였고, 사형선고를 내렸던 사람도 바로 몽의였다. 몽의는 사사로운 감정이 없이 성실하게 조사를 했고, 그에 합당한 죄책을 물어 사형선고를 내렸다. 그때 진시황이 몽의에게 조고의 죄가 사형에 해당하나 그 재주와 부지런함이 아까우니 한 번만 선처를 하라고 부탁을 한다. 전제 군주하에서 몽의가 아무리 옳다고 생각한들 진시황의 부탁을 거부할 수 있겠는가. 조고는 거의 죽을 뻔하였다가 진시황의 특별 사면으로 간신이 살아날 수 있었다.

그렇다면 조고도 자신의 잘못을 반성하고 몽의나 진시황에 대한 악감정을 가져서는 안 되는데, 조고는 그렇게 하지 않았다. 자신이 행한 잘못을 반성하지 않고, 오히려 몽의가 조고 자신에게 책임을 물었던 사실에 분노했다. 그날부터 조고가 몽의에 대해 깊은 원한을 가졌고, 그러한 개인적 원한이 얽혀 있는 상황에서 권력이 진공 상태에 놓여 있었다. 조고가 평소에 호해 공자와 친하게 지냈다고는 하지만, 몽씨 집안과 얽힌 이런 감정이 조고가 우둔한 호해를 황제의 자리에 올리는 데 중요한 역할을 하게 되었다고도 볼 수 있다.

일찍이 조고가 공자 호해에게 글과 옥사에 관한 율령과 법규에 관해 가르친 적이 있었다. 스승과 제자 관계가 형성되면서 호해나 조고 둘 다 상대방에 대해 호감을 가지게 되었다. 그런 인연을 생각하면서 조고가 미래의 전개 상황을 심사숙고했을 터. 손에 들어온 권력을 어떻게든 자신이 행사하고 싶은데 누가 더 만만할까. 조야에 신망이 두터운 태자 부소보다 세상 물정 모르고 우둔한 호해가 다음 황제의 자리에 오르면 조고 자신이 권력을 마음대로 행사할 수 있을 것이라고 판단한다.

조고는 국가나 민족의 미래보다는 오직 자신의 권력을 어떻게 유지할 것인가에만 관심이 많은 사람이었다. 결국 공자 호해와 승상 이사와 함께 비밀리에 모의하여 새서를 뜯고 그 내용을 바꾸게 된다. 이를 후세 역사가들이 '사구정변(沙丘政變)'이라 칭하니, 한 마디로 권력에 눈먼 조고와 이사가 작당하여 황제의 자리를 바꿔치기한 사건이었다. 승상 이사가 진시황을 보좌하여 천하를 경영한 총신(寵臣)이라곤 하지만 이사는 태생적으로 출세지상주의자였다. 조고와 이사 두 사람은 사구평에서 진시황의 유조를 받들었다고 발표하면서 호해를 태자로 세웠다. 나아가 진시황이 부소에게 전하라고 지시한 그 새서를 거짓으로 꾸며 공자 부소와 몽염의 죄를 나열한 뒤, 두 사람 모두에게 자살을 명하였다.

실제로 위조된 유서가 북방에 전해졌을 때, 부소는 조금도 의심하지 않고 자결하였고, 몽염은 유서에 대해 의심하면서 자결을 거부한다. 이런 중차대한 사안을 사신 한 명의 말을 듣고 결정하긴 의심스러우니 좀 더 확인 후에 황제의 유명을 받는 것이 옳다고 말했다. 하지만 결국 몽염도 옥에 갇혀 지내다 이 세상을 하직하게 된다. 진시황의 시체를 태운 행렬이 정형(井陘)을 거쳐 마침내 구원(九原)에 당도하였다. 뜨거운 햇볕이 사정없이 퍼붓는 여름철이었기 때문에 진시황의 시신이 썩는 악취가 진동을 했다.

진시황의 붕어 사실을 아는 사람이 극소수이고 함양에 도착할 때까지 비밀로 하였기 때문에 시신이 썩는 냄새도 남들이 알아채지 못하도록 해야 했다. 그래도 조고가 환관들에게 비린내가 나는 생선을 소금에 절인 것을 가득 실어 시신에서 나오는 악취를 혼란스럽게 하게 하였다. 이윽고 시황의 시신을 실은 행렬이 직도(直道)를 거쳐 함양에 당도하여 시황의 상을 발표하고 태자 호해가 뒤를 이어 이세 황제라 칭했다. 그해 9월 시황을 여산(驪山)에 장사지냈다.

조고와 이사의 암투(暗鬪)

이렇게 진시황 사후를 개괄하여 보았지만, 이런 사태가 일어나는 결정적인 역할을 한 조고와 이사의 치열한 수 싸움이 압권이다. 물론 실제 칼자루를 쥔 쪽은 조고였고, 이사는 칼날을 쥔 절대 불리한 상황이었지만. 앞에서 말하였듯이, 진시황의 새서를 손에 쥔 조고가 북방에 가 있는 부소보다는 우둔한 공자 호해를 선호하여, 다음 황제에 올리려 했다. 혼자 그것을 실행하는 것에는 상당한 부담이 따를 터. 그래서 승상 이사를 자신의 편으로 끌어들이기 위해 수를 쓰게 된다. 승상 이사가 처음에는 '황제의 유조(遺詔)를 바꾸자'는 조고의 제안을 일언지하에 거절한다. 승상 입장에서 아무리 생각해 봐도 조고의 제안을 도저히 받아들이기 어려웠다.

이 상황에서는 이사가 조고의 의도를 충분히 몰랐기 때문에 조고의 제안을 액면 그대로 판단했다. 감히 하늘 같은 황제의 유고를 조작하여 차기 황제를 바꾼다는 생각은 할 수 없었다. 이사가 진실로 강직하고 충성심 강한 사람이었다면, 승상의 직권으로 군대를 동원하여 조고를 즉시 체포하였을 것이다. 물론 조고가 주도면밀하게 준비하여 이사에게 제안하였다면 이사가 군사를 일으키기 전에 역공을 당해 먼저 비명횡사하였을 수도 있다. 어쨌든 이사는 승상 고유의 권한을 행사할 의지를 나타내지 않았다. 그래서 조고의 제안에 대해 이사가 발끈한다.

"지금 무슨 그런 당치 않은 말씀을 하시오. 그대는 그대의

위치로 돌아가고 나는 황제의 조칙을 받들어 오직 하늘의

명에 따를 뿐이오. 이것이 어디 우리가 가볍게 결정할 수 있

단 말이오?”

진시황을 도와 천하를 함께 통치한 정승 이사도 처음에는 조고의 제
안에 강경하게 대응한다. 여기까지는 그렇다. 그런데 이사 이 사람도 철
저한 출세지상주의자에 불과하여 오직 권력에 대한 열망 하나로 부나비
처럼 살아왔다. 진시황을 만나 천하의 승상이 되어 권력을 좌지우지하며
세상을 경영하지 않았던가.

동서고금을 막론하고 권력의 공백 상태에서 정보를 누가 확보하는가
가 향후 전개되는 권력 헤게모니 싸움에서 결정적인 역할을 한다. 특히
차기 권력을 결정하는 역할을 누가 하는가에 따라 권력의 향방이 완전히
달라지게 마련이다. 당시 진시황을 둘러싼 정보는 조고가 독점하고 있는
상태였다. 승상 이사가 아무리 황제의 총애를 받고 막강한 권한을 지닌
자리에 있다고 하더라도 그도 그저 권력만 탐하는 관리에 불과하였다.
더욱이 진시황의 붕어(崩御) 사실을 가장 먼저 알고 새서(璽書)까지 확보
한 조고에게 대적하기는 역부족이었다.

이사는 진시황이 중국 역사상 최초의 통일 국가를 세울 때 결정적인
역할을 하였다. 그런데 통일 국가인 진나라가 불과 15년 만에 멸망하는
과정에서도 주요 역할을 하였으니 인생은 알다가도 모를 일이다. 이사가
진나라의 멸망에 주요 역할을 하였다고 보는 이유는 환관 조고와 공모하
여 태자 부소와 몽염 장군을 제거한 다음 진시황의 막내아들인 호해가 황

제의 자리를 찬탈하는 것을 도왔기 때문이다. 황권 찬탈을 위해 이사를 설득하러 온 환관 조고와 벌인 논쟁을 보더라도, 이사가 얼마나 사리사욕에 눈먼 인물인지 충분히 알 수 있다. 이사는 결정적인 순간에 대의보다는 권력욕에 빠져 부귀영화를 탐하고 말았다.

환관 조고는 부귀영화를 계속 누리기 위해 태자 부소가 아닌 진시황의 막내아들인 호해를 선택한다. 그런데 이것이 그리 간단한 사안이 아니었다. 황제의 자리를 바꾸는 실로 엄중한 일이었다. 조고가 혼자서 그렇게 결정하여 쉽게 추진할 수도 없었다. 그래서 조고는 진시황이 남긴 조서를 거짓으로 다시 꾸며, 태자 부소를 대신하여 호해를 황제의 자리에 올려야 했다. 부소 자신은 당시 아버지 진시황의 죽음도 몰랐고, 유서의 진실도 전혀 몰랐다. 조고가 의도한 대로 그냥 죽어 가야만 하는 불운한 태자였다. 권력에 눈먼 환관 조고의 탐욕이 빚은 비극이었다.

위조된 조서의 내용에 따라 큰아들 부소가 자결하고, 훗날 호해가 황제에 오른 다음에 남아 있던 이십여 공자와 공주들이 함양 저잣거리에서 창으로 찔러 죽이는 책형(磔刑)을 당해 울부짖으면서 죽어 가야만 했다. 훗날 어떻게 정국이 어떻게 전개될지 그 당시에는 몰랐을 터. 조고가 진시황 사후 유서를 손에 쥐고 자기 마음대로 정국을 주도하기 위해서는 조연이 필요했다. 가장 먼저 당시 찾은 사람이 바로 이사였다. 만인지상, 일인지하 승상 이사를 반드시 가담시켜야 했다. 그래서 조고는 이사를 찾아간다. 두 사람의 만남은 중국 역사상 최초의 통일 제국인 진나라의 향후 운명을 결정짓는 역사적 만남이었다.

조고가 말한다.[47]

　"황상께서 세상을 떠나실 때 태자 부소에게 '함양으로 돌
아와 장례를 치르고 황제의 자리를 잇도록 하라.'는 유조(遺
詔)를 내렸습니다. 이러한 유조를 내리신 것은 부소를 후사
로 세운 것인데, 유조를 태자에게 보내기 전에 황제께서 급
작스럽게 세상을 떠나셔서 유조의 내용을 아무도 모르고 있
습니다. 부소 태자에게 내리신 유조와 옥새는 지금 모두 호
해가 가지고 있습니다. 이제 태자를 정하는 것은 승상과 저
조고 우리 두 사람에게 달려 있습니다. 장차 어떻게 하시겠
습니까?"

　당연히 부소가 돌아와 제위에 올라야 한다. 진시황의 유조도 그리 하
라고 되어 있다. 그런데 뛰어난 역량을 갖추고 조야에 신망이 두터운 부
소가 돌아와 황제의 자리에 앉으면, 조고는 지금 누리고 있는 권력을 더
이상 유지할 수 없다. 새로운 황제가 들어서고 서서히 내정을 안정시켜
가게 되면, 권력의 속성 상 조고는 즉시 척결 대상으로 바뀌게 된다. 이것
이 냉엄한 권력의 세계가 아닌가. 오랜 궁중 생활에서 정세 파악에 누구
보다 예민했던 조고가 이런 상황을 정확하게 꿰뚫어 보고 있었다. 그래
서 진시황의 유서를 조작까지 하면서 권력을 천년만년 누리겠다는 욕망
을 드러낸다. 하지만 진시황의 천하 통일 과정에서 부각된 승상 이사의
존재감 또한 무시할 수 없었다. 이사가 적극적으로 반대하였으면 조고의
의도도 초기에 봉쇄되고 중국의 역사 자체가 달라졌을 것이다.

그렇지만 조고는 이사와 권력을 공유할 생각이 전혀 없었다. 오히려 자신의 권력 쟁취에 이사를 활용했을 뿐이다. 이사를 이 추악한 권력 쟁취에 발을 담그게 하여 진퇴양난의 지경에 이르게 한다. 그 뒤 이사를 제거하여 천하를 손아귀로 움켜잡겠다는 생각뿐이었다. 그런데도 이렇게 이사에게 제안한 것은 조고 혼자서 진시황 사후 정치 공백 상황에서 권력을 휘두르는 데는 한계가 있었기 때문이다. 아무리 환관의 권력이 강하다 한들 승상이 엄연히 살아 있는 상황에서 독단적으로 황제의 유조를 조작하고 권력의 향방을 제 마음대로 결정할 수야 없었다. 승상 이사가 어떤 사람인가! 권력의 냄새를 맡는 데는 귀신같은 사람이 아니던가.

조고는 승상 이사에게 오기 전에 공자 호해를 먼저 설득하였다. 조고의 제안을 듣고 호해도 당연히 거절한다. 그렇다고 조고가 여기에서 포기할 리가 없다. 환관이라고는 하지만 지난 날 황제의 신임을 받을 만큼 산전수전을 모두 겪은 인물이다. 노회함과 능력과 부지런함을 두루 갖추었다. 뛰어난 역량을 권력 쟁취라는 목적에만 치중하여 사악하게 활용한 것이 문제가 되겠지만 말이다. 첫 제안에 거절하는 호해를 두고 조고가 그냥 넘어 가지 않았다. 조고의 제안에 호해가 거절하는 강도가 그리 세지 않다. 조고가 보기에 호해는 겉으로는 거절하지만 황제의 자리에 관심이 아예 없진 않다.

그래서 다시 집요하게 설득하여 호해를 끌고 간다. 황제께서 돌아가시면서 조서를 내려 장자 부소에게 황제의 자리를 맡게 하셨는데, 그렇게 되면 호해는 한 치의 땅도 가질 수 없게 된다. 그래도 좋겠느냐고 하니 호해는 다음과 같이 말했다.

"현명한 군주는 신하를 잘 파악하고, 현명한 아버지는 자식을 잘 알아본다."

明君知臣, 明父知子.

아버지가 결정한 사실을 아들이 어떻게 바꿀 수 있느냐고 대답했다. 그러자 조고가 이 사실을 아는 사람이 극히 적고, 향후 권력의 향방은 공자 호해와 승상 이사 그리고 자신 등 세 사람에 달려 있다고 설득한다. 그리고 결정적인 제안을 한다. 태자 부소 대신에 황제에 오르라고. '남을 신하로 삼는 것과 남의 신하가 되는' 것이 결코 같지 않다는 논리를 들이대자 호해도 반쯤 넘어간다. 그래도 호해는 미심쩍은 표정으로 세 가지 이유를 들며 망설인다.

첫째, 형을 물러나게 하고 아우가 그 자리에 오르면 정의롭지 못하다. 둘째, 아버지의 유조를 받들지 않고, 죽음을 두려워하니 효성스럽지 못하다. 셋째, 자신의 재능이 뛰어나지 않는데 남의 공로에 의지할 수 없다. 이 세 가지는 덕을 거스르는 일이므로 세상 사람들은 복종하지 않을 테고, 몸은 위태로우며 사직의 제사를 받들지 못할 것이다.

이렇게 호해가 조고의 제안을 거절한다. 이 세 가지를 언급하는 순간 호해도 권력의 언저리에 다가가려는 마음이 생겼다고 보아야 한다. 그렇지 않다면 이런 구구한 사항을 입에 올릴 이유가 없다. 조고의 제안을 단칼에 거부해야 마땅하다. 호해도 왜 그 자리가 탐나지 않았겠는가. 하지만 조고의 의중도 정확하게 모르고, 호해의 배짱으로는 그 자리를 감당할

자신이 없다. 그래도 호해가 이런 저런 이유를 들어 제안을 거절하자 조고가 아래와 같이 설득한다.[48]

> "은나라 탕왕과 주나라 무왕 또한 각각 자기의 군주를 죽였지만, 세상 사람들은 그들을 의롭다고 할 뿐 충성스럽지 못하다고 비난하지 않았습니다. 위(衛)나라 군주는 자기 아버지를 죽이고 왕위에 올랐지만 백성들은 그의 덕을 받들었고, 공자도 이 일을 춘추에 적으면서 불효라고 평가하지 않았습니다. 대체로 큰일을 도모할 때는 작은 예절에 구애됨이 없어야 하며, 큰 덕이 있는 사람은 조그만 관습에 속박되지 않는 법입니다. 작은 일에 매어 큰일을 잊어버리면 훗날 재앙이 닥치고 의심하며 주저하면 나중에 후회하게 됩니다. 결단을 내려 실행하면 귀신도 피하고 훗날 반드시 성공하지만, 때를 놓치면 식량을 짊어지고 말을 달려도 때에 늦게 됩니다. 결단하셔야 하옵니다."

여기에서 호해가 조고의 설득에 완전히 넘어간다. 그래도 승상 이사의 동의가 필요하지 않느냐고 호해가 말하자, 조고도 당연히 승상을 설득하겠노라고 한 뒤에 이사에게 달려왔다. 이때까지 이사는 조고의 의도를 차리지 못한 듯하다. 설령 알아챘다고 해도 모든 상황에 대비한 조고의 술수를 극복하기 어려웠겠지만, 이사는 황제에 대한 충성심을 가진 관료 특유의 자세를 견지하면서 조고와의 논쟁을 지속한다. 환관 주제에 황상의 자리를 함부로 논하는 것이 마땅치 않다는 주장을 펼치면서 말이다.

이후 조고의 계략에 휘말려 이사가 함양성 감옥에서 갖가지 끔찍한 고문을 받고, 요참형(腰斬刑)을 겪게 되는 것을 보면, 이사가 아무리 학문을 많이 하고 세상 경영에 뛰어났다고 해도 조고에 비하면 몇 수 아래임에 틀림없다. 조고와 같이 권모술수가 매우 뛰어난 간신들은 권력의 공백기에서 그 향배를 정확하게 파악하는 동물적인 감각을 갖고 있다. 그래서 이사와 같은 오직 군주에게 충성만 하는 서생 출신의 관료가 조고를 제압하기란 쉬운 일이 아니다. 그러나 조고가 이사를 설득할 때까지도 이사가 조고의 위상에 대해 대단하게 보지 않았다. 다시 조고의 주장을 들어 보자.

> "그렇다면 승상께서는 몽염과 비교하여 누가 더 낫다고 생각하시는지요? 또 공적은 누가 더 높다고 생각하시는지요? 원대한 계획을 도모하면서도 실수하지 않는 일에는 누가 뛰어나겠는지요? 천하 사람들에게 원한을 사지 않는 점에서는 몽염과 비교하면 누가 낫습니까? 그리고 부소와의 신뢰 관계에서 누가 우위에 있다고 생각하시오?"

이제 본격적으로 이사의 약점을 파고든다. 다섯 가지 항목을 거론하며 이사를 몰아간다. 이사가 아무리 천하의 승상이라고는 하지만 북방에서 오랜 시간 부소 태자와 함께 시간을 보내며 돈독하게 정을 쌓은 장군 몽염과 비교할 수나 있나? 더욱이 몽염은 명문거족 몽 씨 집안의 기둥이요, 진나라 최고 명장이다. 이사가 권력과 출세 지상주의자임을 노회하고 교활한 조고가 분명히 알아챘을 터. 승상 이사에게도 명장 몽염이 결코 만만한 존재가 아니었다. 대대로 진나라에 군사적 공적을 쌓아 명망과 존경을 한 몸에 받고, 진시황의 강력한 신임 아래 북방 국경에서 막강한 30

만 대군을 지휘하고 있는 몽염이 수도 함양으로 돌아와서 부소를 보좌하며 나라의 병권을 장악하는 날에는 이사의 자리도 위태롭게 된다.

그리고 이사 자신은 중앙에서 진시황을 모시고 국정을 행했지만, 실적 공적 면에서 몽염에 도저히 견줄 수가 없었고, 더욱이 백성들로부터 누가 존경을 많이 받느냐는 조고의 질문에 강력하게 자신이라고 주장할 수도 없었다. 조고도 애초에 몽염의 역량을 찬양하려는 의도는 전혀 없었다. 그저 이사를 자신의 의도대로 끌고 가기 위해 때로는 상대를 위협하고, 때로는 상대를 회유하면서 흔히 말하는 '당근과 채찍' 전략을 썼다. 이사가 충성심 강하고 공명정대한 관료였다면 이러한 제안에 흔들리지 않았겠지만, 안타깝게도 그는 개인적 이익에 목을 매는 그야말로 전형적인 권력 지향적 출세주의자였다. 자신의 이익에만 눈이 멀게 되면 상대방의 달콤한 회유에 쉽게 넘어가는 법이다.

진시황 사후 가장 강력한 차기 황제 후보는 바로 태자 부소이다. 그런데 조고는 부소에게 황위를 넘겨줄 생각이 전혀 없다. 부소가 황제가 되면, 환관 처지인 자신이 홀로 정국을 주도하는 것이 불가능해진다. 그래서 태자 부소를 보좌하는 몽염을 언급하면서, 이사의 약점을 파고든다. 권력의 공백 상태 하에서 승상 이사를 일시적으로 우군으로 끌어들여 자신의 정치적 힘을 강화하려는 목적 때문이었다. 만약 이때 이사가 권력욕이 없이 순수하게 진나라의 미래를 걱정하였다면, 부소와 몽염이 돌아와 권력 공백기가 없이 훗날을 도모할 수 있도록 자신은 과감히 용퇴할 수도 있었다. 그리고 승상의 권한을 사용하여 군대를 동원하여 조고를 강력하게 처단했을 것이다. 이사 또한 춘추전국 시대 극심한 혼란기를 극복하고 천하 통일 국가 진나라를 세우는 과정이 얼마나 험난했던가를 잘 알고 있었다.

이사는 진시황 사후에 조고 감냥으로 권력 공백기의 복잡다기한 현 상황을 극복하고 진나라의 미래를 설계할 정도의 국정 수행 능력을 갖고 있지 않다고 보았다. 그런데 그렇게도 정세 파악 능력이 탁월하고 천하를 경영한 경험이 풍부한 승상 이사도 조고의 집요한 설득에 서서히 무너져 간다. 그 정도 위치에 있는 자가 스스로 권력욕에 눈멀었기에, 조고의 제안을 덥석 받아들이지 않았을까. 아무리 뛰어난 역량을 지닌 사람이라 해도 대국적인 관점에서 정세를 파악하려 하지 않고 자신의 사소한 이익에 매몰되면 얼마나 참혹한 결과를 낳게 되는지 잘 보여 주는 사례이다. 진시황을 보좌하여 천하 통일이라는 그 멀고도 험난한 과정을 수행한 이사조차도 환관 조고에게 넘어가 버린다.

조고가 이사의 약점을 공격하여 자신의 의도대로 정국을 주도하며 권력을 행사하려는 불순한 의도를 갖고 질문을 던졌는데, 이사 자신이 아무리 생각해 봐도 몽염과 비교하기에는 자신이 없었던 모양이다. 이사가 조고의 질문에 답한다.

> "그대가 말한 위의 다섯 가지는 모두 내가 몽염 장군보다
> 못하오. 그런데 그대가 굳이 다섯 가지를 들어 몽염과 나를
> 비교하면서, 나에게 이토록 심하게 따지시오?"

이사가 다섯 가지 모두 몽염보다 부족하다고 선선히 인정한다. 실제로

도 그랬다. 하지만 조고가 굳이 이사에게 이렇게 몽염과 비교하는 의도가 분명히 있었다. 이사는 조고의 그 의도가 실로 궁금했다. 역시 권력의 냄새를 맡는 데는 두 사람 모두 매우 예민한 감각을 지닌 사람들이 아닌가. 조고도 당연히 이사를 자신의 편으로 끌어들이기 위해 이렇게 이사의 약점 아닌 약점을 굳이 들고 나온다. 너그러운 성품에 백성들의 고통을 먼저 생각하는 태자 부소가 진시황의 원래 유조대로 차기 황제의 자리에 오르고, 북방을 함께 지키던 명장 몽염이 복귀하였다면, 진시황 사후 발생한 초한 쟁패와 기타 여러 민란의 소용돌이가 일어나지 않았을지 모른다.

역사에서 가정은 무의미한 것이지만, 실제로 그렇게 부소가 제위에 올랐다면 진나라가 진시황 사후 15년 만에 2세 황제 호해 통치 기간에 그렇게 급격하게 멸망하지 않았을 것이다. 그렇게 전개되었다면 지금 이 세 사람이 모의하는 것과는 전혀 딴판의 결과를 낳았을 것이다. 권력은 부자간에도 나눌 수 없는 것이고, 전제 군주 체제하에서 권력이 이동하면 전 정권의 세력들을 일망타진하여 분위기를 일신하려는 것은 정해진 수순이었다. 실제로 역사 현장에서는 그런 일이 부지기수였다. 궁중 깊숙이 있으면서 그런 권력의 속성을 너무나 잘 알았던 조고가 이 기회를 놓칠 리가 있겠는가.

지금 이 중차대한 순간에 예민한 감각으로 상황을 정확하게 파악하고 있는 조고가 오직 권력욕에만 눈이 어두워 천하의 승상 이사를 어르고 달래고 있다. 조정 백관들의 여론의 향배를 결정하는데 정말 중요한 역할을 할 승상 이사를 끌어들이기 위해 이렇게 굳이 몽염과 비교하면서 그 약점을 파고든다. 그런데 무작정 외통수로 몰고 가지 않는 것도 조고의 능력이라면 능력이었다. 자존심 강한 이사를 설득하기 위해 조고 스스로 머리를 숙이는 것도 필요하다. 그래서 조고가 다시 말한다.[49]

> "저는 본래 하찮은 일을 하는 환관에 지나지 않습니다. 다
> 행히도 형법의 담당 관리로서 진나라 궁궐에 들어와 일을
> 맡은 지 이십 여 년이나 되었습니다. 그동안 진나라에서 파
> 면된 승상이나 공신들 가운데 봉토를 두 대에 걸쳐 이어받
> 은 사람을 보지 못했습니다. 맏아들 부소는 강직하고 용맹
> 스러우며 남을 믿고 선비들을 떨쳐 일어나게 하실 수 있는
> 분이십니다. 그가 즉위하면 반드시 몽염을 승상으로 기용하
> 실 것입니다. 그러면 승상은 고향으로 가셔야 하시겠지요.
> 공자 호해는 제가 겪어 봐서 잘 알고 있습니다. 그분은 인자
> 하고 독실하며 재물을 가벼이 여기고 인재를 소중히 여깁니
> 다. 그리고 호해는 겸손하고 예의를 갖추어 인재를 중히 생
> 각하는 사람이오. 마땅히 후사로 삼을 만한 인물입니다. 승
> 상은 잘 생각해서 결정하십시오."

조고가 이렇게 호해를 극찬하지만, 실제 호해의 훗날 행적을 보면 조고의 주장과는 전혀 달랐다. 호해는 무능한데다가 의지도 없었고, 무엇보다 국정 철학 자체가 없는 사람이었다. 조고가 권력을 손에 넣기 위해서는 호해를 안고 가는 것이 훨씬 유리했기 때문에 그럴싸한 말로 포장했을 뿐이다. 그리고 이사가 몽염보다 부족한 것을 순순히 인정하자, 조고는 서서히 자신의 계략대로 논리를 전개해 나간다. 특히 오랜 궁중 생활

경험을 언급하고 정권 교체나 변혁기에 발생한 고위 관리들의 비참한 말로를 논거로 들어가며 승상 이사의 정치적 장래 문제까지 언급한다. 실제로 황제가 모든 권력을 틀어쥐는 중앙 집권 체제 하에서 아무리 지위가 높은 관리라도 목숨이 하루아침에 이슬처럼 사라지는 일이 허다했다. 동서고금의 역사에서 그런 일은 숱하게 있어 왔다. 또 황제의 신임을 굳게 받았던 총신이라도 태자가 황위에 올라서면 철저하게 버림받고 죽임을 당하는 경우가 많았다. 아주 사소한 트집거리라도 잡아 단번에 참수되어 형장의 이슬이 되기도 했다.

전제 군주 국가에서 관료의 목숨은 그야말로 파리 목숨이었다. 그런 현실에서 조고가 스스로 환관으로서 도필리같이 천한 지위에 있었다며 매우 겸손한 자세를 취하고 있지만, 그는 냉혹한 정치 세계의 본질을 너무나 잘 파악하고 있었다. 훗날 조고가 말한 20여 명의 황자와 공주들이 비참하게 죽어갈 때, 그 참혹한 사건을 누가 초래하였던가. 2세 호해 황제가 등극한 뒤 조고가 우둔한 호해를 꼬드겨 그렇게 수많은 사람들을 저승으로 보내지 않았던가. 조고 이 사람은 오직 자신의 권력욕에만 눈이 멀어 엄청나게 많은 사람을 학살한 정말 교활하고 잔혹한 환관이었다. 권력욕에 관해서는 이사도 만만치 않은 인물이었지만, 어쩌랴 모든 정보는 조고가 통제하고 있고, 그것을 바탕으로 이사를 마음껏 요리하는 형국이었으니. 하지만 호해를 권좌에 올리자는 조고의 제안에 이사는 반박한다.

"어찌 나라를 망칠 수 있는 말을 하는 것이오? 이것은 신하된 자가 논의할 수 있는 문제가 아니오."

승상 이사 입장에서 당연히 이렇게 말할 수밖에 없다. 감히 환관 주제에 황제의 후사를 논하다니! 이사는 조고의 제안을 도저히 수용할 수 없었다. 이사가 진시황을 보좌하는 자리에 올라서는 과정도 그야말로 파란만장한 인생 파노라마였다. 강력한 중앙 집권 체제를 확립하였다는 관료 특유의 자부심도 충만했다. 오직 진시황 하나만 바라보고 살아왔던 이사에게 황제의 후사를 언급하는 조고의 처신이 얼마나 고깝겠는가? 그러나 어쩌랴! 지금 당장은 그 드넓은 중국 천하에서 정보를 독점하고 후사를 결정하는 강력한 힘을 갖고 있는 조고이니 말이다. 그래서 이렇게 정통 관료가 흔히 가질 수 있는 마인드로 조고에게 강력하게 항의한다. 황제의 후사는 조고 당신 같은 환관과 의논할 사항이 아니다. 그러자 조고가 아주 교묘하게 이사의 마음을 흔든다.

"승상! 편안한 것을 위험으로 돌릴 수 있고, 또한 위험한 것도 편안한 것으로 돌릴 수 있는 법입니다. 편안하고 위험한 것도 구분하지 못한다면, 어찌 승상을 지혜롭다고 할 수 있겠소?"

시시각각으로 다가오는 결정의 순간에 맞닥뜨린 두 사람이 주고받는 말들을 보라. 입에서 나오는 말들이지만 그 말 속에는 서슬 퍼런 칼날이 춤추고 있다. 살기가 느껴지고 권모술수의 음습한 책략이 튀어나온다. 두 사람 모두 진나라의 장래에 대한 걱정이나 백성의 안위는 전혀 관심이 없다. 오직 이 권력 공백기의 혼란을 어떻게든 활용하여 권력을 획득하고 이익을 도모할 것인가에 혈안이 되어 있다.

진시황의 사후에 진나라가 십여 년 만에 급속히 무너져 내린 것도 따지고 보면 국정을 맡았던 집권층의 책임이 매우 크다. 부소나 몽염이 그 순간에 북방에 나가서 수도의 상황을 전혀 몰랐던 점도 최초의 통일 국가 진나라의 운명이라고나 할까. 조고는 오직 이 순간에 이사의 마음을 돌려 자신의 편으로 끌어들인 다음에 정국(政局)을 자기 마음대로 주무르겠다는 생각뿐이었다. 그리고 그런 조고에게 이사도 궁극적으로 쳐내야 하는 정적에 불과했다. 이사가 말한다.[50]

> "나는 초나라 상채라는 시골의 평민 출신이지만, 다행히
> 황제께서 발탁하여 승상이 되고 열후로 봉해졌으며, 자손도
> 높은 지위와 봉록을 누리고 있고 어찌 그 은혜를 저버릴 수
> 있겠소? 신하된 자는 각자 자신의 직무와 본분을 지킬 뿐이
> 오. 다시는 그런 말을 하지 마시오. 그대는 정녕 이 이사가
> 죄를 짓도록 할 셈이오?"

조고의 집요한 설득에도 이사가 넘어갈 듯하였지만, 아직은 아니었다. 그래서 자신의 입장을 밝힌다. 초나라의 궁벽한 시골 상채군에서 말단 관리를 지내다가 진시황의 총애를 받아 승상이 되고 열후에 봉해진 자신이 진시황의 유조(遺詔)를 어긴다는 것은 도저히 받아들일 수 없다는 내용이다. 진시황이 자신을 발탁하여 지금의 이 권세와 부귀영화를 누리고 있으며, 충신은 죽음을 피하고자 요행을 바라지 않기에 조고의 설득과 권유를 따른다는 것은 그것은 진시황에게 죄를 짓는 행위라고 반박한다. 여기까지는 이사가 조고의 제안을 그대로 수용할 단계는 아니었다.

그런데 사람 마음은 열 길 물속보다 알기 어렵다고 했던가. 겉으로는 조고의 제안을 거절하는 듯하지만, 속으로는 자신의 정치적 미래를 치밀하게 계산한다. 하지만 그 때문에 조고의 제안에 서서히 걸려 넘어가게 된다. 조고의 제안을 도저히 받아들일 수 없다는 생각이 들었다면 이 자리에서 더 이상 논쟁할 이유가 없었다. 곧장 자리를 파하고 돌아가 군사를 확보한 다음에 조고와 그 휘하 세력을 체포했어야 했다. 그러나 이사는 조고의 제안을 정면으로 반박하지 못하고 망설였다. 자신의 권력 욕망 때문이다. 이사는 결국 흡사 낚싯줄에 걸린 물고기마냥 조고의 설득에 강하게 대항하지 못하고 점점 끌려 들어간다. 조고의 반박이 이어진다.[51]

> "성인(聖人)은 고정된 규범에 따르지 않고 때와 변화에 잘 대처하여 끝을 보면 처음을 알고 처음을 알면 끝을 안다 했소. 사물의 이치가 이와 같은데, 불변의 고정된 법칙이 어디 있겠소? 이제 천하의 권력은 모두 호해 공자의 손에 달려 있소. 저 조고는 호해 공자의 뜻을 잘 알고 있습니다. 서리가 내리면 초목이 시들고 얼음이 풀리면 만물이 소생하는 것이오. 승상께서는 아직도 상황 판단이 되지 않으시오?"

이사를 성인(聖人)이라 추켜세워 가면서까지 설득하고 있는 조고의 청산유수 같은 달변이 점점 효과를 발한다. 그러니까 세상에 불변의 원칙이 어디 있느냐가 핵심 주장이다. 물론 조고의 말처럼 세상에 변하지 않는 것이 없다. 시간과 공간의 이동에 따라 변화가 생기면 인간도 그 환경에 적응하고 변화에 따라 행동해야 한다는 조고의 말이 일면 타당하다.

하지만 조고가 말한 의도는 무슨 철학적인 고매한 생각이 아니다. 그냥 이사가 생각을 바꾸어 조고 자신을 따라오라는 것밖에 없었다. 이사의 상황 판단 능력이 너무 미흡하다고 공박까지 하는 조고를 보라. 우린 진시황의 급사에 따른 거대한 권력 공백기에 권력 욕망이 강한 두 사람의 저열한 행태를 보고 있다. 반복하여 강조하지만 두 사람의 대화 그 어디에서도 백성의 안위나 평화는 언급되지 않고 있다. 오직 자신만의 욕망에만 깊이 빠져 있다.

백성들이 이 혼란스런 상황에서 얼마나 고통을 겪게 될 것인가. 진시황이란 최고 권력자가 갑자기 죽은 현실에서 권력의 공백에 따른 국가의 혼란이 일어날 것은 뻔한 일이니, 이사나 조고 모두 그 혼란을 줄이기 위해 국정 운영 시스템을 제대로 가동했어야 했다. 다음을 기약하기 위해 조정의 백관들을 모아 의견을 모아 국정을 원활하게 끌어가야 했다. 천하의 간교한 인간 조고나 철저한 권력지상주의자 이사 둘 다 그렇게 하지 않았다. 그리고 그렇게 권력을 추구하는 과정에서 발생한 거대한 혼란은 고스란히 백성들에게 엄청난 고통을 초래하였다. 모두들 우왕좌왕할 때 조정의 최고위직인 승상 이사를 중심으로 예상되는 혼란을 최소화하기 위한 노력을 기울여야 했다. 이사의 말을 들어 보자.[52]

> "옛날 진(晉)나라가 신생을 태자의 자리에서 쫓았다가, 3대에 걸쳐 안정을 얻지 못했고, 또 제나라의 환공의 형제들은 왕위 다툼으로 모두 죽음을 당하였고, 은나라의 주왕(紂王)은 친척을 죽이고 간언을 받아들이지 않아 사직이 위태롭게 되다가 결국 나라가 망했다고 들었소. 이 세 가지 일은

모두 하늘의 뜻을 거역했기 때문에 벌어진 것이오. 내 어찌
그런 음모에 가담할 수 있겠소?"

진문공이 춘추오패 중 두 번째 주자로 올랐을 때, 조국을 탈출하여 19년 긴 세월 천하를 방랑하다 제위에 올랐던 사례는 앞에서도 언급했다. 진문공 중이의 아버지인 진헌공이 여희의 음모에 넘어가 태자 신생을 자결하게 만들었다. 이사가 이것을 언급하는 이유는 독자들도 이해할 것이다. 지금 진시황의 유조에 따라 태자인 부소를 다음 황제의 자리에 올려야 하는데, 그렇지 않으면 과거 사례에서 보듯이 나라에 커다란 혼란이 발생한다. 그래서 이사 자신은 황제의 유서를 변조하여 태자 부소의 자리를 바꾸는 모반에는 절대로 가담할 수가 없다고 강변하고 있다. 이때는 벌써 진나라의 내부에서 여러 가지 문제가 불거져 나올 때였다. 진나라를 강력한 국가로 성장시키는 데 원동력이었던 법치주의! 그 엄격하기 그지없던 진율(秦律)이 혹독하여 법치의 역효과가 나타나던 시절이었다.

백성들은 강력한 법치주의에 서서히 피로감을 느끼게 된다. 어느 순간에는 피로감을 넘어 그 법치에 대한 노골적인 거부 반응까지 보이게 된다. 또 부소가 황제가 되고 몽염이 돌아와 재상이 되었을 때 지금껏 진시황의 지근거리에서 보좌하던 신하들의 세력이 순순히 따랐을까. 조고는 또 어떠했을까. 부소의 즉위 과정을 그냥 두고만 보고 있었을까. 환관이 정치에 개입하여 국정을 농단한 사례를 보면 조고도 필시 군사를 일으켰을 가능성이 많다. 실제로 호해를 몰아낼 때도 당시 함양 수비대장이던 사위 염락(閻樂)의 군대를 동원할 정도였으니. 조고의 반박이 이어진다.[53]

"세상의 이치를 보자면, 상하가 협력하면 영원히 번영을 누리고 안팎이 하나가 되면 의혹이 생길 리 없소. 승상께서 저 조고의 뜻을 승낙하신다면, 영원히 봉후(封侯)의 지위를 유지하고 자자손손 공경을 받으며, 왕자교(王子喬)나 적송자(赤松子)같이 장수할 수 있을 뿐 아니라 공자와 묵자와 같이 현인으로 추앙받으실 것이오. 그러나 만약 거절하신다면, 그로 인한 재앙은 자손 대대로 미칠 것이오. 유능한 사람은 화를 복으로 바꿀 줄 아는 법이란 말이오. 승상께서는 어떻게 하시겠소?"

이것은 숫제 위협 아닌가! 조고의 말을 따르면 대대로 부와 명예를 누리지만, 따르지 않는다면 집안을 멸족하겠다는 위협 말이다. 서로 마음만 합치면 조고의 말처럼 부귀영화를 길이 누릴 수 있다. 실제로 그리 될지도 모른다. 하지만 조고의 이 제안에는 노골적인 협박이 들어 있다. 오직 자신의 의도대로 정국을 이끌어 가서 권력을 전횡하겠다는 의도를 대놓고 드러낸다. 제안을 받은 이사도 사람 됨됨이가 그리 청렴결백하고 우직하게 충성을 다하는 위인이 아니다.

지금 조고가 제안하는 내용이나 근거를 이해하지 못해서 논쟁하는 것도 아니다. 어떻게 하면 지금 누리고 있는 권세와 부귀영화를 길이 보전할 것인가에만 관심이 있을 뿐이다. 지금 선택하지 않으면 집안 전체가 몰살당하고, 누리고 있는 모든 영화가 사라진다는 조고의 협박에 서서히 허물어져 간다. 궁중 내의 상황을 완전히 통제하고 있는 조고가 흔드는 칼자루에 이사가 궁색하게 매달려 자신의 이익을 조금이나마 확보하겠다는 생각에 젖어 있는 형국이다. 이사는 하늘을 우러러 한탄하고 눈물을 흘리면서 한숨을 길게 내쉬었다. 이 한탄도 진정성을 갖고 있는지 의문이지만.

> "아! 나 홀로 난세를 만나 죽지도 못하는구나. 장차 내 목숨을 무엇에 맡길 것인가!"

嗟乎! 獨遭亂世, 旣以不能死, 安託命哉!

이사는 결국 조고의 뜻에 따르기로 했다. 이사가 길고도 치열한 논쟁 끝에, 결국 환관 조고의 역적모의에 합류하게 된다. 그리고 호해와 조고와 더불어 부소에게 보내는 진시황의 유조를 날조하였다. 유조의 내용이 완전히 바뀐 줄도 모르고, 부소는 몽염의 만류에도 불구하고 자결하고 만다. 몽염은 부소와 달랐다. 아무리 생각해 봐도 사신이 가져온 유조에 의심이 간다. 그러니 일단 확인 후에 그때 자결해도 늦지 않다고 권유한다. 그리고 몽염은 사신이 갖고 온 유조를 믿을 수 없다면서 저항한다. 하지만 결국 몽염도 감옥에 잡혀 들어가고, 사사(賜死)를 당하게 된다.

진시황을 이어 차기 황제의 자리에 올랐어야 할 부소나 대대로 진나라에 충성을 다하고 북방에서 30만 대군을 호령하던 몽염의 최후치고는 너무나 비참했다. 조고는 부소를 태자로 세우라는 진시황의 유조까지 거짓으로 꾸며 황제의 자리를 찬탈했다. 역사상 최초의 통일 국가를 세운 진시황의 업적은 이사의 보좌가 없었다면 불가능했다고 해도 과언이 아니다. 진나라 창업의 일등 공신인 이사가 이젠 호해와 조고와 함께 거짓 유조를 꾸며 황권을 찬탈함으로써, 진나라를 멸망의 구렁텅이로 밀어 넣는 결정적인 역할을 하고 있다. 진시황의 뒤를 이어 진나라의 제2대 황제가 된 호해는 너무나도 무능했고, 세상일에 대해 아무것도 모르고 자랐다. 따라서 호해는 모든 것을 환관 조고에게 맡겼고, 이로 인해 조고는 진나라의 실제 권력을 완전히 손안에 틀어쥐고 마음껏 행사할 수 있었다.

환관 조고는 권력을 완전히 장악하고 호해를 선동하여 진시황의 왕자와 공주 20여 명을 잔인하게 학살한다.

『사기(史記)』「이사열전(李斯列傳)」에 다음과 같이 나온다.

"열두 명의 공자가 함양 저잣거리에서 육시되었고, 열 명의 공주들은 두우(杜郵)에서 책형(磔刑)을 당해 사지가 찢겨져 처형되었고, 그들의 재물은 황제에게 몰수되었는데, 이들과 연루되어 함께 처벌된 자들의 숫자는 헤아릴 수 없이 많다."

호해의 눈과 귀를 막고 조정을 완전하게 장악한 뒤 황명의 출납을 본격적으로 통제하기 시작한다. 이에 따라 조고 자신의 권력 행사에 위협이 될 가능성이 높은 왕자와 공주를 제거하고, 조정에 극도의 공포 분위기를 조성하여 신하들의 입을 막아 버렸다. 조고는 황권을 찬탈하는 데 결정적인 공헌을 한 이사조차 반역의 누명을 씌웠다. 이 과정에서도 갖가지 방법을 동원하여 이사를 호해로부터 격리하고, 옥에 가둔 채 이사에 대한 끔찍한 고문도 자행한다. 간혹 조고 자신의 수하를 황제가 보낸 관리처럼 위장하여 감옥에 보내 심문할 때, 이사가 결백을 주장하면 더욱 혹독한 고문을 가했다. 몇 번이나 이런 과정을 반복하면서 이사가 자포 자기에 빠지게 된다.

그런데 정작 호해가 보낸 진짜 사신 앞에서는 이사가 모든 것을 포기한 채 자신의 죄를 인정해 버리고 만다. 호해는 조고가 아니었으면, 이사의 잘못이 발각되지 않았을 것이라면서 조고로 하여금 이사를 처리하게한다. 결국 이사는 진나라의 수도인 허리가 잘리는 형벌을 당했고, 그의 집안은 삼족까지 모조리 죽임을 당했다. 그야말로 온 집안이 풍비박산 그 자체였다. 어쩌면 조고와 함께 진시황의 유조를 조작하기 위해 모의하던 순간부터 이사의 이러한 비참한 운명이 결정되어 있었는지 모른다. 어차피 공백기를 넘어 새로운 집권 세력이 등장하면 기존 고위 관리들의 목숨은 풀잎에 맺힌 아침이슬이 사라지듯 하는 것이 필연적이니까.

이사가 형장으로 가는 길에 둘째 아들을 돌아보며 이렇게 말했다.

"아들아! 내 다시 한번 너와 함께 누런 개를 끌고 상채의
동문 밖으로 나가 토끼 사냥을 하고 싶었는데, 이제는 모두
허사가 되었구나."

吾欲與若復牽黃犬俱出上蔡東門逐狡兔, 豈可得乎.

그렇게 권세와 부귀영화를 마음껏 누리던 이사가 이젠 그것 때문에 온 집안 식구들이 형장으로 끌려 나가는 장면을 떠올려 본다. 그래도 부귀영화를 추구하면서 살아가야 하는지! 앞에서 끌려가던 아버지 이사가 뒤

돌아보면서 아들에게 하는 말이 진정한 마음에서 우러나온 것이 아닐까. 다시 고향으로 돌아가 지난날 말단 관리로 있었던 초나라 상채 그 동문 밖으로 누런 개를 이끌고 부자간에 토끼 사냥을 하고 싶었다는 이사의 이 독백을 접하면 세사의 부귀영화가 무슨 소용인가 싶다. 과진론(過秦論)을 써서 진나라 붕괴 원인을 분석하여 발표한 한나라 천재 정치가이자 문학가인 가의(賈誼)의 말이 참으로 새롭다.

"탐욕하는 자 재물 때문에 죽고, 열사는 그 이름 때문에 죽고, 과시하는 자 권세에 죽고, 평범한 서민은 오로지 생활에 매달리게 된다."

貪夫徇財, 烈士徇名, 誇者死權, 衆庶馮生.

그렇게도 권력을 추구하고 끈질기게 그 방향으로 달려온 이사가 그 권력 때문에 온 집안 전체가 모두 도륙되는 지경에 이르렀으니 가의의 탁견이 더욱 놀랍다. 그런데도 우리네 인간들은 왜 그렇게 끝없는 탐욕을 부리는지 모르겠다. 적당하게 삶의 여유를 누리면서 살아갈 수도 있지 않을까. 이사의 비참한 말로에서 인간의 과도한 욕망이 어떤 참혹한 결과를 낳을까 생각하게 된다. 다음은 진정한 행복이 무엇인가에 대해 한번 적어 본 글이다. 지나친 욕망보다 평안하지 않을까 싶다.

"강변에 앉아 고즈넉한 저녁 분위기에 젖어 차를 한잔 마시는 여유로운 〈느리게 더 느리게〉를 누리고 싶다. 강물의 부드러운 기운이 둑길 저 멀리서 걸어오면, 뭉게구름도 저녁

노을을 물씬 품고, 수양버들 너머로 불어오는 가을 바람이 귓가에 스쳐가는 이곳에서 흘러가는 시간을 돌아보며 삶을 누리고 싶다. 보름달이 휘영청 떠올라 온천지가 환하게 빛나는 논둑길 따라 조용하게 흘러가는 시냇물 소리를 벗삼아 전원의 그 향기를 마음껏 누리고 싶다. 가끔은 길가에 앉아 보름달을 빗겨 안은 박꽃 그 하얀 색 천지를 바라보며 우리를 위한 노래를 부르고 내가 좋아하는 시라도 읊고 싶다. 강변 마을에서 참으로 고즈넉한 낙향을 누리고 싶다."[54]

하루 삼시 세끼 밥을 먹을 수만 있다면, 그저 자신의 삶에 만족하고 행복을 느끼며 살아갈 수 있다면, 무에 그리 부(富)와 명예에 목숨을 걸고 살아갈 필요가 있는가. 꼭 그렇게 탐욕을 부리며 지나친 부를 추구해야만 행복해지는가. 주위의 모든 사람에게 항상 감사한 마음을 갖고 살아간다면 너무나 좋은데. 위태로워 아슬아슬한 벼슬길은 그야말로 살벌한 지옥과 같다, 그런 곳에서 무슨 부귀영화를 누릴 것이라고 아웅다웅하며 남을 짓밟아 가며 올라서야 하는지 묻고 싶다. 벼슬길이 교도소 담장 위를 걸어가는 것과 같다고 누가 그랬던가. 관리들의 벼슬살이의 위험천만한 과정을 참으로 적절하게 비유했다. 아무리 위험한 벼슬살이라 해도 과욕을 부리지 않고 분수에 맞게 여유를 가지고 살아간다면 그런 위험성도 한결 줄어들 텐데 말이다. 조선 시대 벼슬살이의 위험성을 경계한 시조가 있어 소개할까 싶다.

굼벙이 매암이 되야 느래 도쳐 느라 올라,
노프나 노픈 남개 소릐는 죠커니와,

그 우희 거미줄 이시니 그를 조심ᄒ여라.

-『청구영언(靑丘永言)』, 작자 미상

동작이 느리고 겉모습이 매우 추한 굼벵이가 오랜 세월 기다렸다가 드디어 산뜻한 매미가 되었다. 아름다운 날개를 펼쳐 날쌔게 날아 올라가, 높디높은 나무 위에서 의기양양하여 즐겁게 노래 부르니 얼마나 신나고 좋겠는가. 그런데 그렇게 신나게 노래하고 있는 매미야 네가 있는 나무 바로 그 위에, 네 머리 위에 거미줄이 쳐져 있으니 그것을 조심하라는 뜻이니 얼마나 절묘한 표현인가. 사람들이 출세 가도를 달리면서 자신 바로 옆에 아니면 위에 가까이 와 있는 위험을 전혀 눈치채지 못한다. 아니 관직에 도취되어 위험에 대해 알려고도 하지 않는다. 그냥 앞으로만 달려 나가 더욱 높은 자리로 올라가려 하는 욕망뿐이다. 권력 그 자체가 달콤하여 발아래가 어떤 상황인지 전혀 의식도 하지 않는다. 그러다가 그 위에 거미줄이 쳐져 있으니! 관리에게 입신출세는 좋은 일이지만, 능력을 벗어나는 과분한 부귀영달은 매우 위험하다. 재앙을 초래하는 지름길일 뿐이다.

매사에 조심하고 신중하면서 탐욕도 부리지 말고 자신의 현재 위치에 만족하면서 성실하게 벼슬살이할 것을 비유적으로 권하고 있다. 여기에서 날개 돋은 매미는 이제 갓 벼슬자리에 오른 인물을, 높은 나무에서의 소리는 의기양양하게 자신의 권세를 호기롭게 자랑하는 사람이고, 거미줄은 권세를 비롯하여 모든 것을 잃게 하고, 목숨까지 빼앗아 갈 수 있는 위험 상황이나 함정을 뜻한다. 시조를 통해 벼슬살이의 어려움이나 위험성을 강조하고 있다. 이사도 이 시조처럼 자신이 출세 가도를 달릴 때 좀 더 신중하고 조심하였으면 이런 비참한 말로를 겪지 않았을는지 모른다.

진시황의 유조를 날조할 때 공모했던 이사를 제거하고 난 후, 환관 조고는 승상이 되어 본격적으로 무소불위의 권력을 휘두른다. 당시 그가 누린 권력이 얼마나 대단했는가를 보여 주는 대표적인 사례로 '지록위마(指鹿爲馬)'라는 고사가 있다. 사슴을 가리켜 말이라고 하는 뜻인데, 세 살 먹은 아이도 사슴과 말을 구분할 줄 안다. 그런데도 사슴을 가리켜 말이라고 답을 해야 살아남을 정도이니, 권력의 힘이 얼마나 대단하고, 권력의 위세 앞에 인간이 얼마나 한없이 약해지는가를 여실히 알 수 있다. 관리들 누구나 권력이 무자비하게 자행하는 혹독한 고문에 약해진다. 21세기 민주주의 사회에서는 전근대적인 육체적인 형벌을 가하는 일이 거의 없지만, 권력이 마음만 먹으면 정치적 반대 세력을 괴롭힐 방법은 많다. 외형적, 육체적인 형벌보다 은밀히 가하는 압박이나 형벌이 더 두려울 수도 있다. 집권 세력이 전 정권 인사들에게 집요하게 시도한 시도하는 계좌 추적이나 취업 블랙리스트 등이 대표적이다.

어느 날 조고가 호해 황제에게 사슴을 바치면서 말이라고 말했다. 이때 호해 황제가 주변의 신하들에게 그 짐승이 "사슴인가. 아니면 말인가."라고 물었다. 이전에 사슴이라고 정확하게 답했던 신하들이 죽음을 당했다. 이런 상황에서 조정의 신하들이 조고의 눈치를 보면서, '말'이라고 대답했다. 호해 황제는 조고와 주변의 신하들이 모두 말이라고 말하자, 스스로 자신의 정신이 이상해 말을 사슴으로 착각했나 하고 의심했다 한다. 조고의 권력은 이제 황제조차 자신이 마음먹은 대로 부릴 수 있을 정도였다. 눈앞에 있는 사슴을 보고 주위에 있는 신하들이 말이라고 했을 때, 보통 상황이라면 단번에 말도 안 된다고 지적할 수 있다. 하지만 조고가 전횡하는 당시 조정 백관들이 사슴을 가리켜 말이라고 대답하는 것도 결코 무리가 아니었다. 급기야 호해 자신이 스스로를 믿지 못하는 황당한 일이 발생한다. 모든 권력을 틀어쥐고 있는 조고의 뜻을 거스르면 당장 자신의 목이 날아가는 상황에서 그 누가 자신의 소신대로 말할 수 있을까.

어떤 집안이나 조직이든 잘되는 이유는 하나인데, 잘못되는 이유는 만 가지라고 하였던가. 철옹성같이 강고했던 대제국 진나라에 균열이 커지고 있었다. 때마침 진승이 지휘한 농민 봉기를 시작으로 전국 각지에서 폭정과 수탈에 저항하는 반란이 잇달아 일어났다. 제대로 훈련을 받은 정규군도 아니고 농기구밖에 잡아 본 적이 없는 농민군의 봉기가 뜻밖에도 요원의 불길처럼 번져 나가면서 천하를 진동시켜 급기야 대제국 진나라 붕괴를 가속화시켰다.

사마천이 『사기』에서 제후들의 역사인 세가(世家)에 진승을 배치하여 진섭세가(陳涉世家)로 실었다. 세가는 제후들에 대한 기록이다. 애초에 진승이 세가에 실릴 수가 없었다. 그런데 사마천은 일개 농민군 수장에 불과한 진승을 제후들과 같은 반열에 올려놓았다. 진승이 이끈 농민 반란군의 역사적 역할이 그만큼 지대하였다. 이것이 온 천하에 회오리바람처럼 극심한 혼란을 일으키며 대제국 진나라를 걷잡을 수 없이 무너지게 하였다. 나라를 세울 때는 그렇게 힘든 과정을 거치는데, 망할 때는 너무나도 쉽고도 순식간이다.

진승을 비롯한 숱한 반란군 중에서 특히 눈에 띈 세력을 들자면 역시 초나라 항우와 한나라 유방이다. 초기에는 유방의 군이 항우의 군에 비교할 수 없을 만큼 그 세력이 약했다. 초한 쟁패라고는 하지만 항우의 군세가 월등하여 실제적으로 진나라에 대한 반란의 주역은 사실상 항우의 군대였다. 항우는 '거록(鉅鹿) 전투'에서 진나라의 장함이 이끌던 진나라 정예군을 패퇴시키고, 항복한 진나라 군 20만을 생매장해 버렸다. 이 전투 후 진나라의 운명은 한 치 앞을 내다볼 수 없는 상황이 되었다.

반란군이 수도 함양으로 밀고 들어온다는 급보가 연이어 날아오자, 그제서야 상황의 심각성을 인식하게 된 조고가 지금까지의 모든 책임을 호해 황제에게 뒤집어씌워 자결하도록 압력을 가했다. 호해 황제는 최후까지 비굴하게 목숨을 구걸하다 받아들여지지 않자 마침내 자살했다. 호해가 죽고 난 후, 조고는 스스로 황제가 되려고 했다. 하지만 환관이 황제가 되겠다는데 누가 따르겠는가. 조고를 따르는 신하가 하나도 없고, 궁전이 세 번이나 무너지는 참변이 일어나자 황제가 되기를 포기했다.

그리고 조고는 부소 태자의 아들인 자영(子嬰)으로 하여금 호해 황제의 뒤를 잇도록 했다. 이로써 통일 제국 진나라의 황제는 2세에 이르러 종말을 보고 만다. 자영은 2세 황제 호해를 이어 제위에 올랐지만, 등극하자마자 조고를 살해하고 그의 삼족을 멸족시켰다. 조고의 전횡 때문에 진나라가 패망의 길로 들어섰기에 조고를 처단하는 것이 급선무였지만, 안타깝게도 너무 늦었다. 이미 진나라는 분명히 무너져 가고 있었고, 멸망의 그림자가 짙게 내리고 있었다.

유방의 군대가 함양을 점령하자, 즉위한 지 몇 개월 되지 않았던 자영은 진나라의 운명이 다했음을 알고 옥새가 달린 끈을 목에 걸고 나가 항복했다. 진시황이 세운 위대한 통일 제국 진나라는 이렇게 멸망했다. 통일 제국 진나라가 천하를 지배한 시간은 불과 15년에 불과했다. 중국 최초의 통일국가 진나라는 타 제후들을 차례로 무너뜨리면서 오랜 시간에 걸쳐 어렵게 천하를 통일하였다. 서방의 변방 외진 곳에서 중원으로 진출하여 강대국이 되는 과정은 참으로 험난했다. 진시황 이전의 오랜 기간 뛰어난 군주들이 통일의 기반을 차곡차곡 쌓아 올렸다. 그 기반을 바탕으로 진시황이 천하를 통일하였지만, 망하는 것은 순식간이었다.

어느 시대나 간신은 있게 마련이다. 굳이 비교하자면 충신보다 간신의 비율이 높을 것이다. 그런데 당대에는 그 사람이 간신인지 충신인지 판단하는 것이 어렵다. 그래서 역사에서 해당 인물의 행적을 오랜 기간 추적하여 어떤 인물 유형인가를 판단하기는 하지만, 간신이냐 충신이냐를 간단하게 판단하기가 쉽지 않다. 하지만 두 부류의 행적의 차이는 명확하게 갈린다. 간신은 나라를 망치고 충신은 나라를 살린다. 이사나 조고가 진시황 사후 권력 공백기에서 황제의 유조(遺詔)조차 날조하여 그들의 입맛대로 내용을 바꾼 인물임을 감안하여 전형적인 간신에 해당한다.

당사자는 물론 스스로 간신이라고 절대로 인정하지 않는다. 그 당시에 그럴 수밖에 없었다는 상황 논리로 접근하면 간신들도 할 말이 많을 것이다. 하지만 간신은 어디까지나 간신일 뿐이다. 간신들이 활개를 치지 못하게 하려면 이들의 준동(蠢動)을 사전에 막아야 한다. 그렇게 하기 위해서는 준엄한 법질서, 투명한 정치, 수준 높은 도덕의식, 공평무사한 국정 수행 등이 반드시 필요하다. 물론 그 외의 조건도 필요하다. 그리고 무엇보다 권력의 속성에 대한 권력자의 자각이 중요하다. 역사상의 간신들은 권선징악적 측면에서 반면교사로 활용할 수도 있겠지만 오늘날 현실이 어디 그러한가.

제5장

상앙(商鞅)의
변법 개혁

"법(法)이 행해지지 않는 이유는 윗사람들이 스스로 법을 범하기 때문이다."

法之不行自上犯之.

중국 최초의 통일 국가 진나라가 제후국 시절 강국의 역량을 쌓아 가던 시절 그 핵심 주역이었던 상앙이 강력한 후원자 진효공의 신임을 받아 개혁 정치를 펼치고 있을 때 태자가 잘못을 저질렀다. 강력한 법치주의를 지향하고자 했던 상앙이 차기 황제에 오를 태자를 직접 처벌하기가 곤란했다. 그래서 태자의 스승 즉 태부(太傅) 공자 건(虔)을 코를 베는 형벌인 의형(劓刑)에 처하고, 태자의 교관 공손가(公孫賈)를 얼굴에 먹을 뜨는 형벌인 묵형(墨刑)에 처하자, 그 뒤로 왕족이건 백성이든 어기는 사람이 없게 되었다. 태자조차 처벌 대상이 되었으니 그 외 사람들이야 말할 것이 없었다.

법을 지킨다는 것은 매우 엄중하고 준엄해야 함에도 우리가 살아온 역사를 돌아보면 그 준법정신도 결국 힘없는 백성들에게만 강요되었다. 조선 시대 양반 사대부들은 병역과 부역 그리고 세금과 노동의 부담을 전혀 지지 않고, 온갖 부와 명예를 독점하고 백성들을 가혹하게 다스렸다. 그들이 무슨 노블레스 오블리주를 인식하였을 것이며, 백성들을 사람으로

여기기나 했을까. 한때 흔히 회자되던 "국민의 90%는 개돼지."라는 말이
참으로 가슴에 와닿는다. 교육부 핵심 간부급 인사도 그리 말했고, 영화
〈내부자들〉에서 정세를 기획하고 주도하는 언론인이 그리 말했을 때, 왜
그리 실감나든지.

조선 시대 임진왜란 그 끔찍한 7년 전쟁 동안 우리 국토 전부가 왜적의
말발굽 아래 유린되고, 백성들이 그렇게 참혹하게 죽어 갈 때, 선조를 비
롯한 조정 백관들은 도읍 한양을 버리고 평안도 끝 의주까지 도망가지 않
았던가. 그들의 마음에 과연 백성들의 고통을 인식이나 했을까. 임진왜
란이 끝나고 '사상 최악의 논공행상'을 벌였다. 『선조실록』 1604년 6월 25
일자 기사이다.[55]

> "국가가 임진년의 왜변을 만나 종사(宗社)가 전복되고 승
> 여(乘輿)가 파천했으며 원릉(園陵)이 화를 입었고 생령들이
> 해독을 받았으니, 말하기에도 참혹한 일이다. 다행히 황은
> (皇恩)이 멀리 미침을 힘입어 팔도(八道)가 다시 새로와졌으
> 니, 임금의 도리에 있어 논공 행상(論功行賞)하여 공로에 보
> 답하는 특전을 그만둘 수 없을 것 같다. 그러나 호종신(扈從
> 臣)을 80여 명이나 녹훈(錄勳)하였고 그 가운데 중관(中官)이
> 24명이며 미천한 복례(僕隸)들이 또 20여 명이나 되였으니,
> 또한 외람한 일이 아니겠는가."

당대의 사관들은 공신 심사나 책봉, 그리고 공신 회맹식의 과정을 기
록할 때마다 탄식하게 된다. 공신 책정에서 가장 중요한 공정성과 형평

성 문제가 제기됐기 때문이다. 전쟁을 7년이나 치렀는데, 최일선에서 목숨 걸고 전투에 참여하여 혁혁한 공을 세운 이른바 선무공신은 18명에 불과했지만, 전쟁이 나자마자 의주로 도망친 선조를 수행한 이른바 호성공신은 무려 86명이나 됐다. 더욱이 호성공신 명단에 내시(환관), 마부, 의관 등이 선정된 것은 희한한 일이었다. 영의정 이항복은 호성공신 1등에 책봉되자 너무 민망하여, 전장에서 장수들이 세운 공에도 미치지 못하니 자신은 1등 공신은 과하다며 취소해 줄 것을 요청했을 정도였다. 전란 와중에 피를 흘려 싸운 무관보다는 왕과 함께 줄행랑을 친 문신을 우대하여, 전쟁터보다는 왕과 가까이 있었던 사람들이 더 공로가 있다고 포상한 것이다.

다음은 조선왕조실록 선조 34년(1601년) 3월 24일자 기사이다.[56]

"윤허한다. 이번 왜란의 적을 평정한 것은 오로지 중국 군대의 힘이었고 우리나라 장사(將士)는 중국 군대의 뒤를 따르거나 혹은 요행히 잔적(殘賊)의 머리를 얻었을 뿐으로 일찍이 제 힘으로는 한 명의 적병을 베거나 하나의 적진을 함락하지 못하였다. 그중에서도 이순신과 원균 두 장수는 바다에서 적군을 섬멸하였고, 권율(權栗)은 행주(幸州)에서 승첩을 거두어 약간 나은 편이다.

그리고 중국 군대가 나오게 된 연유를 논하자면 모두가 호종한 여러 신하들이 어려운 길에 위험을 무릅쓰고 나를 따라 의주(義州)까지 가서 중국에 호소하였기 때문이며, 그

리하여 왜적을 토벌하고 강토를 회복하게 된 것이다. 별도
로 훈명(勳名)을 세우는 것에 대해서는 일찍이 생각해 보지
못하였기 때문에 호종한 사람을 녹훈할 적에 아울러 녹훈하
도록 말했었다. 그러나 이는 대신들이 의논하여 처리하는
데 달렸다."

선조 자신은 나라와 백성 모두 버리고 줄행랑을 쳤다. 임란 극복의 공
을 명(明)나라에 돌렸다. 참혹한 전장에서 오직 나라와 백성을 위해 기꺼
이 목숨 걸고 싸운 의병장들은 그 누구도 선무공신에 선정되지 않았다.
오히려 전라 의병장 김덕령은 전쟁 와중에 벌어진 이몽학의 난에 연루됐
다며 처형당한다. 혁혁한 전공을 세운 홍의장군 곽재우는 초야에 숨어
버렸다.

오죽했으면 사관(史官)조차도 실록에 이렇게 기록했을까.

"공신을 포상하는 제도를 만든 이유가 어찌 이처럼 구차
한 데 쓰려고 한 것이겠는가."

丹書鐵券之設初豈若此之苟也.

–『선조실록』 선조 37년, 1604년 6월 25일

그런데 임란 중 선조가 의주로 줄행랑을 쳤을 때, 도중에 소수의 호종
관리들은 물론 임금도 제때 수라를 들지 못하는 딱한 처지에 빠졌다. 평

소에 총애하던 사관들 넷이 도망친 일도 있었다. 이들 네 명은 훗날 출세하고 부귀영화를 누렸으니. 전쟁 와중에 임금이 식사도 제대로 못할 때 이때 껍질만 벗긴 현미로나마 밥을 지어 바친 이들이 있었는데 바로 시골 농민들이었다.

그때나 지금의 사회 지도층이나 조선 시대 양반 사대부 집권 세력들이 서민들의 고통을 단 한 번이라도 이해하려고 했을까. 그리고 그들 스스로 법을 지키겠다는 생각이나 했을는지 모르겠다. 지금도 이 사회의 고위층들은 온 국민을 대상으로 준법정신을 강조한다. 지난날의 역사에서 학습 효과를 얻고 있는 이 나라 국민들의 가슴에는 고위층들의 행태에서 커다란 반감을 자연스럽게 가질 수밖에 없다. 그들이 먼저 법을 지키면 힘없는 국민들도 당연히 따라가지 않겠는가.

영화 역린(逆鱗)

예전에 〈역린〉이란 영화를 재미있게 본 적이 있다. 역린은 한비자의 세난(說難)편에 나오는 말이다.

> "용은 부드럽게 길들이면 탈 수 있다. 그런데 용의 턱 밑
> 에 한 자 정도로 거꾸로 난 비늘이 있는데, 바로 이 역린을
> 건드리면 반드시 그 사람을 죽인다. 그리고 군주에게도 역
> 린이 있다. 그러므로 유세하려는 자는 군주의 역린을 건드
> 리지 않아야만 성공할 수 있다."

說者能無嬰人主之逆鱗則幾矣.

영화 〈역린〉은 조선 22대 왕 정조를 둘러싼 암살 사건을 다루고 있다. 이 영화의 모티브도 정조 즉위 1년에 벌어진 정유역변(丁酉逆變)라고 한다. 실제로 정사인 『조선왕조실록』에 실려 있는 역사적 사실이다. 정조 즉위 첫해부터 암살하려는 시도가 있었으니, 당시 기득권 세력이 얼마나 집요하게 정조를 제거하려 하였던가를 알 수 있다. 뒤주에 갇혀 죽은 사도세자를 이어 왕위에 오른 아들 정조를 없애기 위해 호시탐탐 기회를 노렸던 집권 세력과 정조를 지키려는 세력 간의 치열한 싸움을 보여 준다.

호학군주이자 개혁가였던 정조가 즉위 초부터 애초부터 당시 집권 세

력이었던 노론 벽파와는 상극이었다. 그리고 영화를 통해서 개혁이 얼마나 어려운가를 알 수 있게 해 주었다. 세손 시절 부친 사도 세자의 비참한 죽음을 직접 목격한 정조가 우여곡절 끝에 왕위에 오르지만, 살해 위협을 무수히 받았다. 지금이야 우리 역사에서 조선조 영·정조 시절을 르네상스에 비유하면서 극찬하는 사람들이 많지만, 정조는 그 자신이 늘 살해당할 위기에 늘 직면하고 있었다.

권력이 교체되면 새로운 집권 세력이 가장 먼저 떠올리는 말이 개혁(改革)이다. 개혁은 '제도나 기구 따위를 새롭게 뜯어고친다.'는 뜻으로 한마디로 완전하게 바꾸어 버린다는 말이다. 그런데 새로 권력을 잡은 세력은 민중들의 지지를 확보하기 위해 개혁의 필요성을 쉽게 내뱉는다. 분위기 쇄신 차원에서 제도 개혁을 하려면 무엇보다 인적 청산 문제가 대두된다. 인적 청산이 제대로 해결되지 않으면 결국 제도의 개혁도 한계에 부딪힐 수밖에 없기 때문이다. 실제로 그렇게 제도 개혁을 시도하지만, 그 과정에서 반개혁 세력이 그냥 주저앉지 않고 강력한 반발을 하기 마련이다. 경우에 따라선 반개혁 세력이 개혁 주도 세력을 아예 전복해 버리는 경우도 있다.

정조가 지난날 억울하게 죽어 간 생부(生父) 사도 세자를 기리기 위해 실시한 일련의 정책도 결국 강력한 노론 세력과의 험난한 정치적 투쟁을 예고했다. 그래서 혹자들은 "나는 사도 세자의 아들이다."라는 취임 일성이 정치적 역량의 부족을 보여 준다고 혹평을 하기도 한다. '사도 세자의 아들'이란 것도 알게 모르게 조정의 반대 세력에게 스며들게 해야 하는데, 공공연히 떠벌림으로써 반대 세력의 저항만 더 크게 만들어 버린다.

게다가 정조가 왕위에 오르긴 하지만 그 자리가 우리가 생각하는 것처럼 그리 굳건하지 않았다.

조선의 르네상스를 이끌었다고 평가받는 영·정조 시대의 주역 중의 한 사람인 정조에게도 개혁 시도는 참으로 험난하였다. 절대군주의 전제 하에서 군주가 주도하는 개혁도 그렇게 위험하고 어려웠다. 그만큼 기성 체제를 근본적으로 변혁시킨다는 것이 지난한 일이었다. 현대에 들어와서도 대통령 선거와 함께 새로운 정부가 들어서면 각종 개혁을 시도하는데, 그렇게 사회를 변하게 바꾸는 일도 그리 만만치 않다.

그리고 개혁하면 흔히 혁명과 많이 비교된다. 사전적 의미로[57] 개혁은 정치·사회상의 구(舊)체제를 합법적·점진적 절차를 밟아 고쳐 나가는 과정이고, 혁명은 비합법적인 수단으로 국체(國體) 또는 정체(政體)를 변혁하는 일이다. 그리고 혁명은 헌법의 범위를 벗어나 국가 기초, 사회 제도, 경제 제도, 조직 따위를 근본적으로 고치는 일이다. 좀 더 명료하게 비교하자면 개혁이 일부분의 변화, 점진적인 변화, 완만한 변화이고 그에 비해 혁명은 보다 전면적이고 급진적인 변화, 과격한 변화를 의미한다. 먼저 혁명에 대해 좀 더 살펴본다.

혁명은 급격한 변화를 초래한다. 새로운 권력을 손에 쥔 혁명을 통하여 기존의 오랜 시간 케케묵은 현실을 극적으로 변화시켜 근본적인 발전을 도모한다. '혁명'이라는 용어는 고대 중국의 유가 경전에서 유래되었다. 가죽 혁(革)에서 알 수 있듯이, 혁명은 짐승의 가죽에서 털을 뽑아 본래의 모습을 알 수 없게 한 것처럼 구습(舊習)을 완전히 바꾼다는 뜻이다. 고대 중국에서 처음에는 혁명이 왕조의 교체처럼 천명(天命)을 변화시키는 것을 의미했다 그 후 단어의 의미가 확장되어, 일반적으로 정치에 국한되지 않고 사회 제도의 주요 혁신을 뜻하게 되었다.

> "하늘과 땅이 바뀌어 네 계절을 이루듯 은나라 탕왕과 주
> 나라 무왕의 혁명은 하늘의 뜻을 따라 사람들의 요청에 응
> 한 것이다."

> 天地革而四時成, 湯武革命, 順乎天而應乎人.

> ─『주역(周易)』「혁괘(革卦)·단전(彖傳)」

이러한 정치권력의 교체를 정당화한 혁명의 의미를 더욱 강조한 사람은 바로 맹자였다. 군주의 도덕 정치인 왕도정치를 강하게 주장했던 맹자는 인의를 저버린 걸왕과 주왕을 죽인 것을 매우 긍정적으로 평가했다. 폭정을 자행하는 군주를 시해한 것일 뿐이라고 주장함으로써 무도한 왕을 바꾸는 일은 너무나 당연하다고 강조하면서 혁명의 정당성을 설파하였다.

그런데 혁명의 길은 참으로 험난하다. 이러한 혁명도 힘들 듯이, 개혁의 길도 결코 쉽지 않다. 인류의 역사에서 개혁이 진정으로 성공한 사례가 드물다. 구세력의 기득권을 무너뜨리고 새로운 제도와 시스템으로 바꾸는 과정에서 엄청난 반발이 따르기 때문이다. 그래서 개혁은 자신의 목숨을 희생할 각오로 하지 않으면 쉽사리 성공할 수가 없다. 그래도 자

신의 이상과 꿈을 펼친다는 각오 아래 모든 사심을 버리고 오로지 국가의 중흥을 위한다는 일념하에 실시해야 한다. 하기야 개혁이나 반개혁 세력 모두 목숨을 걸고 투쟁할 수밖에 없다. 그렇다고 목숨을 목숨을 걸고 개혁한다고 해도 성공한다는 보장이 있지도 않다.

앞에서 언급한 영화 〈역린(逆鱗)〉에서도 실제로 역린을 가진 쪽은 엄밀히 말해서 임금이 아니라 당시 강력한 집권 세력이던 노론계열 양반 관료들이다. 신하들이 임금의 심기를 거스른다는 것이 원래의 역린이 갖고 있는 의미인데, 이 영화에서는 임금이 오히려 신하들의 역린을 거스르고 있다. 실제로 당시 조선의 집권 사대부들은 극심한 당쟁을 벌여 서인과 남인으로 갈려 권력 투쟁을 벌였다. 권력을 쥔 서인은 다시 노론과 소론으로 나뉘고, 노론은 다시 시파와 벽파로 갈려 끊임없이 권력을 탐한다.

인간이 권력을 추구하는 것은 당연하고, 당파 간에 논쟁을 통해 상호 견제와 건전한 경쟁을 하는 것은 바람직하다. 하지만 조선의 당쟁은 애초부터 그런 건강한 토론이나 선의의 경쟁 차원으로 보기 어렵다. 일부는 그런 경쟁이 있었을지 모른다. 하지만 당쟁의 대부분은 건강한 학문적 토론이나 사회 발전의 방안 같은 실질적인 문제 해결을 위함이 아니라, 당파의 권력 추구를 위한 집요한 싸움의 연속이었다. 혹자는 치열한 당쟁이 있었기에 조선 왕조가 5백 년이 갈 수 있었다고 보기도 한다. 하지만 우리 역사에 남겨진 조선의 당쟁 그 속을 보면 조선 왕조가 5백 년간 유지된 것이 신기하고 어찌 보면 기적이 아니었던가 싶다.

치열한 당쟁 과정에서 상대방을 죽이지 않으면 내가 죽고, 전부 아니면 전무식의 권력 쟁탈에 몰두하였을 뿐이다. 이 같은 파벌의 뿌리는 서원을 바탕으로 전개되는 붕당정치에서 나왔다. 그 뿌리는 좀 더 구체적으로 파고들어 가면 학맥과 인맥 그리고 지맥에서 비롯된다. 요즘 흔히 말하는 학연과 혈연 그리고 지연과 흡사하다. 조선 시대나 지금이나 이 사회의 권력 최상위층을 형성하는 세력들은 혼인을 통해 그렇게 인맥을 형성하고 다시 그들만의 리그, 그들만의 세계를 이어 나가기 위해 별의별 수단을 다 쓴다. 우리 그리고 그들이 이 사회의 중요 의제를 선점 내지 독점하면서 힘없는 서민들의 눈과 귀를 가리고 온갖 특혜와 특권을 다 누리고 있으니 참으로 안타까운지고! 우리 같이 평범한 서민들이 구중궁궐 같은 깊은 곳에서 이 나라를 주무르는 그 세력들의 내밀함을 어찌 알 것인가.

개혁과 반개혁

　개혁을 시도하는 순간부터 개혁의 주도 세력의 목숨은 그야말로 칼날 위에 선 운명이 된다. 조선 시대 개혁 군주라고 일컬어지는 정조가 당시 사대부 집권 세력의 역린을 거스르면서까지 개혁을 하려고 부단한 노력을 하였지만 결국 좌절하고 말았다. 독살을 당했다는 설도 있다. 정조가 허망하게 죽으면서 사라질 정도로 개혁의 길은 멀고도 험난하다.

　상앙도 기존 체계에 대한 전면적이고 급진적인 개혁을 추구하였다. 낡은 지배 계급의 기득권을 근본적으로 흔들면서 변혁을 꿈꾸면서 풍운아의 삶을 살았다. 상앙의 진면목을 제대로 알려면 사마천의 『사기(史記)』 「상군열전(商君列傳)」을 더욱 꼼꼼하게 읽어 보아야 한다. 중국 춘추전국 시대를 최초로 통일하였던 진(秦)나라! 그 진나라의 개혁을 이끌었던 상앙은 원래 위(衛)나라의 서출 공자로서 어린 시절부터 형명학(刑名學)을 좋아하여 조예가 깊었다. 형명학은 춘추전국시대에 한비자 등이 법으로 나라를 다스려야 한다고 주장한 학설이다.

　진효공이 천하의 인재를 구한다는 소문을 듣고 진나라로 가서 당시 총신(寵臣)인 경감(景監)의 소개로 진효공을 만나게 된다. 인재를 발탁하여 강대한 국가를 만들려고 하였던 진효공이었다. 하지만 상앙이 진효공과 처음과 두 번째 만났을 때 제도(帝道)와 왕도(王道)에 대해서 진지하게 설명해도, 진효공이 별로 관심을 보이지 않았다. 제도와 왕도로 백성을 감화시키는 통치 전략이 비록 이상적이어도, 그것을 완성하는 데 어느 세월에 가능하겠는가라는 의문 때문이었다. 효공이 단기간에 실적을 올리겠다는 야망이 너무나 컸다. 첫 번째와 두 번째 만남에서 효공의 반응이 영 신통찮았다. 효공은 속전속결을 원했다.

그런데 세 번째 만남에서 상앙이 패도(覇道)에 대해서 논하자, 이번엔 효공이 이전과 달리 적극적으로 경청한다. 인의예절로 백성을 교화시키고 감동시키는 제도와 왕도와 달리, 패도는 강력한 무력을 바탕으로 속전속결로 천하의 패자가 되려고 하는 방안이다. 세 번째 만남에서 진효공이 만족감을 표하지만, 이때까지도 상앙을 등용하겠다는 의지를 명확히 밝히지 않았다. 이후 이어진 만남에서 상앙의 제안을 적극적으로 수용하게 된다.

진효공 입장에서는 패도가 매우 매력적인 통치 방식이었다. 상앙이 패도로 강력하고 적극적인 변법을 시행해야 한다고 본격적으로 주장한다. 상앙이 진나라 효공을 만나 유세한 뒤에 부국강병에 바탕한 변법 개혁안을 제시하자, 당시 기득권층이 격하게 반발한다. 이러한 반발은 동서고금을 막론하고 필연적이었다. 상앙이 진효공의 강력한 후원 아래 변법을 실시하려 할 때도 마찬가지였다. 어차피 한 번은 넘어야 할 산이었다. 상앙이 조정 백관들과 치열한 논쟁을 거쳐 변법을 시행하게 되는데, 당시 대신들과의 논쟁 장면을 한번 살펴보자.

효공이 상앙을 수차례 직접 면접까지 하면서 훌륭한 역량을 가진 인재라 여기고 기용했다. 그렇지만 막상 상앙이 조정에서 본격적으로 변법을 시행하려고 하자, 효공은 세상 사람들이 자기를 비방할까 두려웠다. 아무리 일국의 제후라 하더라도 개혁 그 자체를 거부하려는 속성이 강한 기득권층의 반발을 의식할 수밖에 없었다. 급진적인 개혁일수록 반개혁의 후폭풍도 만만치 않다는 것을 우려한 진효공이 머뭇거리자, 상앙이 말했다.

"의심하면서 행동하면 공명이 따르지 않고, 의심하면서 그 일을 하면 성공할 수 없습니다."

疑行無名, 疑事無功.

"또 다른 사람들보다 뛰어난 행동을 하는 자는 원래 세상 사람들에게 비난을 받기 마련입니다. 남들이 모르는 지혜를 가진 자는 반드시 사람들에게 오만하다는 비판을 듣기 마련입니다."

상앙이 진효공의 우려를 불식시키기 위해 개혁의 필요성을 누누이 강조한다. 이어서 어리석은 자는 이미 완성된 일도 제대로 모르지만, 지혜로운 자는 일이 시작되기 전에 미리 알고 있다. 백성은 일을 시작할 때에는 함께 상의할 수는 없지만, 결국 일이 성공하면 더불어 즐길 수 있다. 높은 덕을 추구하는 사람은 세상과 타협하지 않는다. 그리고 큰 공을 이루는 자는 여러 사람과 상의하지 않았다. 그렇기에 성인은 나라를 강하게 할 수 있으면 굳이 옛것을 그대로 따라 하지 않았다. 따라서 백성을 이롭게 할 수만 있으면, 반드시 옛날의 예악 제도를 따를 필요는 없다고 강력하게 주장한다. 효공이 상앙의 의견을 훌륭하다고 평가하였다.

이때부터 상앙과 당시 조정 대신들이 변법의 실행에 대한 찬반 토론을 치열하게 진행하게 된다. 어차피 개혁은 상앙이 홀로 할 수 있는 일이 아니다. 이 대신들을 적극적으로 설득하여 개혁의 흐름에 동참시켜야 한다. 아무리 진효공이 상앙의 개혁에 동조한다 하더라도 조정의 신하들이 함께 가지 않으면 그 개혁의 동력은 한계에 반드시 봉착한다. 그리고 이들은 기득권을 가진 집권층의 핵심 인물들이라 급진적인 개혁에 대한 반발 심리가 매우 컸다. 그래서 상앙은 진효공 면전에서 이들 권신들과 끊임없이 논쟁을 벌이게 된다. 토론의 승리 여부와 관계없이 이렇게 정책 실행을 위한 토론 과정을 거쳤다는 것이 전제 군주 체제하에서 드문 일이다.

현대 사회에서 민주주의가 정착되어 가고 있다고 해도 이렇게 정부 정책을 두고 치열하면서도 생산적인 논쟁을 벌이는 것은 좀처럼 보기 어렵다. 현대를 살아가는 우리들에게도 대한민국 최고 학벌을 지닌 국회의원들이 입법 활동 과정이나 행정부를 견제하기 위해 논쟁하지만, 건설적인 토론과는 거리가 멀다. 가끔 TV에서 토론이라고 하는 것을 보면 말싸움 수준에서 거의 벗어나지 못한다. 오히려 고교생들의 토론 수준이 훨씬 높다. 생중계되는 의정 현장에서 진행하는 생산적인 토론을 생생하게 보고 싶은 것도 욕심에 불과할까!

상앙이 주장하고 진효공이 동조하는 상황에서 이대로 가면 상앙의 급진적인 변법이 실행된다. 그 개혁을 위한 변법 실행 과정에서 자신들이 개혁의 주체가 아닌, 개혁의 대상이 될 대신들이 그냥 물러설 리가 없었다. 이에 대신 감룡(甘龍)이 반대하고 나선다.

"옳지 않습니다. 성인(聖人)은 백성의 풍속을 고치지 않고 교화시키며, 지혜로운 사람은 옛 법을 바꾸지 않고도 나라를 다스립니다. 백성들의 풍속에 따라 그들을 교화시키면 애쓰지 않고도 공을 이룰 수 있습니다. 옛 법에 따라 다스린다면 관리도 그 법에 익숙하게 되고, 백성들도 편안하게 됩니다."

동서고금 어느 곳이든 개혁은 참으로 성가시고 고통스러운 일이다. 특히 기득권층 입장에서는 이대로 가면 부귀영화를 천년만년 누릴 텐데 개혁에 찬성할 리가 없다. 그들은 국가와 민족이 망해도 자신의 이익 챙기기에 골몰했다. 기득권 세력은 갖은 수단을 다 동원하여 새로운 정치 물결을 주도하는 신진 개혁 주도 세력을 저지하는 데 온갖 방법을 다 동원한다. 오랜 기간 익숙한 법과 제도를 들어 백성들이 편안해한다는 감룡의 발언은 진정으로 본심에서 나왔을까. 백성들이 편안해한다가 아니라 사실은 자신들이 그렇다는 뜻이 아닐까.

현대 사회에서도 권력을 추구하는 위정자들은 언제나 그렇게 국민을 쉽게 떠벌린다. 하지만 그렇게 위한다는 국민들의 생활은 고달프기 그지없다. 요즘도 정치인들이 민생을 이야기할 때 너무나 속보이는 짓을 하여 배신감을 느낄 때가 많다. 정치는 훌륭한 정책을 수립하고 실행하여 큰 틀에서 나라와 민족을 위해 기여해야 하는데, 선거철만 되면 그 많은 후보자들은 왜 그리 시장통에 몰려가는지. 그저 서민 코스프레나 하면서 시장통에 들어가 상인들의 손을 덥석 잡으면서 서민처럼 행동하는 그들을 보면서 역겹기 그지없었다. 참으로 신기한 것은 선거가 끝나고 나면,

시장을 방문하는 정치인이 거의 없었다는 점이다.

선거철만 되면 그렇게 서민들의 눈높이를 맞춘다고 온갖 쇼를 다하다가도 막상 당선이라도 되면, 그냥 목이 석고처럼 굳어진다. 국민 앞에서는 그렇게 굳게 약속했던 공약(公約)은 까마귀 고기라도 먹었는지 선거가 끝나면 모두 까먹어 버린다. 그냥 빌 공 자 공약(空約)이 되고 만다. 그래도 또 선거철이 다가오면 우리네 어리석은 국민들은 그들의 입에 발린 말에 현혹되어 귀중한 한 표를 허공에 날리는 것을 반복한다. 그리고 조금 지나면 투표 잘못했다고 손목을 자른다나 어쩐다나 하면서 정치인들을 그렇게 비난한다. 그렇지만 그런 인물이 뽑히는 선거의 주역이 누구이며 그런 형편없는 사람들이 국정을 주무르는 상황을 초래한 것은 누구 때문인가. 정치는 그 나라 국민의 수준이 아니던가. 결국 그들에게 농락당한 우리들의 어리석음을 탓해야 한다.

논파(論破)

앞으로 언급할 상앙의 변법 개혁은 그 자체가 매우 극단적인 제도였다. 그 변법이 실시되는 날이면 감룡을 위시한 당시 집권층 세력에게는 재앙에 가까운 비극이 발생한다는 점은 분명했다. 당시 집권 세력 중에 누구든 상앙의 개혁에 대해 강력한 반발을 할 수밖에 없었다. 그렇게 감룡이 기존의 법과 제도에 익숙한 백성들에게 변법을 실시하여 고통을 주게 된다는 논리를 제시하자 상앙이 감룡의 말에 반박하며 말했다.[58]

"감룡의 말은 세속의 속설일 뿐입니다. 평범한 사람들은 옛 습속에 안주하려고 합니다. 그리고 학자들이란 옛 견문에만 집착합니다. 이러한 부류의 사람들을 관리로 기용하면 현재 있는 법을 유지할 수는 있으나, 이 사람들과 법을 만드는 것 외의 일을 해낼 수는 없습니다. 하, 은, 주 삼대는 예교(禮敎)가 서로 달랐지만 천하의 왕업을 이루었고, 오패(五覇)는 종법 제도가 서로 다르지만 패자가 되었습니다. 그래서 지혜로운 자는 새로운 법을 만들어내고, 어리석은 자는 기존의 옛 법에 구속됩니다. 따라서 현명한 자는 예교를 바꾸지만 불초한 자는 얽매일 뿐입니다."

획기적인 변법을 통해 전면적 개혁을 실시하려는 상앙의 입장에서 이 순간에 상대를 결정적으로 무너뜨릴 논리가 필요했다. 기존의 법과 제도에 매여 개혁을 거부하는 세력을 확실하게 찍어 눌러야 자신이 내세우는 개혁의 정당성을 확보하게 된다고 보았다. 하나라, 은나라, 주나라가 각각 서로 다른 예로 천자의 자리에 올라 개국하였으며, 춘추오패가 차례로 천하의 맹주 자리에 오를 때 각각 다른 법으로 세상을 지배하게 되었다고 강력하게 역설한다. 현명한 자는 예를 바꾸지만 어리석은 자는 예법에 통제받는다는 점도 강조했다. 기존의 법과 제도를 고집하고 관례에 따르자는 감룡의 주장을 정면으로 반박하면서 중국 서부의 외진 곳에 있는 진나라가 중원으로 진출하기 위해 관례를 과감하게 극복해야 한다고 주장하였다.

역사의 현장에서 우리가 흔히 목격하듯이 기득권층은 참으로 강고하다. 그들이 지금 누리고 있는 이익을 쉽게 포기할 리가 없다. 변혁의 바람이 불면 기득권층은 졸지에 개혁의 대상으로 급변하게 되고, 척결의 타깃이 되어 버린다. 그들이 순순히 개혁의 물결을 가만히 서서 받을 리가 없었다. 당연히 상앙의 개혁 시도에 강력하게 반발할 수밖에 없었다. 상앙의 주장이 서서히 먹혀 들어가 조정 백관들의 심리가 흔들린다. 진효공과 상앙이 짝짜꿍이 되어 개혁이란 미명 아래 변법이 시행되면 조정에 엄청난 인적 청산의 피바람이 불어오는 것은 자명할 터!

그러자 다시 대신 두지(杜摯)가 강력하게 반대하며 앞으로 나와 말했다.

"예로부터 이익이 백 배가 나지 않으면 법을 함부로 바꾸지 않고, 효과가 열 배 나지 않으면 기(器: 禮란 뜻)를 바꿀 수 없습니다. 옛 법을 따르는 것은 과오가 아니며 옛 예교를 준

수하는 것 역시 잘못이 아닙니다."[59]

利不百, 不變法; 功不十, 不易器. 法古無過, 循禮無邪.

나라가 정착되어 가는 과정에서 국법을 갑자기 바꾸면 나라 안에 심각한 혼란이 발생할 수 있다. 그 혼란에 대한 두려움 때문에 변혁을 쉽게 시도할 수가 없다. 기득권 세력이야 지금 이대로 지속되길 바라면서 여러 가지 논리를 들어 변화의 물결을 거부하지만, 시간이 급한 개혁 추진 세력은 정권 초기에 개혁의 동력을 확보하여 강력하게 밀고 나가기 위해서도 기득권층의 저항을 한시라도 빨리 눌러야 한다. 변혁을 시도하다 실패라도 하는 날이면 단순히 변혁이 실패하는 정도에서 그치지 않고, 개혁 추진 세력 자신들이 역공을 당하면서 도리어 정치적 패배와 함께 숙청 대상이 될 수도 있기 때문이다.

역사에서 보아도 변혁을 시도하다 정권이 붕괴되거나 국가가 패망하는 경우가 많다. 역성혁명(易姓革命)을 비롯한 다양한 형태의 권력 이동이 발생하면 기존의 체제를 완전히 바꾸어 새로운 분위기를 조성하려고 변혁을 시도할 경우에도 마찬가지다. 확고한 인식의 전환이나 확실한 세력 지원 등 없이 어설프게 일을 하다가 어이없이 도로 당하면서 일순간에 사라지기도 한다. 그래서 개혁이나 변혁의 길은 멀고도 험난하며 위험하기 그지없는 과정이다.

대신 두지(杜摯)가 말한 것처럼 백 배의 이익이 보장되지 않으면 법을 함부로 바꾸지 않는다는 것은 지금이나 그 옛날이나 권력을 누리고 있는 세력들에게는 적절한 핑곗거리가 된다. 진효공이 진나라를 강국으로 만들기 위해 천하의 인재를 초빙하기 위해 전력을 기울이지만, 대신들은 기존의 법체계를 바꾸고 싶지 않고, 자신들이 지금 누리고 있는 온갖 특혜를 독점적으로 영원히 누리고 싶어 한다. 이런 바람을 깡그리 격파하기 위한 상앙의 주장이 드디어 나온다. 그는 현행 제도를 유지하자는 대신 두지의 견해에 반대하여 말했다.[60]

> "치세(治世)에 한 가지 방도만 있는 것이 아니며, 나라를 이롭게 하는 것은 반드시 옛 법을 본받을 필요는 없습니다. 그러므로 은나라의 탕왕이나 주나라의 무왕은 옛 법을 따르지 않아도 천하의 왕자가 될 수 있었고, 하나라와 은나라는 옛 것을 바꾸지 않았기 때문에 결국 망했습니다. 그러므로 옛 제도에 어긋난다고 해서 잘못되었다고 말할 수 없으며, 기존의 예교를 준수한다고 찬양받을 만하지 않습니다."

여기까지 대신들의 치열한 토론을 듣고, 효공이 상왕의 말이 옳다고 편들었다. 그리고 상앙을 좌서장(左庶長)으로 삼아 마침내 변법의 법령을 제정할 것을 지시한다. 반대 측의 논리를 여지없이 깨뜨리고 개혁의 깃발을 높이 들게 된 상앙이 본격적으로 진나라를 변화시키게 된다. 진나라는 중국 역사상 최초로 통일 국가지만 처음부터 강력한 중원의 국가가 아니었다. 원래 진나라는 전국 시대에 서로 겨루던 일곱 나라 중에서 가장 서쪽에 위치하여 중원으로 진출하기에도 매우 불리하고, 실제 정치나 경제, 문화 수준이 당시에 가장 낙후된 나라였다. 명색이 제후국이라고 하지만 서쪽 변방에서 이제 겨우 일어선 소국에 불과하였다. 중원 제국에게 진나라는 야만인들이 살고 있는 변방으로 인식되고 있었다.

그리고 진나라는 문화 수준도 떨어지고 국력도 미약한데다가 서쪽 변방에 위치하여 중원으로 진출하는 데 지리적 장애까지 갖고 있었다. 그런 진나라가 천하를 통일하여 유구한 역사 대대로 이름을 남길지는 당시 사람들은 짐작하지도 못했을 것이다. B.C 4세기는 전국시대 후기로 충효나 인의예지를 따지는 시대가 아니라, 오직 부국강병에 따라 천하의 패권을 다투던 정말 살벌한 전쟁의 세기였다. 주나라가 봉건제하에서 천자가 천하를 통치하는 중앙 황제 국가로서 유지되어 오다가 이 시기가 되면 천자는 유명무실한 존재가 되고, 각 지역의 제후들이 들고 일어난다. 바야흐로 전국시대에 돌입하면서 천하는 전형적인 약육강식의 시대가 된다.

상앙의 활약

천자 중심의 강력한 중앙 집권 국가였던 주나라가 서서히 쇠락하면서, 국제 정세가 완전히 바뀐다. 지금껏 중앙의 통제를 받던 각 봉국의 제후들이 잇달아 주나라 천자의 권위를 부정하고 각 지역을 할거하게 된다. 이에 따라 애초에 주나라 천자가 각 지에 파견했던 봉지의 국군들도 왕으로 자칭하는 경우도 발생했다. 신흥 제후국들이 이전까지 중앙에서 자신들을 관할하던 주 왕조의 천자를 부정하고, 자신과 천자의 지위를 동등한 것이라고 주장하는 제후가 출현할 정도였다. 비록 천자라 해도 힘이 뒷받침되지 않고 내부 분열에 따른 쇠퇴의 길을 걷게 되면, 중앙에서 파견한 지방 제후국들도 굳이 천자의 권위에 복종할 이유가 없었다. 그야말로 힘이 최고요, 정의가 되는 시대였다.

당시 시대에 가장 뒤떨어졌고, 천하의 주 무대인 중원에서 멀리 떨어진 서쪽 변방의 작은 나라 진나라가 강력한 국가로 등장한다. 최고의 개혁가 상앙의 주도하에 변법 개혁을 성공적으로 이루고, 그것을 바탕으로 서서히 중원으로 진출하면서 천하를 호령하는 강국이 된다. 이에 다른 나라들도 개혁을 뒷받침하는 변법을 받아들여 나라의 힘을 키우려 했다. 하지만 대부분의 제후국들은 외교 정책에만 주목하였고, 진나라와 같이 전면적이고 획기적인 개혁을 장기간 동안 실시한 경우가 거의 없었다.

진나라가 천하를 통제하는 강력한 제후국이 되자 천하는 진나라와 연계한 생존 전략을 펴게 된다. 절대 강자 진나라와 정면 대결하는 것은 그야말로 바위에 계란 치기에 불과하니, 진나라에 조공을 바쳐 진나라의 우산에 들어가 자국의 안전을 도모하거나, 진나라를 제외한 다수 국가들이 연합하여 진나라에 대항하는 방안을 모색할 수밖에 없었다. 전자는 연행 전략이고, 후자가 합종 전략이다. 소진(蘇秦)이 합종 전략의 대표적인 인물이고 장의(張儀)는 연행설을 강력하게 주장한다. 진시황은 기원전 230년 한나라 정복을 시작으로 조, 위, 초, 연을 차례로 멸하고, 마지막으로 무혈로 제나라를 멸망시킴으로써 통일의 대업을 완성했는데, 이때가 B.C 221년이었다. 통일 전쟁을 시작한 지 불과 10년 만의 일이었다. 야만인들의 지역 서쪽 변방에서 별로 주목도 받지 못했던 진나라가 천하를 통일한 요소가 여러 가지 있겠지만, 그 주요한 토대 중의 하나가 상앙의 변법이다.

진나라의 통일 국가 수립과 강력한 중앙 집권 체제가 청나라까지 오랜 중국 역사에 이어져 온 전통이 되었다. 이에 따라 상앙을 중국 역사상 최고의 개혁가이자 가장 완벽한 개혁을 실천한 인물로 평가할 수 있다. 진나라의 국가 체제가 후에도 거의 그대로 이어졌음을 생각해 보면 말이다. 중국 역사 전체에서 개혁 분야에 관한 인물로 상앙을 빼놓고 거론할 수 없다. 상앙은 원래 진나라 출신이 아닌 소국 위(衛)의 공자였다. 원래는 위앙이었지만 후에 상(商)이라는 곳에 봉해졌기 때문에, 이후 상앙(商鞅)이라 불렸다. 그렇게 미미한 존재에 불과하던 타국 출신의 상앙이 진나라의 변법 개혁을 주도할 수가 있었으니, 진나라의 외국 출신의 인재 등용은 특별했다.

다양한 인재에게 관직을 개방해야 하는 21세기 정보화 사회의 현재에도 그리 흔하지 않다. 지난날 장관 후보자 청문회에서 미국 국적을 갖고 장관 후보자가 되어 국적 문제로 비판받는 적이 있다. 이런 경우에 대해서는 사람들이 다양한 관점을 갖고 있으니 논외로 치더라도, 우리의 정치 현실에서 외부 영입이 매우 제한되어 있다. 능력이 뛰어난 인물의 국적을 꼭 그리 따질 일이 아니다. 물론 군 복무를 회피하기 위해 우리 국적을 포기하고 다른 나라의 국적을 갖고 있는 경우는 당연히 비판받아야 한다. 2002 한일 월드컵 당시 우리나라를 4강으로 끌어올렸던 거스 히딩크 감독은 네덜란드 사람이다. 외국인 지도자가 과연 한국 축구를 잘 이끌 수 있을까 하는 의문이 있었다. 더욱이 실전 경험을 쌓기 위해 유럽의 강팀들과 평가전을 하면서 5:0으로 지기도 했으니, 오대영이란 별명까지 생기면서 히딩크를 비하한 사람들도 있지 않은가. 그런데도 히딩크는 월드컵 4강 신화를 이끌어 냈다.

히딩크 성공 비결에는 여러 가지가 있겠지만, 축구계에 널리 알려진 특정 명문 대학들 출신만 선발하는 국내 스포츠계 풍토를 과감히 없앴다는 사실이 많이 언급된다. 이처럼 스포츠계에서는 외국인 감독이 발탁되어 훌륭한 결과를 만들어 내는 사례를 보면, 군이 대한민국 국적만 가진 사람에만 얽매이지 말고, 훌륭한 인재를 폭넓게 수용할 수 있어야 한다. 그런데도 우리의 경우 학연, 지연, 혈연에 얽매여 매우 좁은 인재 풀에서 제한적으로 발탁하는 경우가 많아 참으로 안타깝다. 고위 공직자는 스포츠와 달리 매우 엄중한 자리라 외국인을 발탁하는 것에 대해 반대하는 사람도 있을 수 있지만, 세계화 시대에 인재 풀을 과감히 확대하여 국가 경쟁력을 높여야 한다.

상앙의 행적

상앙은 젊은 시절 자신이 태어난 조국 위(衛)나라에서 인정받지 못하고 인접한 대국 위(魏)나라로 가서 재상을 지낸 공숙좌를 섬겼다. 공숙좌는 상앙의 재능을 첫눈에 파악하고 왕에게 천거하였지만, 정작 위나라 왕은 상앙을 그리 탐탁지 않게 여겼다. 그러나 공숙좌는 달랐다. 만약 위왕이 등용하지 않으면 상앙이 위나라를 떠나 타국에 가서 발탁된다고 보았다. 이에 병문안을 온 왕에게 상앙을 등용하든가, 그렇지 않으면 죽여 아예 후환을 없애라고 조언한다. 타국에 가서 벼슬길에 오르면 상앙의 능력이 훗날 위나라에 큰 해가 될 것이라는 우려 때문이었다.

그러나 왕이 공숙좌의 천거에 특별한 반응을 보이지 않고 돌아가자, 공숙좌는 상앙을 불러 도망치라고 충고한다. 하지만 상앙은 위나라 왕이 제대로 모르기 때문에 자신을 죽일 리가 없다고 장담했다. 상앙을 등용하라는 공숙좌의 건의도 거절한 위나라 왕이 상앙을 죽이라는 조언도 결코 따를 리가 없다고 확신하였기 때문이다. 상앙의 장담처럼 위나라 왕은 신하들에게 공숙좌가 병이 깊어 별 헛소리를 다 했다며 무시해 버렸다. 상앙이라는 천하의 인재를 위나라 왕은 알아보지 못하였던 반면에 공숙좌는 인재를 보는 능력이 탁월했다.

상앙과 효공의 면담에 대해 세계 최고의 『사기』 연구가이자 중국 국영방송 CCTV 〈백가강단〉 명강사인 왕리췬은 다음과 같이 말하고 있다.[61]

"상앙이 진나라 효공과 처음 만났을 때 제도(帝道)의 상징인 황제(黃帝), 전욱(顓頊), 제곡(帝嚳), 요(堯), 순(舜)에 대해 강력하게 역설했습니다. 그런데 효공이 제도에 관한 상앙의 말을 듣다 말고 금방 졸고 말았습니다. 첫째 면담에서 극히 실망한 효공이 상앙을 소개한 경감을 비난하는 지경에 이릅니다. '그대가 소개한 사람은 허장성세하는 경망스러운 위인이다.'라고 하면서 말입니다. 상앙이 두 번째 만남에서 왕도(王道)를 언급하며 하(夏)나라의 우(禹), 상(商)나라의 탕(湯), 주나라의 문왕(文王)에 대해 강조했습니다. 이번에도 상앙의 말이 효공의 귀에 전혀 들어가지 않았습니다.

그런데 세 번째는 효공이 적극적인 반응을 보이기 시작합니다. 패도(覇道)에 대한 내용이었기 때문이었습니다. 강력한 군사력으로 타 제후국들을 멸망시켜 천하의 맹주가 되었던 춘추오패를 말합니다. 그러나 이때도 완전히 빠지지는 않았습니다. 상앙은 마지막 네 번째에는 '강국의 전략'에 대해 기염을 토했습니다. 효공은 화들짝 놀라 상앙 앞으로 무릎을 당기며 이야기에 깊숙이 빠져듭니다. 효공이 그렇게도 찾았던 인재를 드디어 발견한 것입니다."

효공의 마음을 흔들다

진효공은 제도나 왕도 그리고 패도에 대한 관심이 조금씩 달라지면서 최종적으로 부국강병을 통한 강국이 되는 전략에 깊이 관심을 기울이고 경청한다. 효공이 인의예절을 중시하는 왕자보다 천하를 제패하는 패자가 되겠다는 야망이 매우 컸음을 짐작할 수 있다. 효공의 입장에선 도덕군자인 통치자는 그리 썩 매력적인 대상이 아니었다. 단시일에 강대국으로 성장하여 중국 천하를 호령하겠다는 열망이 매우 강한 군주였다. 천하의 유능한 인재를 발탁하여 부국강병책을 급속도로 추진하면서 맹주가 되겠다는 마음뿐이었으니, 왕도니 제도니 하는 것에는 관심이 있을 리가 없었다. 이때 효공 앞에 나타난 상앙이 효공의 입맛에 딱 맞는 방책을 제시하였으니, 효공인들 얼마나 반가웠겠는가. 속을 태우듯이 단계별로 접근하는 상앙의 구변(口辯)도 참으로 능수능란했다.

아울러 상앙 또한 단계별로 차곡차곡 높은 자리에 올라가는 길을 추구할 사람이 아니었다. 군주에 유세하여 빨리 천하를 경영하겠다는 야망에 불타 있었다. 군신 간에 호흡이 척척 맞아 들어간 것이다. 실제로 상앙의 변법이 거국적으로 실시되어, 중국 서부의 외진 곳에 옹색하게 자리했던 변방 국가 진나라가 중원을 호령하는 강국으로 급성장하게 된다. 이때 강국의 토대를 쌓았던 진나라가 진시황의 주도 아래 B.C 230년부터 B.C 221년까지 10년 내에 6국을 격파하면서 천하 통일을 완성한다. 상앙의 당대가 아닌 사후 그것도 한참 후에 진시황의 천하 통일이 이루어졌지만,

그 근원을 따져 올라가면 결국 상앙의 변법 개혁이 절대적인 역할을 하였다는 것을 알 수 있다.

물론 진효공 이전에도 뛰어난 진나라 군주들이 통일의 토대를 쌓았다. 이전까지의 정책이 산발적이었다면 상앙의 정책은 체계적, 전면적, 근본적 변법이었다. 무엇보다 그는 강력하고 엄격한 법의 집행을 통해 일사불란한 통제 정책을 계획하고 실행하게 된다. 그러한 법치주의에 입각한 정책을 펼침으로써 부국강병을 추구하면서 강력한 전제 왕권 체제를 완성하고자 했다.

엄격한 법치주의와 부국강병 정책의 움직임은 이미 전국 초기 중원의 선진 제국에서 시도되고 있었다. 상호 치열한 전쟁을 하면서 타 제후를 지배하기 위해 강력한 군사력과 풍부한 경제력이 필수였다. 이에 따라 천하를 경영하겠다는 야망이 불타는 제후들이 자신을 보좌할 역량을 갖춘 인재를 구하려는 데 온갖 노력을 기울이게 된다. 그 대표적인 인물이 바로 위문후(魏文侯)이다. 위문후가 이회(李悝)·오기(吳起)·악양(樂羊)·서문표(西門豹) 등 기라성 같은 인재를 등용하였다. 그리고 뛰어난 인재들의 능력 발휘를 이끌어 냄으로써 위나라를 전국시대 강국으로 만들었다.

위문후는 법가의 대표적인 인물 이회(李悝)를 재상으로 임명하여 철저한 법치주의에 의한 정책을 펼쳤다. 나라에 공적을 세운 자에게 관직과 녹봉을 주고, 신상필벌을 철저하게 지켰다. 군사 전략가 오기를 기용해서 진나라를 공격하여 하서(河西)를 빼앗았으며, 악양을 장수로 삼아서 중산국을 멸망시키고 그 땅을 차지했다. 서문표를 등용해서 업(鄴) 지

역을 잘 다스리게 했다. 세 사람 중에 이회에 주목해 보자. 상앙의 개혁
정책과 흡사한 정책을 실행한 인물이니 말이다.

위문후(魏文侯)와 이회(李悝)

이회는 전국 시대 걸출한 정치가로 위문후가 그를 재상으로 임명하자, 토지와 생산력을 높이는 방안이라는 글을 올려 부국강병의 필요성을 역설한다. 이회는 백성들의 삶의 현실에 주목하여 군주에게 글을 올리고 정책을 펼쳤다. 그는 매우 유능하고 훌륭한 재상이었다. 오직 임명권자의 눈치만 보는 고위 관리들에 익숙한 우리 현실에서 이러한 재상 이회에 관한 자료를 접하면 자신도 모르게 무릎을 치게 된다. 그는 위문후에게 곡식의 가격이 폭등하면 백성들의 삶이 고달파지고, 곡식의 값이 너무 싸면 농사짓기가 어려워진다고 역설한다. 이에 따라 식량의 안정적 공급을 위해 작황에 따른 곡식수매법의 일종인 평적법(平糴法)을 실시하여 풍년이 들면 곡식을 나라에서 구입하고, 흉년이 들면 나라에서 값싸게 공급하는 등 가격을 안정시켰다우리나라 정부의 농가소득 보전 정책의 일환으로 실시하고 있는 곡물 수매 정책과 유사하다.

평적법에 따라 매년마다 당시 농사의 작황을 상중하로 평가하여 남은 곡식을 거두어 흉년이 들었을 때를 대비하게 하였다. 평적법의 지속적인 실행으로 수해나, 한발로 인해 기근이 발생했을 때도 곡식 가격이 폭등하지 않아 백성들의 고통을 완화시켜 주었다. 이와 같은 조치로 위나라는 경제적으로 획기적인 발전을 기하게 되어 전국 시대 초기에 전국 칠웅 중 제일의 강대국으로 대두하게 된다.

어떤 국가든지 권력의 상층부를 형성하는 귀족들은 기득권 세력이기 때문에, 기본적으로 개혁에 대해 반발하게 되어 있다. 그냥 이대로 가기만 하면 그 삶은 그야말로 행복 그 자체였으니까. 현재의 상황을 유지하고 싶은 마음은 권력층이나 사회 고위층일수록 강하다. 멀리 갈 것도 없다. 1998년 IMF 때 그렇게 국민들이 고통을 당하고, 정부에서 외채를 갚기 위해 분투하던 당시 금리가 25%을 육박할 때, 강남 부자들이 술집에서 '위하여' 대신에 '이대로'라고 건배하였다는 말들이 널리 회자되었다. 금리가 25%였던 시절이었을 때 부자들은 그때가 얼마나 좋았을까. 그들이 국가 비상상황을 마음껏 누릴 때 우리 국민들은 허리띠 졸라매고 위기 극복에 힘을 보탰다. 필자도 그 당시 집에 보관하고 있던 아이들 돌 축하로 받았던 반지를 몽땅 꺼내어 '금 모으기 운동'에 동참했던 기억이 난다. 그런데 말이다. 정작 정부가 기대하였던, 강남의 엄청난 부자들이 소유하고 있다는 금괴는 시장에 거의 나오지 않았다.

그리고 곧장 이어진 금값 폭등을 기억하는가. 일반 서민들은 국가의 정책에 호응하여 기꺼이 '금 모으기 운동'에 동참하고 훗날 금값 폭등의 후폭풍을 고스란히 떠안았다. 그러나 갑부들은 그 시기를 넘기면서까지 금괴를 소장하여 부를 축적했다. 그 사람들은 나라가 망해도 자신의 재산을 온전히 지켜 내는 데만 혈안이 되어 있었다. 부자 DNA는 나라와 민족의 운명에는 그리 관심이 없을까. 그런 부자들은 강고한 기득권을 구축하고 그 달콤한 열매를 천년만년 누리고 싶은 법이다. 그러니 기득권 세력이 나라와 민족의 위기를 극복하는 데 필요한 개혁을 근본적으로 싫어하는 것이다. 게다가 개혁에 따른 기득권 상실의 두려움이 컸다.

상앙의 급진적인 변법 개혁에서 가장 눈에 띄는 점이 바로 군공(軍功)에 대한 명확한 포상원칙이다. 군공을 전체 20급으로 나누고 등급에 따라 지급하는 작위와 관직, 주택, 복장 등에 차등을 두었다. 미천한 신분일지라도 공을 세우면 높은 지위에도 올라갈 수 있었다. 그래서 전쟁터에서도 공을 세우기 위해 죽음도 두려워하지 않게 되었다. 진나라 군대가 막강하게 된 것도 모두 여기에서 기인한다. 전쟁터에서 세운 공의 정도에 따라 작록을 주니 물불 가리지 않고 전쟁에서 오직 승리만을 위해 뛰어들었던 진나라 병사들의 모습을 상상해 보라.

상앙은 개혁을 추진하면서 태생적으로 이기적인 인간의 본성을 너무나 잘 파악했고, 그러한 인간의 본성을 적절히 이용할 줄 아는 사람이었다. 그리고 군공에 따라 적합한 작록을 주는 정책은 특정 세력이 관직을 독점하던 시대에는 도저히 생각할 수 없었다. 이는 관록의 세습제를 폐지한 것이나 다름없었다. 당시의 기준에서 볼 때 이는 가히 혁명적이었다.

상앙의 이 정책이 주는 효과나 충격이 얼마나 컸을지 충분히 짐작할 수 있다. 계층 상승을 통한 입신양명을 꿈꾸는 사람들에게는 상앙의 정책이 최고의 선물이었다. 누구든 공을 세우면 벼슬과 녹봉을 얻을 수 있고 공이 크면 클수록 그 혜택이 더욱 많아지니, 자신의 노력 여하에 따라 출세가 결정된다. 대부분의 보통 사람들은 상앙의 개혁 정책을 쌍수(雙手)를 들고 환영했다. 하지만 상앙의 개혁에 대한 불만이나 불안감을 갖고 있는 기득권층의 생각은 당연히 달랐다. 그들의 파이(pie)가 현격하게 적어지기 때문이다.

음서제(蔭敍制)

음서제가 있었다. 요즘 언론에 흔히 현대판 음서제라 하여 공정과 공평을 거론할 때 자주 언급되는 제도다. 사법고시를 폐지하고 로스쿨 제도를 도입했을 때 그 취지가 어떻든 경제적 여유를 가진 계층만 입학할 수 있다는 점에서 상당한 비판이 따랐다. 물론 사법고시만의 문제점도 모르는 바가 아니다. 하지만 사법고시는 그 결과에 대해 국민들이 가타부타 하지 않는 것은 공정한 평가라는 인식이 깔려 있기 때문이다. 하지만 로스쿨 제도의 엄청난 학비는 가진 자들만 들어갈 수 있다는 이미지가 매우 강하다. 어디 로스쿨 제도만 그런가.

음서제란 고려와 조선 시대에 특권 신분층인 공신과 양반 등의 신분을 우대하고 유지하기 위해 후손을 관리로 뽑는 제도이다. 조선 시대도 고려의 음서 제도를 계승하였으며, 전기에는 축소되었으나 후기에는 오히려 확대되었다. 요즘 흔히 말하는 '부와 명예의 대물림'이 아닌가. 아니 특정 신분의 후손에게 시험도 치르지 않고 벼슬을 주다니. 과거제가 여러 가지 문제점이 있음에도 선비들은 바늘구멍을 통과하는 어려운 과거에 급제하기 위해 엄청난 노력을 쏟았다. 『경국대전』에 규정하기를, 음서에 따른 선발 시기는 매년 1월이었고, 대상자의 자격 연령이 20세 이상이었다. 조선 전기에는 시기, 절차, 연령 등 법제적으로 규정된 내용을 중심으로 운영되었다. 물론 음서 제도로 출사(出仕)하는 관리는 승진에 한계가 있었다. 음서 출신과 과거 출신의 차별이 있어, 음서의 수혜 대상이 되어도 가능하면 과거를 통해 출사하고자 했다.

하지만 조선 후기에 접어들면 힘든 과거 공부를 단념하고 손쉬운 길을 택해 음서로 출사하는 경우가 많았다. 음서제는 가문과 지위를 계승하는 토대가 되었다. 특정 가문만이 누릴 수 있는 불공평의 극치였다. 쉽게 벼슬길에 나아가는 손쉬운 방법을 양반들이 독점하고 있으니, 굳이 어려운 과거 공부에 머리를 감쌀 이유가 없었다. 이 음서제도가 승진에 한계가 있다고는 하지만 그래도 이 제도가 양반들의 기득권을 한층 공고화했다. 상앙이 만약 조선에서 개혁을 펼쳤다면 양반들의 권력, 그들만의 리그를 확고하게 만들어 준 음서 제도를 모조리 말소하는 정책을 펼쳤을 것이다. 그러한 기득권을 상실할 상황에 처해진다면 우리네 양반 사대부도 상앙 시절 진나라 기득권 세력처럼 거세게 저항하지 않겠는가. 오히려 더 극악스러웠을 터.

상앙의 변법 개혁이 진행되면서 장기간 기간 농사를 짓지 않았던 황무지를 개척하여 농지를 확대하는 등의 정책이 펼쳐진다. 상앙은 상업보다 농업에 비중을 두고 변법을 실행하였다. 상앙의 정책이 본격화되면서 서부 변방 외진 국가 진나라가 중원의 강국들에 맞설 수 있는 역량을 갖게 되었다. 그런데 급격한 개혁 정책은 단기간에 눈에 띄는 실적을 올리는 데는 상당한 효과를 발휘하지만, 그 후유증 또한 만만치 않다. 상앙의 개혁은 급진적, 근본적인 성격을 띠기 때문에 본격적으로 추진될 때 나라 전체가 그것에 휩쓸리게 된다. 개혁 바람이 거셀 때는 모두 숨죽이고 그 바람이 잠잠해지길 기다린다. 그러나 어떤 개혁이든 어느 정도 완수되고 국정이 안정되어 숨을 돌릴 때가 도래하면, 일련의 개혁에 대한 반성이 이어지면서 그 문제점도 노출되게 된다.

비록 다른 나라에 비해 귀족의 세력이 약했다고는 하지만, 진나라 역시 기득권을 누리는 권력층의 반발은 상당했다. 온갖 특권을 누리던 귀족들의 입장에서는 진효공의 강력한 후원에 힘입어 전개되는 상앙의 급격한 개혁 정책에 거부 반응이 일어날 수밖에 없었다. 대대로 귀족들은 씨족 공동체가 지배하는 농촌에서 전답을 독점하고 강력한 세력을 구축하였다. 나아가 국가의 관직을 비롯한 여러 특권들을 독점, 세습하고 있었다.

그런데 상앙이 진효공의 후원을 받아 변법 개혁을 본격적으로 추진하면서, 권력의 추가 귀족 세력보다 군주에게 쏠리는 중앙 집권적인 구조로 바뀌었다. 따라서 귀족이 아닌 철저한 중앙 집권을 행사하는 왕권에 의해 직접 통제되어 갔다. 상앙은 귀족들이 누리던 각종 특권을 폐지했으며, 평민이라도 전쟁에 나아가 뛰어난 공적을 세운 이에게는 그에 상응하는 관직과 토지를 주었다. 출신 성분이 아닌 나라와 민족에 대한 공적 여부로 포상하고 벼슬을 주었다. 그래서 상앙의 개혁 정책에 대한 백성들의 호응은 컸다.

아무리 군주가 독단적으로 정책을 결정하는 전제 군주 체제라 하더라도 민심의 향배는 매우 중요하다. 자신이 세운 실적만큼 평가와 보상을 받는다는 사실은 당시 평민들에게는 너무나도 매력적이었고, 당시 현실에서는 실로 혁명적인 일이었다. 상앙의 개혁 정책에 힘입어 조정에서 호적을 작성하고 중앙에서 군현을 직접 지배하기에 이르게 된다. 어쩌면 이러한 강력한 중앙 집권 정책이 진효공의 원래 목표가 아니었을까.

군주든 귀족이든 모두 권력을 마음껏 행사하고 싶은 욕망이 있다. 더욱이 군주라면 오직 혼자 권력을 독점하고 싶지 않겠는가. 상앙의 변법 개혁 정책이 본격적으로 궤도에 오르면서 광범하게 성장한 자영 농민층들 덕분에 국가의 재정 수입이 획기적으로 증대된다. 이에 따라 엄청난 국가 재정의 수요를 보충할 수 있었고, 끊임없이 이어지는 제후 국가 간의 전쟁에 대비한 병력을 대거 충원할 수 있게 되었다. 이러한 경제력의 증대가 결과적으로 강력한 군대를 구성할 수 있도록 만들어 주었다. 중국 서쪽 변방의 옹색한 벽지에서 벗어나 함곡관을 넘어 중원을 진출할 수 있는 물적, 인적 인프라를 든든하게 축적할 수 있게 된 것이다.

상앙의 개혁에서 눈에 띄는 것은 귀족들의 기득권 보장보다 공적에 따른 보상 체제의 효율성에 초점을 맞춘 점이다. 인간은 누구나 자신의 공적에 대해 합당한 보상을 받게 되면, 더욱 노력을 기울이게 된다. 이전까지 토지를 대거 소유하던 귀족들이 상앙의 개혁 정책으로 인해 그 특권을 모두 내려놓아야 하는 지경에 이르렀다. 반면에 평민들은 지금까지와 달리 공을 세우면 그에 합당한 보상을 받게 되니, 자신의 이익을 얻기 위해서라도 죽기 살기로 전쟁에 임한다. 그러나 막대한 재산을 소유하면서도 무노동으로 일관하면서 사회의 모든 특권을 향유하던 귀족들에게는 이러한 상황이 그야말로 청천벽력과도 같았다. 느긋하게 권력을 누리고 있던 귀족들 입장에서 상앙이라는 존재는 실로 위험하기 그지없었다.

하지만 평민들이 자신의 공적에 합당한 보상을 받으면서 현실에 만족했을지 몰라도, 그들이 나라의 주류가 되어 전체 정국을 주도하고 국정의 방향을 변화시킬 수는 없었다. 전제 군주하에 왕에 대항할 수 있는 권력은 어디까지나 귀족들만이 가지고 있었다. 현실적으로 평민들이야 자신의 눈앞의 이익만 보장된다면 그냥 희희낙락할 정도로 세상에 대한 식견이 좁을 수밖에 없다. 하지만 귀족들은 평민들과 달리 국정을 독점하고, 권력을 향유하고 유지하는 데 뛰어난 감각을 갖고 있었다. 그래서 권력 소유 내지 향유 욕망이 너무나 강한 귀족 세력은 기득권을 갖게 되면, 필연적으로 개혁을 좌절시키려 한다. 그러나 상앙은 그러한 귀족들의 눈치를 전혀 의식하지 않고 변법을 강력하게 실시하였다.

태자도 처벌해야 한다

상앙의 개혁 정책이 강력하게 실시되면서 조정의 대신들이 상앙이 추진하는 변법에 대해 거부 반응을 보이기 시작할 때, 마침 태자 사(駟)가 법을 어기게 되었다. 그러자 상앙은 전혀 망설이지 않고 태자를 처벌하려고 했다. 상앙이 진효공을 찾아가 태자의 법 위반 사항을 보고하고 처리 방안을 제시하여 효공의 승낙을 받아낸다. 사마천의 『사기』 열전 「상군열전(商君列傳)」에 다음과 같이 기록되어 있다.

> "법이 제대로 시행되지 못하는 것은 위에서부터 지키지
> 않기 때문이다."

> 法之不行自上犯也.

요즘도 널리 유행하는 말처럼, 지위고하를 막론하고 엄격히 법 적용을 하겠다는 말이다. 실제로 최고 권력자가 흔히 '지위고하 엄벌' 운운하지만 실제로 상앙처럼 태자를 이렇게 처벌하려고 시도한 사례가 거의 없다. 위험 부담이 너무나 높았기 때문이다. 지금 군주가 죽고 난 뒤에 다음 제위에 오를 태자를 누가 처벌한다는 말인가. 상앙은 그래도 태자를 처벌하려 시도하였다.

실제로 현대 우리 사회에서 고위층이 범죄를 저질러도 진효공의 태자

주변 사람처럼 실질적으로 처벌받는 경우가 거의 없다. 설령 죄를 지어 재판을 통해 형을 받아도 눈 가리고 아웅 식으로 금방 풀려나니, 유전무죄가 국민들 사이에 강하게 인식되어 있다. 재판정의 판사, 변호사, 검사가 유명 명문대학 동창으로 구성된 경우도 있다고 하지 않던가. 특히 재벌들이나 유력 정치인 재판에서 국민들이 도저히 이해할 수 없는 판결이 얼마나 많았던가. 재판정에 들어설 때 휠체어에 앉았던 사람들이 판결 이후 어떻게 되었던가.

진효공 당시에 태자가 그런 법을 위반했다고 모두들 인정한다고 하더라도 사람들은 설마 태자를 징계하겠느냐고 반신반의했다. 진효공에게 유고가 발생하면 태자가 즉시 차기 제위에 오르게 되어 있다. 전제 군주가 되어 강력한 중앙 집권 체제에 권력의 전권을 행사할 태자를 자극할 이유가 없었다. 정무 감각이 뛰어나고 권력의 속성을 제대로 아는 관리라면 그런 무모한 짓을 할 리가 없었다. 권력의 특성상 부왕의 신임을 받는 신하도 다음 태자 대에 가면 숙청되는 것이 흔했다. '새 술은 새 부대로'라는 분위기 쇄신책으로 기존의 권신(權臣)을 치는 것을 명분으로 삼기 때문이다. 천하의 상앙이 권력의 그런 속성을 모를 리가 없다. 뻔히 알면서도 태자 주변을 친 것은 자신의 개혁의 정당성에 대한 자신감 때문이었다.

그래서 상앙이 상황의 앞뒤나 처벌 대상자의 지위 고하를 막론하고 법을 집행하겠다는 일념하에 태자도 처벌하려 했다. 법의 형평성에 초점을 맞추었다고 볼 수 있고, 한편으로는 정무적 판단이 상당히 부족해서 그렇게 미숙하게 대처했다고도 볼 수 있다. 어쨌든 태자가 법을 위반했을 당시 상앙의 변법이 동력을 얻을 것인가 아닌가의 기로에 섰다. 상앙은 태자를 직접 징계하지는 않고 대신 태자의 스승을 처벌하게 된다. 태자의 스승을 처벌한 것도 엄밀히 보자면 태자에 대한 간접적 징계 성격이 강했기 때문에, 어쩌면 이때 상앙의 비참한 최후가 미리 결정되었을지 모른다. 태자가 훗날 제위에 올랐으니.

태자의 스승 중 공자 건(虔)을 코를 베는 형벌인 의형(劓刑)에 처하고, 또 한 사람 공손 가(賈)는 얼굴에 먹을 뜨는 형벌인 묵형(墨刑)에 처하게 한다. 진효공의 뒤를 이어 다음 제위에 오를 미래 권력 태자도 법치주의에 예외가 될 수 없다는 상앙의 이 단호한 처벌이었다. 태자 자신은 무사히 넘어가지만 스승들이 모욕적인 형벌을 받는 것을 보았을 때, 필시 태자도 마음속으로 이를 갈았을 것이다. 이 처벌이 훗날 상앙의 생명을 단축하는 부메랑으로 돌아올 줄은 상앙 자신이 그때는 몰랐다. 단순한 죽음이 아니라 사지를 찢어 죽이는 거열형으로.

그후로 진나라 백성들은 물론 귀족과 대신들까지 모두 새로운 법령을 잘 지켰다. 하지만 당시 태자 사는 상앙에 대한 원한을 마음속 깊이 담아두고 있었다. 태자의 입장에서는 차기 대권을 예약하고 있는 자신조차 전혀 두려움 없이 법대로 처벌하려고 달려드는 상앙을 도저히 용납할 수 없었다. 지금 당장이야 부왕인 효공이 상앙을 강력하게 신임하고 있는 상태라 어떻게 손을 쓸 수도 없지만, 언젠가 자신의 손에 권력이 들어오면 가장 먼저 제거하여 할 대상으로 상앙을 찍고 있었다. 역사적으로 개혁을 추진하는 사람들은 대부분 자신만이 옳다는 자부심이나 자의식이 매우 강해, 개혁을 추진하는 과정에서 불가피하게 수많은 적을 만들고 만다. 상앙도 마찬가지였으니.

노블레스 오블리주

상앙이 변법 개혁을 추진하면서 유력한 차기 황제 후보자인 태자조차도 법을 위반하면 가차 없이 처벌하여, 기강을 세우려 한 것은 요즘 흔히 말하는 노블레스 오블리주에 해당된다. 노블레스 오블리주란 프랑스어로 '귀족은 의무를 갖는다.'를 의미한다. 부와 권력, 명성은 사회에 대한 책임과 함께 해야 한다. 그래서 사회 지도층에게 사회에 대한 책임이나 국민에 대한 도덕적 의무를 모범적으로 실천하는 높은 도덕성을 요구한다. 사회로부터 정당한 대접을 받기 위해서는 자신이 누리는 명예(Noblesse)만큼 의무(Oblige)를 다해야 한다.

"고귀하게 태어난 사람은 고귀하게 행동해야 한다."

노블레스 오블리주는 고대 로마제국 귀족들의 불문율이었다. 위대한 로마제국의 성공 비결은 바로 노블레스 오블리주 정신에 있다는 평가를 받았다. 그리고 노블레스 오블리주의 전통이 유럽의 귀족들에게 유산처럼 내려온다. 나라가 위기에 처해 있을 때 프랑스나 영국에는 지도층 자녀들이 먼저 전쟁터로 뛰어드는 것이 대표적인 사례다. 귀족들이 조국과 민족을 위해 희생하는 모범을 보였기에 지금도 존경받는다고 한다. 예를 들어, 영국의 명문 이튼 칼리지 졸업생들도 많이 언급되는데, 이 학교 졸업생들이 제1차, 2차 세계 대전에 참전하여 상당수가 목숨을 잃었다. 전쟁이 일어나면 누구보다도 먼저 참전해 노블레스 오블리주 정신, 즉 귀족의 의무를 다했다.

1982년 포클랜드 전쟁 때 영국 여왕의 차남 앤드류 왕자가 조종사로 참전한 사실도 노블레스 오블리주를 실천한 상징적인 일화로 남는다. 당시 대학생이었던 필자도 TV로 앤드류 왕자의 손가락 V자를 보았던 기억이 생생하다. 노블레스 오블리주는 우리나라 역사에서도 사례를 들 수 있다. 대표적으로 신라가 삼국을 통일하는 데 원동력이 된 화랑정신이나 외부의 침략을 받았을 때 의병장이 되어 대의를 위해 목숨까지도 기꺼이 버렸던 조선의 선비 정신 등이다. 임진왜란 당시 이 땅을 침략한 왜군 장수들이 우리 의병과 맞닥뜨리면서 당황하기도 했다. 그들은 전투에 패해 성주가 할복자살하여 성이 함락되면 성 안의 백성들은 새로운 성주를 받아들이는 것이 자연스러웠는데. 유학자들을 비롯한 조선의 백성들은 전혀 그렇게 하지 않았다. 군주 선조가 한양성을 내팽개치고 국경까지 도망갔는데도 조선 전역에서 의병장들이 들고 일어나 왜병과 맞서 싸웠다. 의병 지도자들이 대부분 선비 정신이 투철한 유학자들이나 전직 관리였다. 물론 백성들이 의병이란 이름으로 왜적들과 대적한 것이 노블레스 오블리주와는 결이 다르다. 하지만 사회 지도층인 의병장들은 전형적인 노블레스 오블리주를 실천했다.

그리고 거상 김만덕은 조선 정조 당시 흉년으로 인한 기근으로 식량난에 허덕이던 제주도 사람들을 위해 전 재산으로 쌀을 사서 나눠 주었다. 독립운동에 막대한 자신의 재산을 사용한 최재형도 있다. 그는 군수업으로 벌어들인 재산을 독립운동자금으로 대거 사용했다. 나아가 집안의 노비를 해방하고, 민족적 자립을 위한 무장 투쟁을 이끌었다. 유한양행 설립자 유일한도 노블레스 오블리주 하면 늘 거론된다. 어느 거대 재벌들이 2세, 3세에게 막대한 부를 대물림하고자 탈세, 불법 등의 반칙을 서슴지 않았던 사례와 너무나 대조적이다.

또 노블레스 오블리주 하면 경주 최 부잣집을 빼놓을 수 없다. '사방 백리 안에 굶는 이가 없게 하라.'고 했던 가훈을 지키며 부를 나누었던 신념은 참으로 감동적이다. 최 부잣집에서 어려운 사람들에게 베풀면서 강조한 '육훈(六訓)'은 부자 3대 못 간다는 세간의 혹평을 벗어날 수 있었다. 첫째, 과거를 보되 진사 이상은 하지 마라. 둘째, 재산은 만 석 이상 지니지 마라. 셋째, 과객을 후하게 대접하라. 넷째 흉년기에는 땅을 사지 마라. 다섯째, 며느리들은 시집온 후 3년 동안 무명옷을 입어라. 여섯째 앞에서도 언급한 '사방 백 리 안에 굶어 죽은 사람이 없게 하라.'이다. 참으로 대단하지 아니한가.

최하의 정책은 백성들과 다투는 것이다

『사기』의 「화식열전(貨殖列傳)」에 보면, 다음과 같은 문장이 나온다.

"정치를 가장 잘하는 자는 자연스러움을 따르고, 다음은
이익으로써 백성을 이끌고, 그 다음은 가르쳐서 깨우치게
하고, 또 그 다음은 가지런히 바로잡으려 하고, 가장 모자라
는 하수는 백성들과 싸운다."

善者因之, 其次利道之, 其次教誨之, 其次整齊之, 最下者與之爭.

이 중 수준이 가장 낮은 정책이 바로 백성과 다투는 것이다. 백성과 이
익을 다투는 통치 방식은 결국 백성을 고통에 빠뜨린다. 현대 사회에서
국민들과 융화하는 정부가 아니라 국민들과 이익을 다투는 정부가 가장
낮은 수준이다. 정부뿐만 아니라 강고한 기득권 세력이 된 사회 지도층
사람들은 또 어떤가. 그들 또한 자신의 이익을 독점하기 위해 국민 전체
와 다투고 있지 않은가. 정녕 이 사회 지도층 인사들이 노블레스 오블리
주를 행하면서 스스로 희생하는 모습을 보인다면, 국민들이 진심으로 지
도층을 신뢰하면서 기꺼이 따른다. 하지만 지도층 인사들이 갖가지 방법
을 동원하여 불법이나 편법, 탈법 등의 반칙을 저지르고 온갖 특혜를 다
누린다면, 그 결과는 고스란히 국민들의 고통으로 귀결된다. 안타깝지만
우리 사회에서 정치인들을 비롯한 지도층에 대한 국민들의 신뢰는 거의

바닥이다.

노블레스 오블리주가 온 사회에 가득한 나라가 되었으면 좋겠다. 원래 노블레스는 '닭의 벼슬'을 의미하고, 오블리주는 '달걀의 노른자'라는 뜻이 들어 있다고 한다. 이 두 단어를 합치면 '노블레스 오블리주'가 되는데, 그 의미를 추론해 보면 '닭의 사명이 자기의 벼슬을 자랑함에 있지 않고, 알을 낳는 데 있음'이 되지 않을까 싶다. 다시 말해서 사회 지도층의 도덕적 의무를 뜻하는 말로 사회로부터 정당한 권위를 인정받고 존경받기 위해서는 자신이 누리는 명예에 걸맞은 최선의 의무를 다해야 한다.

우리 사회에 노블레스 오블리주가 많이 언급되고 있는 이유로 이 사회의 지도층들 사이에 팽배한 불법, 반칙 등 때문이다. 언론에 생중계되는 국회 인사청문회 과정에서 수많은 장관 후보자들의 흠결이 너무나 많이 드러나고 있다. 어떻게 된 일인지 국민 눈높이에 맞는 후보자가 드물다. 그 정도 고위직에 올라가려면 국민 눈높이에 맞는 인물은 그들 세계에서 아예 도태되어 버리는 것은 아닌지 모르겠다. 이젠 후보자들의 구질구질한 변명을 너무나 많이 들어 웬만한 흠결은 무감각해질 정도가 되었다. 심지어 청문회에서 결정적인 하자가 드러나도 장관 후보자가 떳떳하고 당당한 자세를 보일 때 우리 국민들은 정말 어이가 없다.

'노블레스 오블리주'가 제대로 지켜지지 않은 구체적 사례는 국가 안보를 위한 병역 미필에서도 볼 수 있다. 우리나라 고위층 자식들의 병역 미필 비율이 일반 국민들의 자식들보다 훨씬 높다고 언론에 보도되면서 군에 간 자식 때문에 날마다 노심초사하던 온 국민의 공분을 샀다. 남북 분단 상태에서 병역 의무는 신성하면서도 반드시 이행해야 함에도 사회 고위층 자식들이 석연치 않은 이유를 들어 군에 가지 않은 경우가 많았다. 물론 여성들이나 몸이 불편하여 군에 가고 싶어도 갈 수 없는 사람은 논외다. 일반 국민들은 병역을 당연하다고 여기고, 국민의 필수 의무로 생각하면서 충실히 이행했다. 그래서 나와 우리 집 아들 둘도 당연히 병역 이행을 위해 그 힘든 군 복무 기간을 견뎌 냈다. 그런데 이 사회의 지도층 인사들이나 그 자제들이 갖가지 방법으로 병역 의무를 수행하지 않았다는 사실을 접하면서 참으로 많은 분노를 느꼈다.

우연이겠지만, 내가 강원도 최전방에 근무하면서 30개월 중에 서울 강남 출신 부잣집 자제들은 단 한 명도 목격하지 못했다. 그리고 소위 잘나가는 인사들의 자제가 최전방에 근무한다는 말을 들은 적이 거의 없었다. 그래도 '우리 부대에 없지만 다른 부대에서라도 병역 의무를 수행하고 있겠지.'라고 믿었다. 그런데 전역 이후 사회생활을 해 오면서 언론에 보도된 사례를 보니 정말 너무했다. 우리 사회 지도층 자녀들이 온갖 방법을 동원하여 병역을 회피하였다. 그러니 국민들이 이런 사회 지도층 인사들을 존경할 리가 없다.

다시 혁명가 상앙의 이야기로 돌아가자. 진효공이 상앙을 초빙하여 강력한 변법을 실시하기 전에도 진나라에서는 유능한 인재를 적극적으로 등용하였다. 서쪽 변방의 외진 곳에서 중원으로 진출하기 위해 국가의 역량을 높인 대표적인 군주가 상앙을 발탁한 진효공이지만, 그 외에도 뛰어난 군주가 여럿 있었다. 춘추오패 중 한 사람인 진목공이 대표적이다. 진목공이 인재 발탁이 힘을 기울였는데, 추천 인물이 인재이기만 하면 그

외엔 어떤 조건도 따지지 않고 등용하였다. 특히 목공의 인재 발탁 '4불문(不問)'은 민족, 국적, 신분, 나이를 묻지 않은 당시로는 획기적인 방책이었다.

진나라가 본격적으로 함곡관 동쪽을 진출하여 본격적으로 중원 지배의 야망을 키울 수 있었던 원동력 중의 하나가 바로 진목공 시절의 개방적인 인재 발탁 정책이다. 상앙의 변법 개혁만큼이나 중요한 역할을 하였다. 오늘을 사는 우리들에게 시사하는 점이 크지 않는가. 우리가 많이 들어 본 말이 학연, 지연, 혈연이 아니던가. 협소한 인재풀에서 같은 사람을 돌려가며 쓰는 회전문 인사, 같은 편 사람만 쓰는 코드 인사 등이 정말 많았다. 정권이 바뀌어도 그런 행태는 좀처럼 사라지지 않았다. 대통령 선거를 비롯한 주요 선거 운동을 열심히 한 사람이면 그에 보상하는 자원에서 자리를 마구 주었다. 해당 인물의 역량이나 능력에 관계없이 막무가내식으로 발탁하니 청문회에서 별 희한한 장면들이 숱하게 쏟아져 나온다. 인물이 없는 것이 아니라 장관 후보자에 오른 사람들 대부분이 그 나물에 그 밥이다. 우린 그런 연(緣)에 매몰되어 훌륭한 인재를 제대로 발탁하지 못한 경우가 정말 많았다.

하지만 국정을 수행하기 위해서는 그런 제한적인 인재풀을 과감히 뛰어넘어야 한다. 자신과 반대 진영의 인물도 능력만 있다면 담대하게 기용할 수 있어야 한다. 권력도 개인 소유물이 아니라 국민이 투표를 통하여 일시적으로 맡긴 것에 불과하다. 그래서 진정 국민을 위해 대국적으로 국정을 이끌어 가야 한다. 그래서 권력자 스스로가 자신의 주변을 훨씬 뛰어넘는 인재풀에 관심을 갖고 역량이 탁월한 사람을 언제든지 등용하겠다는 자세를 가져야 한다. 선거에 이긴 사람들이 모든 자리를 차지하면 결국 그들만의 리그에 그치고, 나라와 민족은 미래가 없다.

진목공은 훌륭한 인재를 과감히 등용하였다. 그야말로 오직 재능만 있으면 과감하게 등용하였다. 진목공 사례처럼 진나라에 인재 발탁의 전통이 예전부터 있어 왔지만, 상앙의 변법을 시행한 이후에 군주들이 정책을 더욱 강하게 밀고 나가게 되었다. 진나라의 재상의 대부분은 외국 출신들을 발탁하였다. 요즘 말로 인재를 외부에서 받아들이는 아웃소싱을 했다. 국가가 성장하는데 여러 가지 다양한 요소들이 중요하겠지만, 인재를 과감하게 등용하는 정책이 정말 중요하다.

강력한 후원자가 사라지다

화무십일홍(花無十日紅)이고 권불십년(權不十年)이라 했던가. '아무리 붉고 탐스러운 꽃이라 하여도 열흘 가지 못하고, 제아무리 막강한 권력가라 해도 그의 권세는 10년을 넘지 못한다.'는 뜻인데, 상앙이 바로 그랬다. 상앙의 개혁 정치가 막상 정상 궤도에 오르고, 상앙 또한 권력을 행사하고 부귀영화를 누리게 되었지만, 강력한 후원자였던 효공이 그만 죽고 말았다. 그리고 태자 시절에 법을 어겨 자신의 스승들이 육형(肉刑)을 당했던 태자가 제위를 이었으니, 그가 바로 혜문왕이다. 그는 태자 시절부터 상앙에 대한 감정이 좋지 않았다. 혜문왕이 조금이라도 국가의 미래를 길게 보고 국정을 수행하겠다는 생각만 있었다면, 상앙과 같은 인재를 그대로 살려 두고 활용했을 터. 하지만 혜문왕은 부왕 진효공과 달랐다.

아버지 대에 개혁을 추진하여 아들 대에까지 전파되는 경우가 의외로 드물다. 부왕 진효공은 구현령(求賢令)을 내리면서까지 천하의 훌륭한 인재를 발탁하려고 전력을 기울였다. 그에 비해 혜문왕은 지난 날 태자 시절에 자신을 공격한 상앙에 대한 보복 심리가 너무 강했다. 더욱이 춘추오패 중 첫 맹주였던 제환공이 공자 시절 권력 쟁패의 시기에 자신의 혁대에 화살을 맞춘 정적 관중을 재상으로 등용한 것에 비하면 혜문왕의 상앙 제거 과정은 참으로 속 좁은 처사였다. 혜문왕이 태자 시절의 악감정에 얽매여 있는 상태에서 개혁 정치와 상앙에 반대하는 세력이 새로운 왕을 충동질하였으니, 앞으로 무슨 일이 일어날 지는 불 보듯 훤하였다.

개혁의 주도 세력으로 진나라 국정을 적극적으로 끌고 가던 상앙이 제거 대상이 되고 말았다.

조정의 분위기가 급변하고 생명의 위협을 느낀 상앙이 진나라 국경을 넘어 탈출하여 도주한다. 망명 와중에 진나라와 위나라의 경계인 함곡관 근처 여관집 주인에게 쫓겨나가는 수모를 당하기도 하다가, 결국 붙잡혀 반란죄 혐의로 거열형에 처해졌다. 거열형이란 오우분시(五牛分尸)라고도 하는데, 다섯 마리의 소가 끄는 수레 다섯 대에 사지와 머리를 묶어 각기 다른 방향으로 찢어 버리는 잔혹한 형벌이다. 말 다섯 마리가 끌면 오마분시라고 한다. 아이러니컬하게도 이 잔혹한 형벌을 상앙이 만들었다는 설도 있다.

상앙은 죽으면서 "가혹한 법의 폐해가 내게도 미쳤구나." 하고 탄식했다. 이렇듯 자신이 만든 법에 걸려 제대로 도망도 못 다니다 붙잡혀 처형당한 비운의 개혁가가 되고 말았다. 비록 상앙은 비참한 최후를 맞이하지만 그만 수립한 국가 운영 시스템은 강력한 개혁 정책과 더불어 고스란히 부국강병과 직결되어 진나라가 천하를 통일하는 데 강력한 동력이 되었다. 상앙을 처벌한 진혜문왕조차 상앙의 정책을 고수했으니. 이후로 진의 국력이 급격하게 성장하여 전국 칠웅 중에서 점차 두각을 나타내기 시작한다. 진의 천하 통일은 상앙의 변법 개혁의 결과 확보한, 막강한 경제력과 군사력을 기반으로 이루어졌다. 여기에 더하여 장의로 대표되는 뛰어난 외교 정책, 범수의 유명한 원교근공책 등 뛰어난 군사 전술이 결합하여 이루어졌다.

특히 범수가 제안한 원교근공책의 효과는 매우 컸다. '채찍과 당근'에 비유할 수 있겠다. 인접 국가는 공격하고 멀리 떨어진 나라와는 친교를 맺으니, 각국은 고립된 속에서 하나씩 하나씩 격파되었다. 진나라가 강국으로 우뚝 서자, 여섯 개 나라가 뭉쳐서 진나라를 공격하는 소진(蘇秦)의 합종책(合從策)이 일시를 풍미하였다. 그러나 각국의 이해타산과 소진의 사망으로 합종책이 붕괴되고 만다. 이어 나타난 장의(張儀)가 제안한 연횡책(連橫策)이 등장한다. 이에 따라 각 국가가 독립적으로 강국 진나라와 연합을 맺는 전략을 펼쳐 일정 기간 지탱하였다. 그러나 결국 진나라가 천하를 통일하여, 중국이 역사상 최초로 하나의 국가 제도 속에서 운영되게 되었다.

사실 진나라의 천하 통일 과정은 그리 녹록지 않았다. 각 지역을 지배하던 숱한 제후들이 어느 정도 정리되고 살아남은 일곱 나라를 칠웅(七雄)이라고 칭한다. 다시 여섯 나라를 정복하는 것이 만만한 일이 아니었다. 전국 칠웅에 들어가지만 강대국이라고 보기 어려운 북방의 연나라도 수십만의 강병을 가지고 2천 리나 되는 영토를 소유하고 있을 정도였으니 말이다. 7웅 중에서 진나라가 천하의 강국으로 발돋움하기 시작한다. 그래서 강대국 진나라를 제외한 여섯 나라의 국방이나 외교도 결국 진나라에 초점을 맞추어 전개할 수밖에 없었다.

앞에서 언급하였듯이, 여섯 나라가 똘똘 뭉쳐 진나라에 대항하는 합종책이 있는가 하면, 진나라가 너무 강하므로 함곡관 동쪽에 있는 여섯 나라가 각각 진나라에 의지하여 연맹을 체결하여 각각 생존을 도모하는 연횡책도 대두되었다. 합종책은 낙양 출신인 소진이 주장하고, 연횡책은 위나라 사람인 장의가 설파한 방안이었다. 비록 합종으로 인한 여섯 나라 동맹이 결성되면서 구성되어 진나라를 15년간이나 함곡관 서쪽에 봉쇄할 수 있었지만, 언제까지나 합종만 고집할 수는 없었다. 경우에 따라선 연횡도 훌륭한 방법이었다. 따라서 백가쟁명의 시대에서 합종과 연횡 모두 사정에서 따라서 강대국 진나라에 대응하기 위한 전략이었다.

진나라 입장에서도 타 제후들을 격파하기 위해서는 인접 국가로부터 쳐 나가야 했다. 진나라의 의도를 파악한 각 나라들도 외교나 국방도 모두 일차적으로 진나라에 초점을 맞추어 전개하게 되었다. 진나라와 직접 국경을 맞대고 있는 한·위·초나라 등은 진나라와 멀리 떨어진 제나라나 연나라에 비해 진나라 사정에 더욱 예민하게 반응할 수밖에 없었다. 강국 진나라와 어떻게 국경을 이루는가의 지리적 관계에 따라 각국이 갖는 위기의식도 달랐다. 호시탐탐 천하 통일을 노리는 신흥 강대국 진나라와 인접하고 있는 세 나라에 불안이 팽배하였다.

진나라는 그러한 각국의 사정을 면밀히 검토하여 원교근공책(遠交近攻策)이란 지극히 현실적이고 효과적인 정책을 펼쳐 나간다. 멀리 떨어진 국가는 외교로 인접 국가는 직접 정벌하는 방책이다. 인접 국가를 공략할 때 단순히 군사력을 동원하는 데 그치지 않고, 상대국의 조정 관리들에게 뇌물을 비밀리에 제공하여 상대국의 내부를 분열시키기도 하였다. 때로는 군대를 이용하여 노골적인 협박을 하기도 하고, 스파이를 적국에 파견하여 유언비어를 퍼뜨리거나 유력자를 암살하여 공포감을 조성하기도 한다. 당시는 그야말로 온갖 권모술수가 판치는 살벌한 약육강식 그 자체였다. 정당성이나 명분은 별로 중요하지 않았다. 어떤 수단을 쓰든 승리하여 자국의 목적만 달성하면 정의가 되는 판이었다.

조무령왕 호복기사(胡服騎射)

진나라만 개혁 정책을 펼친 것이 아니었다. 앞에서 언급했듯이 전국시대 초반에는 진나라보다 오히려 위나라가 먼저 개혁 정책을 펼쳐 위세를 떨쳤다. 짧은 기간이었지만 위나라가 강국으로 올라설 수 있었던 이유이다. 위 문후가 B.C 446년에 제위에 올라 인재를 발탁하고 적재적소에 배치하였다. 탁월한 국정 역량을 발휘하면서 개혁을 실시하여 국력을 극대화시켰다. 실제로 문후는 이회·서문표·오기 등을 기용하여 칠웅 중 가장 먼저 혁신 정치를 펼쳤다. 이로써 위나라의 정치·경제·군사력은 신속하게 발전했고, 위나라는 이내 중원의 강국으로 부상했다. 그리고 조나라의 무령왕, 연나라의 소왕 등도 이러한 부국강병책으로 군사력을 강화시킨다.

특히 조무령왕은 B.C 307년 호복기사로 상징되는 개혁 정책을 실시하였는데, 오랑캐 복장에 말을 타고 활을 쏘는 전투 방식인 호복기사는 전쟁에 매우 편리하였다. 조무령왕이 도입하려던 호복기사는 중화민족이 아닌 북방 유목 민족의 특수한 훈련을 받은 전사 한 사람이 직접 한 마리의 말을 타고 달리며 활을 쏘아 대는 전법이었다. 또한 당시 조나라 대부들이 입던 복장은 소매가 길고 아랫부분이 치마처럼 생긴 것으로 이는 팔이 매우 거추장스럽고, 말을 타는 데도 무척 불편했다. 초지를 찾아 대규모로 이동하는 것에 익숙한 유목민들에게는 말 타기에 적합한 바지 형태의 복장 즉 호복이 편리했다.

북방 유목 민족은 한곳에 정착하지 않고 늘 이동하는 생활 특성을 가지고 있다. 그들이 국경을 침입하면, 전통적인 농경 정착 위주의 중원 국가들이 그들에 대응하기가 매우 어려웠다. 중원 국가들은 한곳에 장기간 정착하는 농경 사회의 특성상 기병보다는 보병 위조 군대를 편제하는 경우가 많다. 그래서 기동력이 뛰어난 기병에 맞대응하는 데 더욱 힘들었다. 기동력이 뛰어난 북방 유목 민족과 전투를 벌이기 위해 이쪽도 그에 상응하는 능력을 키워야 했다.

따라서 실제 말을 타고 활을 쏘는 '기사(騎射)'를 하기 위해서는 기존의 거추장스러운 복장으로는 곤란하였다. 말도 잘 못 타는데 말 위에서 활을 쏘아 상대방을 맞춘다는 것은 더욱 어려웠다. 이러한 불리한 상황을 극복하기 위해 무령왕이 호복기사를 제시하는데, 이는 소매도 짧고 허리도 졸라매는 간편한 호복을 입고 전투에 임한다는 것이다. 의복은 인간의 편리를 위해 입는 것이지, 거추장스런 법도 때문이 아니라는, 지극히 현실적인 생각에서 나온 방법이었다. 그리고 이 호복기사 개혁 정책을 펼쳐 조나라가 전국시대에 일약 강대국으로 올라선다. 따지고 보면 복장 하나 바꾸는 정책이 결과적으로 국력 증강을 가져오고, 그것이 국가의 생존과 직결되는 커다란 역할을 하게 된다.

그런데 이 호복기사 개혁 과정이 그리 만만치 않았다. 오랜 세월 습관이 된 의복을 바꾸는 것도 쉽지 않은 일인데다, 더욱이 오랑캐 옷으로 바꿔 입게 하는 일은 결코 간단하지 않았다. 화이사상(華夷思想)이 투철한 중국인들 입장에서 더욱 그러하였다. 중국 한족은 예로부터 이 사상을 통해 자기 민족의 우월성을 자랑해 왔다. 과거 한족이 황화 유역에서 농경 생활을 하면서 문명을 개척해 나갈 무렵 주위에 여러 민족이 살고 있었다.[62] 한족은 다른 민족들과 접촉하면서 자신들의 문화를 발달시켰다. 문화가 무르익은 서주 시대에 이르면서 주위의 민족들에 대한 문화적 우월 의식을 가지고 스스로를 중국의 선민이라고 믿었으며 중화사상을 굳건하게 가졌다.

이러한 사상의 연장선상에서 이민족을 천시하는 관념을 지니게 되었다. 정통 한족을 제외한 타 민족을 모두 오랑캐로 인식할 만큼 화이사상이 강력했다. 조선 시대 사대부들도 이민족을 천시하는 사고를 갖고 있었다. 중국에겐 우리도 오랑캐의 일종인데도 조선의 양반 사대부들이 웃기는 소중화(小中華) 의식을 갖고 다른 민족을 오랑캐로 경멸하였다. 작은 중화의 나라라는 말도 안 되는 자부심을 갖고, 천하대세 청(淸)나라 만주족을 우습게 보다가 군왕이 청황제에게 삼배구고두를 하는 치욕을 당했다. 그러한 의식의 근원을 찾아 올라가면 중원 사람들의 화이사상이 있다.

조선 또한 오랑캐 국가임에도 천하의 주인인 청나라 호복을 오랑캐의 복장이라 거부하였다. 우스꽝스런 현실 인식이지만 조선의 사대부들은 스스로 결코 오랑캐라 여기지 않고 문물 수준이 높은 소중화로 인식하였다. 만주족의 호복을 입을 수는 없었다. 그만큼 복장 문제는 예민한 문제였다. 조선도 그러할진대 중원 조나라 조야는 오죽하였겠는가. 실제로 조무령왕이 매우 실용적인 호복기사 정책을 펼치려고 오랑캐 옷을 입게 하는 왕명을 내렸지만, 곧이어 격렬한 반대가 터져 나왔다. 소중화 의식이 매우 강한 조선에서도 오랑캐 옷을 입는 문제가 논란이 되었다. 하기야 조선의 사대부들은 병자호란에서 패배하여 청나라에 치욕적인 굴욕을 겪었는데도, 멸망한 명나라 조복과 유사한 복장을 유지하고 있다는 자부심을 가질 정도였다. 정작 청나라 치하의 명나라 유신(遺臣)들도 청나라의 제도를 수용하고 의복도 받아들였는데, 조선에서 청나라로 가는 사신들이 옛날 명 황제를 알현하러 갈 때 입었던 조복을 고집했으니. 참으로 대단한 조선 사대부들이여.

청나라 황제나 조정에서 보았을 때 지난날 복장을 고집하는 조선의 사신들이 하는 행태가 가소롭지 않았을까. 조선 사대부들의 생각은 '청나라가 비록 신흥 강대국이지만 오랑캐 만주족이 세운 나라라 받들 수 없다.'였다. 청에서 조선 사신들의 행위를 보고 못마땅하게 여겨 문책한다면 끽소리도 못 할 위인들이 무슨 절개며, 지조를 세웠는지 참으로 어리석기만 했다. 박지원의 소설 『허생전』에서도 알 수 있듯이, 변발과 호복으로 상징되는 청나라의 만주족들의 풍습을 언급하였을 때, 당시 조선의 양반들은 그것을 어떻게 생각하였던가.

조무령왕 당시 호복기사 개혁에 정면으로 저항하는 신하들이 조정에 가득하였다. 특히 무령왕의 숙부인 공자 성(成)이 적극적으로 반대하였다. 어떤 정책이든지 실행하는 과정에서 반대 세력이 있기 마련이다. 그래서 어떤 어려운 상황에 봉착했을 때 그 정책을 펼쳐 나가기 위한 동력을 확보해야 한다. 상대를 설득하든 억누르든 반대 세력을 극복하고 정책을 전개할 수 있는 힘을 가져야 한다. 이에 따라 자신의 정책을 수행하는 과정에서 반대하는 세력을 제압하려면 강력한 후원 세력이 필요하기 마련이다. 정책의 잘잘못을 떠나 그 정책을 수행하면서 상대 세력과 대결할 수밖에 없다. 반대 세력이 정책을 수용하고 동참한다면 큰 문제가 안 된다.

하지만 경우에 따라서 정권 차원의 생존을 걸어야 할 만큼 심각한 대결이 발생할 수 있다. 즉 정책이 실패하여 상대의 집요한 공격을 받으면 실권(失權)할 수도 있다는 뜻이다. 그래서 조무령왕의 호복기사 개혁을 실행하는데, 유력한 지도자인 숙부 공자 성의 반대는 심각한 문제가 된다. 위협과 협박을 하거나, 아니면 설득과 회유를 통해 상대방을 이쪽으로 끌어들여야 한다. 반대파의 거두 공자 성이 조무령왕의 숙부란 점에서 그리 만만치 않았을 터! 공자 성이 호복기사를 반대하는 대표적인 논리는 다음과 같았다.

> "지금 왕께서 이런 것들을 버리고 오랑캐의 옷을 의복을 입는 것은 고인의 가르침과 법도를 바꾸는 것이며, 민심을 거스르는 것이고, 학자의 가르침을 저버리는 것이자 중국의 풍습과 동떨어진 것입니다."

> 今王舍此而襲遠方之服, 変古之教, 易古人道, 逆人之心,
> 而怫學者, 離中國.

공자 성(成)의 주장은 당시 귀족을 비롯한 조나라의 조야에서 일반 백성까지 갖고 있는 보편적인 생각이었다. 이런 점에서 조무령왕의 현실 의식이나 개혁 정신을 현실에 적용하여 정책을 펼치는 것이 결코 쉽지 않았다. 그는 실용 정책을 매우 중요시했다. 실제로 조무령왕이 즉위하였을 때, 당시는 제후들이 왕(王)을 칭하는 것이 유행이었다. 하지만 그는 그까짓 칭왕이 무슨 의미가 있느냐며 군(君)으로 칭하는 실용주의 노선을 걸었다. 그러한 사고를 가졌기에 전투에서 이기기 위해 오랑캐의 옷도 기꺼이 입으려고 했다. 그리고 위처럼 공자 성의 강력한 주장에 대해 무령왕은 자신의 논리를 제시한다.

옷은 사람이 편하게 입어야 한다. 따라서 반드시 한 가지 복식만 고집할 이유가 어디에 있는가. 현명한 자는 법을 바꾸고 어리석은 자는 법에 얽매이는 것이라고 설파한다. 공자 성과 거센 격론이 벌어졌다. 그 후 공자 성이 설득되고 실제로 호복을 입고 조회에 나타남으로써 권신들의 반발을 잠재웠다. 당시 조 무령왕의 개혁 정책에 대해 반대 입장에 섰던 보수적인 다른 원로대신들도 그들이 믿었던 공자 성이 설득당하자 어쩔 수 없이 호복을 입게 된다.

사마천의 『사기』 조세가(趙世家)에 두 사람의 논쟁이 상세하게 보인다. 무령왕은 드디어 공자 성(成)의 집을 방문하여 다음과 같이 부탁하였다.[63]

"무릇 옷이란 행동과 편의를 위한 것이고, 예의란 일의 편의를 위한 것입니다. 성인들께서는 사람의 경향에 근거하여 그 편의에 따르고, 일에 근거하여 예를 제정했기 때문에 인민에게 이롭고 나라는 부유해지는 것입니다. 구월 사람들은 머리카락을 짧게 자르고, 몸에 문신을 하고, 팔짱을 끼고, 왼쪽 어깨를 드러냅니다. 이를 검게 물들이고 이마에 무늬를 새기고 어피로 만든 모자를 쓰고 거친 옷을 입는 것은 오

나라의 풍습입니다. 그러므로 예법이나 복장은 달랐지만 편
의를 추구하기는 마찬가지입니다. 지역이 다르기 때문에 사
용함에 변화가 있는 겁니다. 그리고 일이 다르기 때문에 예
법도 바뀝니다. 따라서 성인은 진실로 나라에 이익이 된다
면 한 가지 방법에만 매이지 않았습니다. 나아가 정말로 그
일이 편리하다면 한 가지 방법에만 똑같은 예의를 고집하지
않았습니다."

　민주주의가 정착된 지금과 달리 중국 고대의 전제 군주 정치 현실에서
는 군주의 명령은 절대적이고, 왕의 숙부나 형이라도 그 명령에 따라야만
했다. 그렇지만 무령왕은 조나라의 최고 권력자임에도 일방통행식으로
진행하지 않고 자신을 반대하는 원로대신과 기득권층을 끊임없이 설득
해 나가는 '소통하는 군주'였다. 동서고금을 막론하고 개혁을 밀고 나가
는 사람들이 빠지기 쉬운 함정이 있다. 개혁을 추진하는 쪽은 자신의 개
혁 정책 방향이 분명 옳은 것이기 때문에 여론이나 주위의 눈치에 개의치
않고 과감하게 실시해야만 한다는 강박 관념을 갖는 경향이 강하다.

　그리고 자기만 옳다는 자의식이 가득하고, 개혁 정치에 대한 정의감이
충만한 나머지 반대하는 사람들의 반발 심리를 충분히 고려하지 않는 경
우가 있다. 조급히 서두르다 반발을 초래하여 충돌을 일으키기도 한다.
그래서 개혁 주체 세력은 자신만이 정당하다는 의식이 매우 강하다. 그
것이 장점도 되지만 또한 개혁을 막는 요소가 되기도 한다. 개혁 반대 세
력에 대한 설득 과정이 부족하면 그러한 문제점이 더욱 커진다. 중국 고
대 시절부터 아주 오랜 기간 내려온 의복 습관을 바꾸어 호복기사를 추진

하는데, 반대 여론은 당연했다. 호복기사 정책이 아무리 실용적인 목적에 부합하더라도 당시 사람들의 의식에는 호복에 대한 거부감이 있기 때문이다. 조무령왕은 그런 어려움을 뚫고 선진 개혁가의 정신으로 정책을 강력하게 펼쳤다. 호복기사 정책을 펼치는 과정에서도 설득과 소통을 소홀히 하지 않는 그의 노력은 오늘날에도 충분히 본받을 만하다.

다시 진나라의 통일 과정을 살펴보자. 진나라가 전국 칠웅 시대를 마감하고 통일하는 과정이 매우 험난하였다고 앞에서 언급하였다. 언뜻 보면 제나라나 초나라와 같이 강대한 영토를 소유한 국가들만 부담스러울 수 있다. 그러나 제와 초를 제외하고도 만만한 나라가 거의 없었다. 연나라 또한 상당한 강국이었다. 한때 고조선을 공격해서 영토를 두 배나 늘리고, 또 제나라의 70개 성을 모두 함락시키면서 일약 전국칠웅 중에 최강자로 한때 군림하기도 했다. 춘추전국시대는 천하 쟁패를 둘러싼 끊임없는 투쟁으로 세력 판도가 항상 변한다. 여기서 연나라 사정을 좀 더 상세히 들여다본다. 소국 연나라도 강성하던 시절이 있었다. 연나라의 전성기를 이끌었던 주역으로 명장 악의를 들 수 있다. 악의가 등장하는 시대 상황은 어땠을까.

명장 악의(樂毅)

B.C 320년 연왕 쾌가 즉위할 무렵 조정에서는 재장 자지(子之)가 권세를 누리고 있었다. 악의가 종사한 연나라의 왕 쾌(噲)는 아버지 역왕(易王)이 죽자, 왕위를 이어 받았다. 쾌는 왕으로서 능력이 부족하여 국정을 재상인 자지에 맡겨 놓다시피 하였다. 군주가 역량이 부족하여 자신의 권력을 신하에게 넘기면 어떤 결과를 초래하는지를 쾌와 자지가 선명하게 보여 준다. 연왕 쾌는 천성이 호색하고, 술 마시고 놀기를 좋아하여 국정을 제대로 돌보지 않았다. 애초부터 나라를 끌고 나갈 그릇이 되지 못했다.

그런데 쾌와 자지 간에 참으로 민망한 상황이 벌어진다. 유세가 소대(蘇代)의 방문이 그 시작이었다.[64] 자지와 관계가 깊었던 소대는 B.C 318년 연왕 쾌를 알현한 자리에서 제나라에 대한 소견을 아뢴다. 즉 제나라의 경우 그 왕이 신하들을 믿지 않기 때문에 패주가 될 수 없다는 내용의 유세였다. 여기서 패주란 천하의 제후들을 호령하는 패자(霸者)를 말한다. 그러자 쾌는 허세에 절어 자신은 그렇지 않다는 것을 보여 주려는 듯 신하 자지를 더욱 신뢰하는 모습을 보여 주었다. 여기까진 그래도 봐줄 만했다. 그런데 B.C 315년, 연왕 쾌가 당시 조정의 재상인 자지를 지나치게 총애하여 '선양(禪讓)'이라는 어이없는 일을 저지른다. 고대 중국에서의 왕위 계승 방식으로 유능한 사람에게 왕위를 양보하는 것을 선양이라고 하는데, 요가 순에게, 순이 우에게 이러한 방식으로 왕위를 전했다.

요임금과 순임을 흉내 내어 연왕 쾌가 재상 자지에게 선양을 하였다. 연왕 쾌가 결코 요임금과 견줄 수도 없는 위인이고, 재상인 자지도 논할 가치도 없는 사람이다. 녹모수(鹿毛壽)가 간교한 말로 요·순의 선양 고사로 쾌를 부추긴 것도 이런 어처구니없는 선양 놀음을 초래하는 데 주요한 원인이 되었다. 그렇게 무능한 연왕 쾌가 재상 자지와 녹모수 일당에게 속아 넘어가 스스로 왕위를 자지에게 넘겼다. 이어 어떤 사람이 우와 백익의 선양 고사를 예로 들며 실권이 태자에게 있다고 이간질했는데, 쾌는 거기에 넘어가 300석 이상 관리에 대한 인사권을 자지에게 넘기고 만다. 급기야 자지가 남쪽을 바라보며 왕권을 행사하고 쾌는 신하로 자청하는 지경까지 갔다.

요임금의 선양을 흉내 내어 재상인 자지에게 선양하자, 태자 평(平)이 거병하여 연나라에 내전이 일어났다. 연나라의 멸망을 우려한 태자 평은 장군 시피(市被)와 더불어 군사를 일으켜 국정 혼란을 초래한 자지를 제거하고, 일거에 정권을 바로 잡으려 하였다. 이 때문에 연나라가 혼란해지고, 황폐해져서 내란의 와중에 엄청난 인명 피해도 발생하였다. 그렇지만 무능한 연왕 쾌는 이러한 비상 상황에도 적절한 조치를 전혀 하지 않았다. 이때 제나라가 군대를 파견했는데 폭정과 혼란에 지친 연나라 군사들이 성문을 활짝 열어 제나라 군대를 맞이하였을 정도였다.

당시 연왕 쾌의 통치 상태가 얼마나 엉망이었는지 충분히 짐작할 수 있다. 연나라 내부 상황을 예의 주시하고 있던 제민왕이 연나라 태자 평을 지원한다는 명목으로 제나라 군대를 파견한다. 그리고 난신적자 자지를 체포하여 능지처참해 버렸다. 연왕 쾌도 그 와중에 자결하며 연나라

종묘사직은 일순간에 무너졌다. 능력이 없는 군주나 권력에 탐했던 신하가 매한가지였다. 둘 다 어설프게 요순임금의 선양을 흉내 내다 불필요한 전쟁을 일으키는 바람에 죄 없는 백성들의 고통만 배가하여 나라 전체를 지옥으로 만들어 버렸다. 어리석은 임금과 탐욕스런 신하가 빚어낸 한 편의 코미디였다.

제나라 민왕이 파견한 군대가 연나라 내정에 간섭한다는 것도 실로 심각한 문제였다. 역사적으로 타국의 군대가 자국으로 들어오면 당연히 커다란 문제점을 초래한다. 불가피하게 타국의 군대를 끌어들여야 할 경우도 분명히 있다. 그렇다고 해도 국정을 끌고 가는 지도자는 언제나 나라의 미래를 깊이 생각하면서 이끌어 가야 한다. 특히 어떤 경우든 외국의 군대가 자신의 영토에 들어오지 않도록 노력해야 한다. 제민왕이 어디 연나라가 좋아서 군대를 파견하였겠는가! 도와준다는 명목을 대고 군대를 보냈지만 내심 꿍꿍이가 있었다.

후에 연나라 태자 평이 왕위에 올라 나라를 다시 일으켜 세우고 제나라에 복수하고자 마음먹는다. 그가 바로 연소왕(燕昭王)이다. 그는 나라를 되살리기 위해서 인재를 모으고 백성들과 함께 동고동락하며 연나라 부흥에 최선을 다한다. 전국 칠웅 중에서 비교적 약체로 평가받던 연나라의 번영을 일시적이나마 이끌었다. 사방으로 탁월한 인재를 등용하려 했던 연소왕에게 곽외가 들려준 '사마골오백금(死馬骨五百金)' 고사도 유명하다. '죽은 말을 5백 금에 사다.'라는 뜻인데 다음과 같은 고사가 있다.

어떤 임금이 천금을 주고 천리마를 사려 했다. 그런데 3년이 지나도록 사지 못하자 궁중의 한 신하가 임금에게 천리마를 구해 오겠다고 500냥을 받고 나가서 죽은 천리마를 사 왔다. 임금이 크게 노했다. 그러자 그 신하가 죽은 천리마도 500냥을 주고 사니, 살아 있는 천리마는 금방 구할 것이라고 간언했다. 그러자 후에 진짜 천리마가 세 마리나 궁중에 도달하였다. 곽외의 간언을 듣고 연소왕이 천하의 인재를 초빙하여 등용하려 하였다. 이런 소문을 듣고 재능이 뛰어난 인재들이 앞다투어 모여들어 연나라가 더욱 강대해졌다.

요즘 각 회사에서 헤드헌팅을 통해 뛰어난 인재를 스카웃하기 위해 혈안이 되어 있다. 역량이 탁월한 인재라면 서로 뽑아가려고 경쟁을 벌이는 것이 어제 오늘 일이 아닌 이유는 실제로 그런 인재가 회사에서 절대적으로 필요하기 때문이다. 뛰어난 인재를 거액을 들여 스카웃을 하며 베팅하는 것이 스포츠에만 한한 일이 아니다. 총성 없는 전쟁을 하고 있는 기업들도 외부 인재 영입에 회사의 사활을 걸 수밖에 없다. 기업 입장에선 천문학적 수익이 걸려 있기에 역량이 뛰어난 인재를 백방으로 찾게 된다.

춘추전국시대에도 마찬가지였다. 연소왕이 천하의 인재를 발탁하기 위해 백방으로 노력을 기울인 결과 악의 같은 인물이 등장하게 된다. 현대 정치에서 본받아야 할 사례이다. 연소왕은 예전에 치욕을 안긴 제나라를 치기 위해서 각국에 도움을 요청하였고, 이에 응한 국가들의 군대와 연합군을 꾸리게 된다. 악양의 후손 악의가 B.C 284년에 다섯 나라 연합군의 상장군으로 돼서 제나라를 공격하고, 도읍 임치를 비롯한 70여 개 성을 함락시키는 전무후무한 공을 세웠다. 제나라 도읍 임치를 점령하고 약탈한 보물을 연나라도 실어 날랐다. 이때 악의의 연합군이 제나라의 70여 개 성을 함락했는데, 거(莒)와 즉묵(卽墨)는 결국 공략하지 못하여 훗날 제나라 전단에게 반격당하는 빌미를 주었다.

이에 교만 방자했던 제나라 민왕이 위기에 처하자 초나라에게 구원 요청을 한다. 그런데 초나라 장수 요치(淖齒)가 도우러 왔다가 도리어 제민왕을 잡아다 다리 근육을 끊고 대들보에 매달아 죽이고 만다. 춘추전국 시대 숱하게 일어난 전쟁 상황에서는 인간의 도리나 예의 따위는 별로 중요하지 않았다. 군사를 일으켜 도와주러 왔다가 군대를 요청한 국가의 군주를 대들보에 매달아 죽이는 일이 사태가 발생하였을 정도이니 말이다. 제나라의 전단이 화우지계(火牛之計)를 써서 국가 존망의 위기에서 벗어나는 것은 후의 일이다.

이목지신(移木之信)

모든 일이 그렇듯이, 개혁도 성공하기 위해선 무엇보다 구성원들의 신뢰를 확보해야 한다. 대표적인 사례가 『사기』 「상군 열전」에 나온다. 상앙이 변법 개혁을 시작한 첫해에, 진나라 백성들에게 시도한 '이목지신(移木之信)' 즉, '나무 옮기는 것에도 상을 주어 신뢰를 얻는다.' 일화를 보면 나라의 정책을 실천하는 과정에서 신뢰가 얼마나 중요한가를 깊이 이해할 수 있다. 사목지신(徙木之信)이라고도 한다.

처음 변법 개혁을 적용할 때 상앙이 고민에 빠졌다. 과연 백성들이 상앙의 개혁 정책을 믿고 법률을 지킬지 의문이 있었기 때문이다. 여러 가지 생각 끝에 상앙이 세 장 길이의 나무를 저잣거리 남문 앞에 세워 놓고 커다란 포고문을 붙였다. 포고에 "이 나무를 북문으로 옮겨 놓는 자에게 10금을 준다."라고 썼다. 나무를 이쪽에서 저쪽으로 옮기는 단순한 일에 10금을 준다는 전혀 생뚱맞은 포고문이었다. 백성들이 황당할 수밖에 없었다. 실제로 아무도 나서지 않았다. 설마 10금을 줄까 하는 의심이 들었다. 그래서 긴가민가하는 분위기였다.

그러자 상앙이 다시 쓴 포고문을 나무에 붙였다. "이 나무를 옮기는 자에게는 50금을 주겠다." 이번에도 사람들이 반신반의하였지만, 한 사람이 설마 하면서 그냥 포고문의 내용대로 나무를 옮겼다. 재상 상앙이 즉시 그를 불러 50금을 지급했다. 그제서야 백성들은 조정이 붙인 포고문이 속임수가 아니었음을 믿게 된다. 이후 상앙이 미리 준비된 법령을 백성들에게 차례차례로 포고했다. 나라의 정책에 대한 백성들의 믿음이 확고해질수록 정책 운용의 동력도 확보하게 된다. 이 같은 재상 상앙의 기지로 진나라는 십 년이 채 되기도 전에 천하의 강국으로 우뚝 솟아올랐다.

다시 한번 강조하지만, 동서고금을 막론하고 어떤 나라든 사회에서든 새로운 정책을 수립하고 실행하려면 그 사회 구성원들로부터 전폭적인 신뢰를 받아야 한다. 처음에 정책을 제시했다가도 백성들의 신뢰를 잃으면 그 정책은 그대로 허공에 뜨고 만다. 신뢰가 뒷받침되지 않으면 정책에 대한 동력을 상실하면서 더 이상 실행할 수 없게 되는 것이다.

공자도 『논어(論語)』「안연(顏淵)」편에서 백성의 신뢰가 중요함을 강조하는 내용이 나온다.

자공이 정사에 관하여 묻자 공자께서 말씀하시기를, "식량을 풍족히 하고, 군비를 충족하게 하여 백성이 믿게 하여야 하느니라."

子貢問政, 子曰, "足食, 足兵, 民信之矣."

자공이 다시 묻기를, "부득이하여 버려야 한다면 이 셋 중에서 어느 것을 먼저 버려야 합니까?"라고 하니, 공자께서 말씀하시길, "군비를 버려야 하느니라."

子貢曰, "必不得已而去, 於斯三者何先?" 曰, "去兵."

자공이 묻기를, "또 부득이하여 버려야 한다면 나머지 둘 중에서는 어느 것을 먼저 버려야 합니까?"라고 하니, 공자 께서 말씀하시길, "식량을 버려야 하느니라. 예로부터 사람 에게는 다 죽음이 있게 마련이거니와, 백성의 믿음이 없으 면 나라가 서지 못하는 법이니라."

子貢曰, "必不得已而去, 於斯二者何先?" 曰, "去食. 自古皆有死,
民無信不立."

진효공에게 전격적으로 발탁된 상앙이 실천에 옮긴 변법의 의미는 단 순한 법령의 개변이나 상층부의 개혁이 아닌, 사회 구조의 근본을 완전히 흔들어 버리는 전면적이고 철저한 개변이자 혁명이었다. 나아가 정부 조 직을 비롯한 사회 구조·풍속의 개혁이었고, 심지어는 삶의 가치관에 대한 일대 개혁이었다. 상앙의 변법 개혁 덕분에 외진 곳의 약소 국가였던 진 나라가 정치, 경제, 사회, 문화 등 다양한 영역에서 강대한 국가로 탈바꿈 하게 되었다. 상앙이 이렇게 강력하게 개혁을 추진하는 가장 큰 원동력 은 뭐니 뭐니 해도 진효공의 변함없는 후원에서 나왔다. 아울러 백성들 의 전폭적인 신뢰를 확보한 것도 매우 중요했다. 진효공의 야망이 참으 로 컸다. 국가의 다이내믹한 성장 과정에서 리더의 의지와 사고 방향은 절대적인 역할을 한다. 진효공은 천하의 인재를 초빙하고 뛰어난 역량을 지닌 인물은 그 출신을 묻지 않고 발탁했다.

법치 지상주의

다시 돌아가 법가 사상의 대표적인 주자인 한비자의 견해를 들어 보자. 한비자는 다음과 같이 설파했다.

> "무릇 민성(民性)은 혼란을 좋아하고 형법을 싫어하기 마련이다. 명군이 나라를 다스릴 때 포상을 명확히 밝혀 백성이 공을 세우도록 장려하고, 형벌을 엄하게 시행해 백성이 국법을 따르도록 만드는 이유다. 백성이 공을 세우기 위해 애쓰면 공사(公私)가 방해받지 않고, 국법을 충실히 따르게 되면 간사한 짓이 싹을 틔우지 못한다. 백성을 다스릴 때는 간사한 짓이 싹트기 전에 근절시켜야 하고, 군사를 동원할 때는 백성이 내심 전의를 불태우도록 만들어야 한다."[65]

한비자의 주장이 너무 살벌하다. 엄격한 형법의 통제를 싫어하는 백성의 본성을 거론하면서 국가 정책을 펼칠 때 백성들이 간사한 생각을 아예 갖지 못하도록 싹을 잘라야 한다는 논리다. 그런데 한비자가 말하는 사람의 본성이 어디 피지배 계급인 백성에게만 해당하는가. 오직 통치 논리만 들이대어 백성의 안위는 안중에도 없는 일방통행식 논리가 아닌가. 한비자가 말하는 백성의 본성은 백성만의 특성이 아니라 인간 사회 전체의 일반적이고 보편적인 사고방식이다. 그런데도 오직 백성들만 그런 본성을 지니고 있다는 편협한 생각으로 살벌한 법치만 강조하는 한비자의 생각이 두렵다. 한비자의 삶은 비참하게 끝났지만 강력한 법치주의를 강조하는 한비자식 통치 원리는 당시 패권을 추구하는 제후들에게는 상당히 매력적이었다.

그런데 한비자가 21세기 한국에 태어났다면 오직 엄격한 법 시행만 주장하지 않았을까. 고금을 막론하고 지도자는 백성들의 마음을 어루만질 수 있어야 한다. 단지 법치주의만 숭상하고 법만 강조하는 사회에서 일반 백성들이 살아가기가 너무나 팍팍하다. 하기야 지난날 우리나라 집권자들도 국민을 대상으로 추상같은 법 집행을 얼마나 강조하였던가. 우리 사회에서 지도층 인사들이 준법정신을 강조할 때 그것은 일반 국민들만 대상이었다. 정작 지도층 인사들은 법을 지키지 않아서 국민들의 불신을 받았다. 특히 정계 인사들은 국민들에게 비호감도가 매우 높다. 그들이 솔선수범하여 법을 지켰다면 국민들이 그렇게 불신할 리가 없다. 법치주의를 강조하더라도 일반 국민들은 물론 사회 지도층 인사들도 스스로 예외가 아니라는 인식을 가졌으면 좋겠다.

예전 어느 정권하에서 청문회 나온 국무총리는 본인은 물론 아들도 병역을 면제받았다는 의혹이 있었다. 일인지하 만인지상이라는 국무총리가 아들까지도 병역을 면제받았다면 그건 매우 심각하다. 국민들이 보기에 도저히 국무총리가 될 수 없는 사람인데 어떻게 된 심판인지, 희한하게도 집권당 국회의원들은 직무를 수행하는 데 결정적인 흠결이 없다고 하나같이 주장했다. 그들이 말하는 결정적인 흠결의 수준이 무엇인지 묻고 싶다.

집권층이나 지도층이 솔선수범하는 것은 언급하지 않고 오직 백성들을 통치의 대상으로, 그것도 엄혹하고 잔혹한 법 집행으로 다스려야 할 대상으로만 인식하는 한비자의 관점은 바람직하지 않다. 당시에 열국들이 정글의 약육강식 논리가 지배하는 세상이어서 한비자식 법치주의적 통치 방식이 불가피했다고 반론한다면, 이젠 다른 사람을 예를 들어 볼까 한다.

백성을 사랑하라

엄격하고 추상같은 법 집행 방식에만 의존하지 않은 경우도 분명히 있다. 대국적인 정세 파악과 국정 수행 역량이 탁월하고 검소한 생활과 능숙한 간언으로 유명한 제나라 재상 안영(晏嬰)은 백성을 사랑하여 그들의 고통을 없애야 한다고 제경공에게 건의한다. 다음 글은 『동주열국지(東周列國志)』에 나오는 내용이다.[66]

B.C 529년 제경공(齊景公)이 평구(平邱) 땅에서 돌아왔다. 제경공이 비록 진(晉)나라 군사의 위세에 눌려 어쩔 수 없이 입술에 피를 바르고 맹세는 했지만, 진나라에 패업을 다시 일으키려는 뜻이 없다는 것을 알았다.

그래서 제경공은 어떻게든 옛 제환공의 패업을 다시 일으켜 보려고 결심했다. 제경공이 재상인 안영(晏嬰)에게 물었다.

"우선 진나라는 서북을 제패하고, 과인은 동남 일의 패권
이라도 잡아야겠소."

안영이 대답했다.

"진나라는 궁을 짓느라고 백성들을 괴롭혔기 때문에 모
든 나라 제후로부터 신망을 잃었습니다. 만일 패업을 도모

하실 생각이시라면 먼저 백성부터 사랑하십시오."

제경공이 물었다.

"어떻게 하는 것이 백성을 사랑하는 길이오?"

안영이 대답했다.

"형벌(刑罰)을 줄이면 백성들의 원망이 줄어들게 되고, 부역과 세금을 줄이면 백성이 감격합니다. 그러므로 옛 어진 왕들은 봄에 백성들의 농사를 살펴서 부족한 것이 있으면 도와주고, 여름에는 세금을 줄여서 모자란 것을 보태 주었습니다. 어찌하여 주군께서는 그것을 본받지 않으십니까?"

이에 제경공은 형벌을 줄이고 창고를 열어 가난한 백성에게 싼 이자로 곡식을 꾸어 주었다. 이리하여 백성은 나라의 은혜에 감격하였다. 제나라 명재상인 안영의 직언을 보라. 천하를 호령하는 패자가 되고 싶다면 먼저 백성을 사랑하라고 직설적으로 간언하고 있다. 백성을 사랑하는 구체적인 방법까지 제시하고 있다. 형벌과 부역 그리고 세금을 줄여야 한다. 백성들에게서 걷은 곡식으로 사치하지 않고, 창고의 곡식을 퍼서 가난한 백성을 구휼하라고 간언한다.

제경공이 안영의 건의를 수용하고 실제로 형벌을 줄이고 가난한 백성을 구휼하였다. 하지만 역사를 돌이켜 보면 백성들의 고혈을 쥐어짠 탐관오리들이 정말 많았다. 한비자의 백성에 대한 인식과 안영의 생각이 이리 달랐던가. 법을 지키지 않고 자유롭게 남의 간섭을 받지 않으려는 인간의 본성에 기초하여 촘촘한 법망으로 백성을 얽어매어 통치해야 한다는 한비자의 인식과 그 백성들을 진심으로 사랑하고 아끼고 배려하면 저절로 통치될 것이라는 안영의 관점 말이다.

부역(賦役)

『시경(詩經)』「왕풍(王風)」에 있는 '군자우역(君子于役)'을 보면 멀리 부역을 나간 남편을 하염없이 기다리는 여인의 사연이 나온다. 수천 년 세월 너머에 있는 어느 아낙네의 한숨 소리가 지금도 귓가에 생생하게 들리는 듯하다. 아득히 먼 북방 아무도 알 수 없는 그곳으로 부역에 끌려간 님이 돌아올 기약도 없으니 얼마나 암담하고 절망적이었을까. 중국의 북방이라니 멀기는 좀 먼가. 그렇게 보낸 날들이, 밤들이 얼마나 서럽고 외롭고 두려웠을까.

임이 부역을 가신 뒤	君子于役
집으로 돌아올 기약 없으니	不知其期
언제나 돌아오시려나	曷至哉
닭은 홰에 오르고	雞棲于塒
날이 저물어	日之夕矣
양과 소도 집으로 돌아오는데	羊牛下來
임이 부역 가셨으니	君子于役
어찌 그립지 않으랴	如之何勿思
임은 부역 떠난 뒤	君子于役
날이 가도 달이 가도	不日不月
언제 다시 만날 수 있을까	曷其有佸
닭은 홰에 오르고	雞棲于桀

하루해가 저물어	日之夕矣
양과 소도 우리로 돌아왔건만	羊牛下括
임이 부역 가셔서	君子于役
진실로 기갈이나 겪지 않았으면	苟無飢渴

　광활한 중국 천지에 남편이 부역을 하기 위해 집을 떠나 언제 돌아올지 기약도 없는 상황에서 집을 지키는 여인의 삶이 절절하다. 농경 사회에서 가장의 부재를 겪어야 하는 구성원 특히 여인이 매일 부역 나간 남편을 기다리는 그 심정은 고통 그 자체였다. 그리고 그 남편이 언제 살아서 돌아올지도 모르고, 어쩌면 시신도 돌아올 수 없을지도 모르는 곳까지 끌려가 모진 부역에 시달리고 있다. 참기 어려운 기갈(飢渴)을 겪으면서 소중한 목숨마저 잃어 가는 장면은 너무나 슬프고 잔인하다. 닭이 홰에 오르고 날이 저물어, 양과 소는 집에 매일 돌아오는데 남편은 아예 소식도 없다. 집에 남은 아내는 북방 그 머나먼 곳 미지의 하늘 아래서 숱한 세월을 보내며 강제 부역에 시달리고 있을 남편에 대한 그리움이 얼마나 컸을까. 그리고 부역 나간 그 남편은 또 얼마나 아내가 보고 싶고, 고향이 그리워 몸서리쳤을까.

　요즘 18~20개월 군복무로 입대하는 자녀들을 보내는 부모의 심정 또한 앞의 시에 나오는 여인의 그것과 비슷하다. 옛날과 비교하면 군 복무 기간이 많이 단축되었다고는 하지만 군 생활 특유의 통제와 구속 상태에서 생활하는 아들을 생각하면서 그 부모는 지독히도 가지 않는 시간을 전전긍긍하며 보낸다. 예전과 달리 지금은 아들이 입대를 하여도 인터넷을 비롯한 다양한 방법으로 당신의 자녀와 연락할 수 있으며, 경우에 따라서

면회를 가서 직접 확인할 수 있다.

그런데도 군대 사고 관련 뉴스라도 나오면 자식을 군에 보낸 대한민국 부모들의 가슴은 철렁한다. 그래도 어쩔 수 없이 걱정 속에서 내 아들 무사히 돌아오라고 기원하며 긴긴 시간을 보내게 된다. 좁은 한반도에서 18개월 군복무에도 우리네 부모들은 날마다 아들의 무사 귀환을 빌면서 걱정으로 날을 샌다. 하물며 수천 킬로미터나 떨어진 북방에 언제 돌아올지도 모르는 남편이 끌려가고 없을 때 여인의 심정은 오죽하랴. 머나먼 북방 지역까지 부역에 동원되는 백성들의 고통은 정말 컸다.

제나라의 명재상 안영이 제경공에게 백성의 세금과 부역을 줄이라고 건의한 것은 너무나 시의적절하였다. 관중과 더불어 막강한 제나라의 양대 명재상으로 손꼽히는 안영이 백성들의 고통을 얼마나 염두에 두었는지 짐작할 수 있는 사례이다. 군주에게 백성들의 세금과 부역을 줄이라고 간언(諫言)하는 것이 그리 쉬운 일이 아니었다. 패권을 갈구하는 군주에게 군사 대신에 백성들의 고통을 먼저 생각하라는 안영의 충고를 받았을 때 웬만한 군주라면 화부터 벌컥 냈을 것이었다. 군주 당신이 쓸데없는 패업 같은 것에 관심두지 말고 백성의 고통이나 먼저 신경 쓰라는 안영의 말이 고깝게 들리지 않았을까. 다행히도 제경공이 안영의 간언을 수용하여 백성들의 삶을 헤아리는 정책을 펼쳤다.

다음 시(詩)에서도 당시 백성들의 고통을 이해할 수 있다.

열다섯에 전쟁터에 보급대로 끌려가　　　　　十五從軍征

여든 살이 되어서야 돌아왔네.	八十始得歸
길에서 마을 사람을 만나	道逢鄕里人
우리 집에 누가 사느냐 물었다오	家中有阿誰
저 멀리 보이는 것이 우리 집이라는데	遙看是君家
소나무 잣나무 사이로 무덤만 이어져 있네.	松柏塚纍纍

「십오종군정(十五從軍征)」은 『악부시집(樂府詩集)』「횡취곡사·양고각 횡취곡(橫吹曲辭·梁鼓角橫吹曲)」에 실려 있는데[67] 지은이는 미상이다. 열 다섯 살에 전쟁터에 나가 80세에 고향으로 돌아왔다는 부분에 주목해 보자. 80세에 실제로 전쟁터에 있었는지는 의문이지만, 시의 내용대로라면 그렇게 전쟁터에서 삶의 전부를 보낼 수밖에 없었던 당시 평민들의 현실이 적나라하다. 그리고 그 긴긴 세월 지은이가 겪었을 고통을 충분히 상상할 수 있다. 날마다 꿈속에서 고향을 얼마나 그렸을까. 필자도 군 복무 시절 하루 일과를 마치고 세면장에서 씻을 때 단 하루라도 우리 가족들과 저녁을 함께 먹으면 얼마나 좋을까 하고 휴가를 날마다 기다렸다. 막상 휴가를 나가면 그렇게 가족들과 오붓한 시간보다 친구들이나 만나 시간을 모두 보내고 귀대한 경우도 많았지만. 그래도 군 복무 시절에는 정말 집에 가고 싶었다. 특히 어머니가 그렇게도 보고 싶었다.

위의 작자도 그런 마음에 얼마나 많은 세월을 울면서 보냈을까. 그리고 나이 팔십에 이젠 군에서도 불필요한 존재가 되어 그래도 산목숨이라 고향에 돌아온다. 그렇게도 꿈에라도 오고 싶었던 그 고향 마을에 돌아와 그 옛날 자신이 살던 집 소식을 물으니 세상에! 그곳이 온통 무덤만 가득하니 얼마나 캄캄하였을까. 그 절망감은 오죽했을까. 작자가 팔십이니 그 부모가 살아 있다고 한들 최소한 구십에, 백 세가 넘었을 것이다. 그나마 부모의 얼굴을 한 시라도 대면할 수 있었다면, 한 맺힌 세월 겪었던 그리움이 조금이나마 해소되었을 테지만 아무도 자신을 기다려 주지 않았다. 아니 기다릴 수 없었다.

그리고 먼저 가신 부모님은 날마다 그 아들의 귀향을 목이 빠지도록 기다리고 또 기다렸다. 원통한 마음을 가슴속 깊이 간직한 채, 세상을 끝없이 원망하며 이 세상을 하직했다. 어떻게든 살아서 고향에 돌아가 꿈에라도 보고 싶던 그 가족들의 얼굴을 그리면서 왔다. 어떤 어려움이 있더라도 그 가족들이 자신의 삶의 존재 이유였을 터인데, 고향에 돌아와 목격한 현실에 가슴이 무너져 내린다. 가족을 송두리째 잃은 비참한 심정뿐만 아니라 살아서 가족의 품으로 돌아오고자 했던 염원도 일순간에 무너지는 허탈함에 무한한 절망감과 슬픔을 느꼈을 것이다.

당(唐)나라 시인 장적(張籍)은 전쟁의 고통을 겪는 백성들의 삶을 잘 드러낸 것으로 유명하다. 당대의 문학가였지만 궁핍한 가정에서 태어나 높은 벼슬에 오르지도 못했다. 그가 지은 「축성처」에 부역의 고통이 더욱 실감나게 제시되고 있다. 전쟁이 낳은 고통과 그 험난한 세월을 온몸으로 맞아야 했던 백성들의 고통이 장적의 문학 작품에 여실히 드러나고 있다. 동서고금을 막론하고 전쟁은 오롯이 피지배 계층인 백성들에게 고통을 안겨 주었다. 그래서 정치 지도자들이 전쟁을 불사한다는 식의 강경한 발언을 자제해야 하는 것이다. 정작 전쟁의 고통은 백성들이 겪어야 하기 때문이다.

축성처(築城處)

천만 사람 일제히 달구지 끌고 가고
겹겹 성벽이 단단한지 송곳으로 찔러 보며
채찍 든 군리들은 느리다고 독촉하네.
여기 온 지 일 년 동안 깊은 사막에서
짧은 옷마저 다 해지고 물이 없어 목이 타고
기운이 다 빠져도 달구질 소리 버릴 수 없고
그 소리 끝나기 전에 사람들이 다 죽어 가네.
집집마다 사내자식 길러 대 이으려 했건만
오늘 여기 성 아래서 흙이 되고 마는구나.

千人萬人齊把杵
重重土堅誠行錐
軍吏執鞭催作遲.
來時一年深磧裡
盡著短衣渴無水
力盡不得抛杵聲
杵聲未盡人皆死.
家家養男當門戶
今日作君城下土.

　　중국의 북방 오랑캐인 흉노를 막으려고 만리장성을 쌓는 과정에서 발
생하는 참혹한 상황을 묘사하고 있다. 전국 각지에서 끌려 온 남정네들

이 성 아래에서 개죽음을 당해 흙이 되는 상황이다. 부역 현장에서 그들은 개·돼지보다 못한 취급을 받았다. 성벽을 쌓느라고 엄청난 고초를 겪었다. 그렇지만 가혹한 군리들은 그 성벽이 제대로 되었는지 송곳으로 촘촘히 꽂아 가며 단단한 정도를 확인한다. 작업 속도가 느리거나 성벽이 단단하지 못하면, 영락없이 채찍으로 마구 때린다. 대를 이으려고 낳아 길렀던 사내아이들이 성 아래 흙이 되어 버렸다. 힘없는 백성이 부역에 끌려와 군리들에게 무지하게 맞고 죽어 나갈 때 복받치는 서러움 누구에게 하소연조차 할 수 없었다.

남쪽에서 아득히 먼 북방 국경까지 부역에 끌려온 백성들의 심정은 어떠했을까. 광대무변한 중국 대륙 북방에서 언제 집으로 돌아갈지 기약도 없고, 살아갈지도 모르는 불투명한 상황에 너무나 암담하였다. 그렇게 끌려와 목숨을 걸고 노동을 한들 그에 대한 정당한 보상이 있을 리야 만무하다. 고향 집에 두고 온 아내와 가족들이 너무나 그립다. 장성에 들어간 바위 그 하나하나에 그들의 한 서린 눈물과 땀이 배어 있다. 제대로 보급도 받지 못하고 겨울 북방의 삭풍에 노출되어 겪어야 하는 설움, 백성들 스스로 결코 원치 않은 전쟁터나 국경에 끌려와 오직 집권층의 야망에 희생된 그들의 눈물겨운 모습들!

부역은 국가나 공공 단체가 특정한 공공사업을 위하여 보수 없이 국민에게 의무적으로 책임을 지우는 노역이다. 흔히 성곽이나 관아를 공사하는 데 백성들을 뽑아서 무보수로 시켰던 일인데, 부역에 따른 고통과 부담은 힘없는 백성들이 오롯이 떠안았다. 전제 군주가 통치하던 시절 수탈과 부역으로 인한 백성들의 고통은 매우 컸다. 강제로 부역에 동원되어 죽어라 일을 해도 그것은 백성의 당연한 의무로 치부되어 임금도 받지 못했다. 심지어 강제로 끌려간 부역이지만, 그 끼니마저 부역 나간 사람이 스스로 해결해야 하기도 했다.

어린 시절 내 고향 시골 마을에서도 부역이 있었다. 새마을 운동이 전국적으로 일어났을 때, 마을 도로를 정비하는 일에 가구당 한 명씩 나가 부역을 했다. 우리 집에서도 한 명씩 나가야 하는데, 주로 내가 대표로 나가 부역에 참가하였다. 그 당시 우리 마을 전체를 위한 부역임에도 참가한 마을 형님들의 불만이 정말 컸었다. 어쩔 수 없이 끌려나온 듯한 분위기가 팽배했다. 우리의 현대 사회에서 공공사업을 위한 부역은 어릴 적부터 나고 자란 고향 땅이니 그나마 다행이다. 하지만 힘없는 백성들은 정든 고향을 떠나 수만 리 떨어진 북방 국경선에서 오랜 세월 고향으로 돌아갈 기약도 없이 너무나 고통스런 부역을 해야 했다. 고향과 가족을 날마다 그리며 부역하다가 가혹하게 맞고 죽어 갔다.

우리가 흔히 알고 있는 것처럼 부역에 성곽을 쌓고 저수지를 파는 토목공사만 해당하는 것이 아니다. 어떤 경우에는 왕이 사냥을 나가면 사냥터가 될 땅의 풀을 베어야 했고, 왕이 민정 시찰 등의 명목으로 행차라도 하면 백성들은 행차에 필요한 편의 시설을 짓기 위한 부역도 도맡아 해야 했다. 왕이나 귀족들의 사냥놀이가 얼마나 즐거웠을까만 그 이면에는 숱한 백성들의 고통과 눈물이 있었다. 어떨 때는 왕의 장례 길목에 엎드려 타의적으로 크게 통곡을 하는 부역도 있었다.

참으로 웃기는 세상, 웃기는 세월이었다. 요즘도 남의 결혼식에서 아르바이트로 가짜 혼주가 되거나 신랑, 신부의 우인 역할을 하여 돈을 버는 사람들이 있다. 그런데 이들은 남을 위하여 역할을 대신하지만, 엄연히 자신의 이익을 위해 자발적으로 한다. 왕의 장례에 강제로 동원되어 대신 울어 주는 것과는 차원이 다르다. 더욱이 고대 사회의 부역은 강제로 동원되어 아무리 싫어도 억지로 해야 하니 당사자의 심정은 더욱 참담했을 터.

부역에 동원되어 고통이 너무나 커서 견디기 어려워 농민들이 도망이라도 치면 그 자리를 승려들로 채웠다거나, 제방 쌓는 부역에 나오지 않은 자가 있으면 그에 대한 벌로 부역 대상자의 자식을 산 채로 묻어 벌을 가했다는 사례도 전해진다. 부역을 해야 하는 백성의 고통은 실로 엄청났다. 통치 권력이 내리는 부역 명령에 무슨 법적 근거나 명분도 없었다. 저항은 곧 죽음이었다.

나라에서 백성들의 삶과 전혀 관계가 없는, 극히 사적인 일에 부역민을 동원하여도, 한창 바쁜 농사철에 강제노동을 명해도 대항할 방법이 없었다. 백성들은 관청의 추상같은 명령에 울며 겨자 먹기로 따라야 했다. 백성들은 그렇게 험난한 세월을 보내면서 자신의 한 많은 세상을 원망하였다. 하지만 왕과 집권층은 그렇게 백성들을 가혹하고도 집요하게 부역의 노동 현장으로 끌고 갔고, 오직 추상같은 법 집행만 강조하면서 극심한 고통을 안겨 주었다.

진(秦)나라 붕괴의 단초

진나라 멸망의 도화선 역할을 한 진승과 오광의 난도 결국 부역에 따른 고통이 단초가 되었다. 진승과 오광은 제후가 아닌 농민 반란 지도자인데도 사마천이 『사기』 「진섭세가」에 편성하였다. 세가(世家)는 제후들의 행적을 그린 역사 기록이지만, 진승과 오광을 세가에 넣을 정도로 사마천은 시대를 뒤흔든 그들의 역할을 높이 평가했다. 진승과 오광이 일개 농민 반란 지도자에 불과한데도 세가에 들어가 있다는 점도 중요하지만, 이들이 왜 그렇게 목숨을 걸고 반란의 기치를 올렸는가는 더욱 중요하다. 먼저 이들의 행적이 세가에 올라가게 된 이유를 알아보자. 중국 내에서도 사마천 사기 연구의 대가로 손꼽히는 천퉁성은 『사기의 탄생 그 3천 년의 역사』에서 다음과 같이 언급하고 있다.

> "사마천이 진승을 세가에 넣은 것은 하루가 다르게 왕권이 뒤바뀌는 진한 교체기의 현실을 감안했기 때문이다. 진승이 비록 6개월이라는 짧은 기간 동안 왕위에 머물렀던 것은 사실이지만, 그는 누구보다도 먼저 진나라의 폭정에 반기를 든 사람이었다. 또한 그의 호소에 감화되어 항량이나 항우, 유방과 같은 사람들이 구름처럼 모여들어 진승의 봉기에 참여하였다. 왕위에 머물렀던 6개월 동안 진승은 모두가 인정하는 천하의 영수였다.

그리고 한고조 유방이 천하를 통일한 뒤에 진승을 위해 분묘를 관리하는 수묘인(守墓人) 30가구를 탕(碭)에 배치하고, 그 마을 사람들은 해마다 그때가 되면 가축을 잡아 제사를 지냈다. 이는 유방조차도 진승이 최초로 진나라에 반기를 든 공로를 인정했다는 것을 나타낸다. 주목할 것은 사마천이 진승을 세가에 넣었을 뿐만 아니라, 그의 봉기를 탕무혁명(湯武革命), 공자가 『춘추』를 지은 사실과 동등한 차원에서 평가했다는 점이다."

진나라가 실정하자 진승이 난을 일으켰고, 각 제후들이 바람과 구름같이 일어나 마침내 진나라를 멸망시켰다고 언급한 것이다. 진나라 효공 시절 상앙이 혁명적인 변법 개혁을 통해 진나라를 서쪽 변방의 야만 국가에서 중원을 호령하는 강대국을 만들었다. 그런데 이 강력한 법치가 진시황이 중국 최초의 통일국가의 강력한 토대가 된 것과 동시에 진나라를 급격하게 멸망하게 하는 단초가 되었다. 사마천의 『사기』 「상군열전」에 상앙이 주창한 강력한 법치의 구체적 사례가 나온다.

"민가는 다섯 집이나 열 집씩 통반을 만들고, 서로 감시하여 연좌의 책임을 지도록 하고, 법에 어긋난 일을 신고하지 않는 자는 허리를 베는 형벌을 정한다."

令民為什伍, 而相牧司連坐, 不告姦者腰斬.

법을 어긴 자를 신고하지 않으면 요참에 처한다니, 요참형이란 작두로 허리를 자르는 극형 중에 극형이다. 진시황을 도와 중국 최초의 통일 국가를 수립한 명재상 이사도 이 요참형으로 최후를 마쳤다. 사마천도 궁형을 자처하기 전에 요참형을 선고받았다. 극심한 고통이 따르는 요참형을 백성을 대상으로, 그것도 신고하지 않았을 경우에 행하는 처벌 조항이라니 너무나 잔혹하고 공포스럽다. 민가를 열 집이나 다섯 집을 묶어 서로 감시하고 누군가 잘못을 저지르면 그가 소속된 그룹 전체가 연좌제에 걸린다니 진나라의 법률이 얼마나 촘촘하게 스며들었겠는가. 예전에 학창 시절 배웠던 북한의 5호 담당제를 떠올리게 한다.

효공 초기에 상앙은 위로는 국왕으로부터 아래로는 천민들에 이르기까지 절대적인 지지를 받으며 재상의 자리에 올랐다. 공을 세우면 그에 대한 보답을 받게 되니, 그 누구든 전쟁터에 나가면 치열하게 싸웠다. 국가의 재정이 풍부해지고 백성들의 삶이 풍족해지니 상앙의 변법은 높이 평가받게 된다. 그러나 세상의 일은 창업보다 수성이 어렵다고 했던가. 10년 동안의 재상을 하는 동안, 어느덧 상앙은 그가 타도의 대상으로 삼았던 구 귀족들의 모습을 닮아 가고 있었다. 권력을 사유화하게 되고, 기득권을 놓치지 않으려는 수구파의 일족으로 거듭나고 있었다. 차츰 상앙을 예찬하는 소리보다 원망하는 소리가 점차 커지기 시작하였다. 천하를 관찰하고 세상을 변혁시키는 마인드를 지닌 상앙도 이러한 민심을 모르는 것은 아니었다.

조량(趙良)의 충고

사람은 묘하게도 자신에게 위험이 닥칠 것이라는 징후를 목격해도 그
것을 곧이곧대로 받아들이지 않는다. 오히려 스스로 최면을 걸어 괜찮을
것이라고 위로하면서 그 위기를 애써 회피한다. 상앙도 마찬가지였다.
주위에서 상앙에게 시시각각 닥쳐오는 위험을 알려 주었지만, 상앙은 심
각하게 여기지 않았다. 상앙이 재상이 된 지 10년이 되었을 때, 왕족과 외
척들 사이에서 그를 원망하는 소리가 끊이지 않았다.

이때 우연히 조량이라는 선비를 만난다. 평소에 조량의 명성을 들었던
상앙은 그와 친교를 맺기를 희망하였으나 조량은 공손하게 거절하였다.
막강한 권력을 휘두르던 상앙에게 접근하는 사람이 많았을 텐데 조량은
오히려 상앙과 교제하는 것을 거절하였다. 이를 궁금하게 여긴 상앙이
물었다.[68]

> "그대는 제가 진나라를 통치하는 것을 좋게 생각하지 않
> 는지요?"

자신만만한 상앙의 태도를 보고, 조량이 상앙의 말에 반박했다.

> "스스로 반성하면서 타인의 말에 귀를 기울여 듣는 것을
> 총(聰)이라 하고, 마음 속의 눈으로 들여다보는 것을 명(明)

이라 하며 자기를 이겨내는 것을 강(彊)이라고 한다는 말을 들었습니다. 순임금은 스스로 낮추면 더욱더 높아진다고 했습니다. 순임금의 도를 따르시면 됩니다. 마땅히 이에 따르셔야지 저의 의견 따위야 굳이 들어서 무엇 하겠습니까?"

상앙이 다시 말했다.

"진(秦)나라에는 종래로 융적(戎狄)의 풍습이 있어 부자의 분별이 없이 처를 공유했는데, 이제 제가 그런 풍습을 고쳐서 남녀를 구별하게 하고 위엄도 있는 궁궐도 만들었소. 선생께서 보시기에 저와 옛날 진나라 목공 때 재상이었던 백리해를 비교하여 어느 쪽이 더 현명하다고 생각하시오?"

상앙의 의도를 모를 리 없는 조량이 상앙의 말에 다시 반박했다.

"천 마리의 양 가죽도 겨우 한 마리의 여우 겨드랑이 털만 못하고, 천 사람이 연이어 응낙하는 것이 선비 한 사람의 직언에 미치지 못합니다."

千羊之皮, 不如一狐之掖; 千人之諾諾, 不如一士之諤諤.

"주나라 무왕은 신하들이 직언할 수 있었기에 크게 일어났고, 은나라 폭군 주왕은 신하들이 맹종했기에 멸망을 면치 못한 것입니다. 당신이 만일 무왕을 잘못됐다고 나무라

지 않는다면 내가 온종일 당신에게 직언하더라도 그 불손함

을 처벌하지 않기 바랍니다."

이 상황에서 상앙이 조량에게 진정으로 직언해 준다면 받아들이겠다
고 언급한다. 말은 그렇게 했지만 실제로는 조언을 받아들이지 않았다.
상앙이 훗날 거열형이란 끔찍한 형벌을 당할 줄 알았다면, 이즈음에 만난
조량의 직언을 단번에 받아들였으리라. 하지만 사람은 위험이 목전에 닥
쳐와도 그 위험을 회피하고 싶은 본성을 가지고 있으니 참으로 어리석은
인간이여!

상앙 자신이 백리해보다 낫지 않냐는 자신감을 은연중에 보이자, 조량
이 백리해의 행적을 제시한다. 조량이 말한 백리해는 어떤 사람일까. 진
(晉)헌공의 '가도멸괵(假道滅虢)'[69]으로 우(虞)나라가 멸망했을 때, 백리
해는 진헌공의 공주가 진(秦) 목공에 시집갈 때 결혼 예물에 포함되었다.
백리해는 가축을 키우는 재주가 뛰어났다. 진나라로 보내지던 도중에 초
나라로 도망쳐 말을 기르고 있었다. 목공의 신하 공손지가 백리해의 탁
월한 역량을 언급하면서 강력하게 백리해를 추천한다. 그런데 선물을 지
나치게 많이 보내면 초나라에서 의심할까 염려가 되어 염소 가죽 다섯 장
만 초나라 왕에서 선물하여 백리해를 데려온다. 그래서 백리해를 오고대
부(五羖大夫)라고 한다. 백리해가 진나라의 재상이 된 지 몇 년이 지나지
않아 동으로는 정나라를 정벌하고, 이웃 강대국인 진(晉)나라의 군주를
세 번씩이나 교체시켰으며, 남방의 강국인 초나라를 위기에서 구해 준 적
도 있었다.

상앙과 백리해의 인생 역정은 애초 등용 과정부터 서로 달랐다. 진목공이 백리해를 불러 등용한 것과 달리, 상앙은 스스로 총신(寵臣) 경감(京監)에게 소개를 부탁하여 왕에게 접근하였다. 상앙은 재상을 지내면서도 백성을 위한 일은 하지 않고 궁궐이나 크게 지었을 뿐이었다. 그것은 공적이라고 할 수는 없고, 또 태자의 스승에게 형벌을 가하고 서슬이 퍼런 법으로 백성을 죽이고 다치게 했다. 이는 결국 원망과 화를 쌓은 것이다.

백리해는 오랑캐까지 감복할 정도로 어진 정치를 펼쳐 상대방의 마음을 사로잡았다. 반면에 상앙은 가혹한 법치주의에 입각하여 국정을 수행하였으니, 사람들에게 원수같이 인식이 되고 말았다. 이렇게 되니 신하인 상앙의 명령이 왕의 명령보다도 무거울 정도였다. 지금 막강한 권력을 지닌 상앙은 많은 법을 바꾸면서 이것이 교화라고 강조한다. 하지만 상앙이 법을 바꾼 목적은 다만 상군의 권위를 내세우려는 목적에 불과하다. 상군은 마치 왕처럼 자신을 과인이라 칭하고 왕족들을 핍박하고 있다.

조량이 이렇게 백리해의 행적을 길게 나열하면서 상앙 당신보다 백리해가 훨씬 낫다고 강조한다. 여기에서『시경(詩經)』의 '상서(相鼠)'를 인용한다.

"저 쥐도 몸집이 있는데, 사람으로서 예의가 없구나. 사람
으로서 예의가 없다면, 어째서 일찍 죽지 않는가?"

相鼠有體, 人而無禮. 人而無禮, 胡不遄死?

조량은 이 시를 언급하면서 상앙이 축복받으며 오래 살 것 같지 않다고 충고한다. 나아가 『시경』의 "인심을 얻는 사람은 흥하고, 인심을 잃는 사람은 망한다." 구절을 들어 상앙이 조야의 인심을 잃었음을 경고한다. 상앙이 풀잎에 맺힌 아침 이슬처럼 위태로운 처지에 놓여 있다. 그래서 지금이라도 무사히 장수하고 싶으면 예전에 하사받은 열다섯 개 읍을 왕에게 즉시 반납하고, 정계를 떠나 시골에 가서 화초나 가꾸면서 생활하라고 조언한다. 나라를 위해 인재를 천거하고, 공이 있는 사람에게 알맞은 지위를 주며 덕이 있는 사람을 존중하라고 왕에게 건의하게 한다.

그런데 상앙은 여전히 부를 탐하고 국정을 독점하면서 백성들의 원성을 듣고 있다. 하지만 상앙을 발탁하고 적극적으로 후원해 준 효공이 세상을 떠나면 그때를 기다려 보복하려는 사람이 얼마나 많을 것인가. 상앙에 닥칠 파멸은 발끝을 세워 기다리는 것처럼 순식간에 발생할 것이다. 그러니 지금이라도 자신의 상황을 직시하고 권력에 대한 욕망을 끊고 조정을 떠날 것을 권유한다. 그러나 상앙은 조량의 충고를 전혀 듣지 않았으며, 그 충고를 들은 지 몇 달이 지나지 않아 효공이 죽고 태자가 즉위했다. 강력한 후원자였던 진효공이 죽자 상앙에게 증오를 품고 있던 태자 영사(嬴駟)가 즉위한다. 이 사람이 바로 진혜문왕이다.

상앙이 축출되다

태자 영사는 지난 날 태자 시절 자신의 잘못으로 자신의 스승들이 곤욕을 치른 것을 가슴속에 생생하게 간직하고 있었다. 그가 즉위했으니 상앙의 목숨은 이미 죽은 것이나 마찬가지였다. 진혜문왕은 진효공의 태자로 B.C 337년 재위에 올라 B.C 311년에 죽었다. 혜문왕이 태자 시절 부왕 효공의 명을 받아 융적이 세운 92개국의 군주들을 이끌고 천자인 주 현왕을 봉택(逢澤)에서 받들고 제후들과 회맹을 행했다.

어느 날 태자였던 영사(嬴駟)가 사부 공자건(公子虔)과 공손가(公孫賈)의 가르침을 받고 있을 때, 상앙이 시행하고 있던 신법을 어겼다. 이에 상앙은 그의 사부들을 잡아 죄를 물었다. 태자 영사는 자신의 스승이 상앙에게 굴욕적으로 처벌을 당한 것을 생생하게 기억하고 있었다. 그리고 효공의 뒤를 이어 진나라 군주의 자리에 오른 혜문왕은 상앙을 반역죄로 몰아 거열형에 처했다. 하지만 상앙이 시행하던 개혁 정책은 폐하지 않았다. 오히려 상앙의 신법을 바탕으로 대외 확장과 내정 개혁에 더욱 박차를 가했다. 진혜문왕이 지난날의 원한을 풀기 위해 상앙을 거열형으로 잔인하게 처형하지만, 상앙의 변법 개혁의 취지는 그대로 유지하였던 것이다. 혜문왕은 정치적으로 처벌하는 것과는 별개로 국가의 미래를 고려한 정책 실행에는 적극적이었다.

진혜문왕에게 거열형을 당하기 전, 상앙은 국정을 이끌면서 촘촘하게 백성을 통제하는 강력한 법가만이 모든 정책을 실행할 수 있다고 믿었다. 인의예지에 바탕한 유교식 교육과 교화는 국정 수행에 별로 도움이 되지 않다고 여겼다. 그는 반대파를 포용할 줄 몰랐고, 오직 자신의 생각만이 절대적으로 옳다고 생각했다. 강력한 추진력으로 단시간에 성과를 만들어 내긴 했지만, 한편으로는 반대파도 급격하게 늘어 갔다. 융통성을 모르는 정치인이라고 해야 할까. 특히 상앙에게 문책을 받았던 사람들을 중심으로 구 귀족 세력들이 일제히 들고 일어나기 시작하였다. 그리하여 태자 영사가 제위에 오르자 상앙이 반역했다는 혐의가 제기되었지만, 조정 대신 중 어느 누구 하나 그를 구명해 주지 않았다. 상앙은 위험을 직감하고 급히 몸을 피해 국외 망명을 시도하였다.

진나라에서 국외로 빠져 나가기 위해서는 함곡관을 거쳐 가는 길이 가장 빠르다. 그래서 날이 저물자 어느 여관에서 하룻밤을 묵고자 하였다. 하지만 여관 주인은 '증빙서류가 없는 객(客)을 재우면 그 객과 연좌로 죄를 받는다.'는 상앙의 법 때문에 방을 줄 수가 없다고 하였다. 여관 주인은 지금 숙박하려는 손이 상앙인 줄 전혀 몰랐다. 그러자 상앙이 탄식한다.

"오호라, 법치의 폐해가 여기에 이르렀구나."

嗟乎, 爲法之敝一至此哉.

상앙은 밤잠도 못 자고 그길로 위(魏)나라로 망명하고자 하였다. 그런데 그 위나라는 또 어떤 나라인가. 지난날 비열한 술수로 위나라의 공자 앙을 유인하여 포로로 만들고 위나라 군을 대패시킨 적이 있었다. 상앙이 군대를 끌고 위(魏)나라를 공략할 때 위나라에선 공자 앙(公子 卬)이 대적했었다. 양군이 서로 대치했을 때 상앙이 공자 앙에게 편지를 보낸다. 상앙이 위나라에 있을 때 공자 앙과 친하게 지내다가 지금 이렇게 서로 적이 되었는데, 친분 때문에 도저히 공격을 못하겠다는 내용이었다. 그래서 서로 맹약을 맺고 술잔을 기울인 후 동시에 철군하면 진나라와 위나라 모두 안전하지 않겠느냐고 설득했다. 공자 앙도 좋은 의견이라고 동의하며 둘이 만나 맹약을 맺고 술을 마시게 된다. 그때 상앙이 매복된 군사들이 쏟아져 나와 공자 앙을 포로로 잡고 위나라 군대를 철저히 격파했다.

전쟁에선 어떤 수를 쓰든 승리가 정의가 되는 판이지만, 상앙이 아주 간교한 술수로 공자 앙을 속였기에 위나라 입장에선 상앙의 뼈를 갈아 마셔도 시원치 않았을 것이다. 상앙은 다른 나라로 망명하려고 이리저리 고민하였다. 위나라는 강대국 진나라의 공격을 받게 될까 우려하여 상앙을 국경 너머로 강제 추방하고 말았다. 상앙은 생각 끝에 가족들과 함께 북쪽 방면의 작은 나라인 정나라로 피신하였다. 그러나 정나라는 진나라를 대적할 만한 나라가 되질 못하였다. 결국 상앙은 결국 진나라의 추격군에게 잡히고 만다.

상앙은 지난날 조량의 충언을 받아들이지 않고, 지나친 자부심에 도취되어 권력을 끝까지 누리려다가 결국 오우분시(五牛分屍) 거열형을 당하면서 비참하게 삶을 마쳤다. 상앙에 비해 권력을 과감히 내려놓고 떠날 줄을 알았던 월나라 범려와 한나라 장량의 처신은 현명했다. 권력이 존재하는 한 어떻게 권력의 핵심에서 물러나는가는 매우 중요한 문제다.

그리고 적절한 퇴장 시기는 쉽게 판단하기 어렵다. 권력을 추구하는 인물일수록 그런 퇴장보다 권력 그 자체에 집착하기 마련이고 그 집착이 결국 비참한 최후를 초래하기 때문이다.

인간이 스스로든 남의 힘으로든 권력을 손에 넣으면 어떤 수단 방법을 가리지 않고 언제까지나 누리고 싶어 한다. 권력이 천년만년 갈 것처럼 믿는다. 특히 상앙처럼 군주를 적극적으로 설득하고 자신의 정치적 목적에 도달하는 과정에서 숱한 어려움을 극복하고 권력을 쟁취한 사람은 권력에 대해서는 더욱 집착이 강하다. 전제 군주 정치 체제하에서는 정치적 실패가 단순한 실패로 끝나지 않는다. 자신의 죽음은 물론 자신의 집안이 풍비박산이 난다. 상앙이 권력에 대한 미련 때문에 비참한 최후를 맞이하였지만, 그런 최후를 예상하고 미리 권좌에서 내려온 사람들도 있다. 매우 드물지만.

떠날 때를 알고

권력의 비정한 속성을 알았던 대표적인 인물 중 먼저 범려(范蠡)에 대해 말할까 한다. 반세기에 걸친 오월(吳越) 전쟁이 막을 내리고, 구천(句踐)이 최후의 승리를 거둔다. 구천은 본격적으로 장강 유역까지 세력을 확장시키고 패자의 자리에 오르기까지 했다. 지옥과 같은 세월을 이겨내고 최후의 승자를 거둔 구천에게 범려는 일급 참모였다. 파란만장한 삶의 여정을 겪은 구천이 천하의 패자로 자리매김하는 과정에 범려의 공적이 절대적이었다. 그러나 범려는 다음과 같은 말을 남기고 구천의 곁을 떠난다.

"큰 명예를 짊어지고 오래 살기는 어렵다, 그리고 구천이란 사람과는 어려움은 함께할 수 있지만, 편안함은 함께할 수 없다."

구천이 적극적으로 말렸지만, 범려는 월나라를 표표히 떠났다. 이때 범려는 떠나기 전 생사고락을 함께 나누었던 문종(文種)에게 한 통의 편지를 보내어 앞날을 경고하였다. 문종도 범려 못지않게 구천의 부활에 일등공신이었다. 범려는 문종에게 구천의 곁을 떠나라고 충고한다.

지난날 월나라 구천이 오나라 부차에게 패하여 부부가 오나라로 끌려가서 노예처럼 비참한 생활을 하고 있을 때, 범려와 함께 문종은 오나라의 감시를 피해 월나라의 국력을 일으키는 데 혁혁한 공을 세웠다. 그리고 구천이 부차의 의심을 풀고 고국에 돌아와 세 사람이 다시 힘을 합쳐 오나라를 패망시켰다. 구천의 입장에서 볼 때 범려와 문종은 평생 갚아도 은혜를 못 갚을 은인이었다. 그러나 권력의 세계는 그러한 은인에게도 비정하고 가혹하다. 범려는 그러한 권력의 속성을 누구보다 먼저 깨달았고, 구천의 교활한 인간성을 정확하게 간파하였다.

"하늘을 나는 새가 모두 잡히면 좋은 활을 숨기고, 교활한 토끼가 잡히고 나면 사냥개는 삶아 죽게 되는 것이오. 내가 보기에 월왕 구천은 목은 길고 입은 새처럼 뾰족하여 어려움은 더불어 할 수 있을지 몰라도, 즐거움은 절대로 함께 할 수 없는 인물이오. 그대는 어째서 떠나지 않는 것이오?"

蜚鳥盡, 良弓藏. 狡兔死, 走狗烹. 越王爲人 長頸鳥喙, 可與共患難, 不可與共樂. 子何不去?

범려의 편지를 몰래 받은 문종은 놀란 가슴을 쓸어내리며 병을 핑계로 조정에 나가지 않았다. 아무리 권력의 세계가 비정하다 해도 자신이 목숨을 바쳐 월나라를 다시 일으킨 공이 엄연히 있는데, 구천이 문종 자신을 해칠 리가 없다고 철석같이 믿었다. 그러나 이미 때는 늦었다. 누군가 문종이 반역을 꾀하고 있다는 모함을 하였고 구천은 문종에게 자결을 강요하게 된다.

"그대는 지난날 과인에게 오나라를 칠 수 있는 계책 일곱 가지를 일러주었소. 그런데 그 계책 중 세 가지만을 사용하고도 오나라를 물리쳤소. 나머지 넷은 그대에게 있으니 선왕을 뒤따라가 그곳에서 꼭 시험해 보기 바라오."

그것은 자결하라는 뜻이었다. 일곱 가지 계책 중 세 가지를 사용한 것이나 네 가지가 남은들 무슨 의미가 있는가. 그냥 스스로 목숨을 끊고 지하로 가라는 말이다. 너무나도 비정한 권력 세계였다. 월왕 구천을 위해 온갖 수모와 고통을 함께 겪은 문종은 권력의 정점에서 과감히 떠난 범려와 달리, 한순간의 판단 착오로 참으로 비참하고 쓸쓸한 최후를 맞이하게 된다.

문종이 아무리 생각해도 자신은 자결할 이유가 없었다. 그 긴 세월 오직 구천을 위해 오나라로 들어가 온갖 계책을 다 동원하면서 목숨을 걸고 월나라의 재건을 이루었다. 사심도 욕망도 없었다. 하지만 범려의 예상대로 문종은 구천에게 토사구팽(兔死狗烹)당하고 말았다. 문종과 달리 권력의 속성을 미리 깨달았던 범려는 조국 월나라를 떠나 제나라 산동성 어느 바닷가에 정착하여 이름을 숨기고 새로운 삶을 시작하였다. 범려는 이곳에서 생산 활동에 힘쓰며 조용히 살아갔다. 그곳에서 범려는 생산에 큰 성공을 거두어 그의 명성이 눈 깜짝할 사이에 사방으로 퍼져 나갔다. 범려의 명성을 듣고 제나라 왕이 그를 재상으로 삼겠다며 초빙을 하였지만, 범려는 오히려 한숨을 쉬며 탄식하였다.[70]

"집에서는 천금의 재산을 이루고, 벼슬로는 경상에 이르렀으니, 이는 보통 사람으로는 갈 데까지 간 것이다. 하지만 이렇게 존귀한 명성을 오래 갖고 있으면 상서롭지 못하다."

범려는 재상의 자리를 정중하게 사양하고 자신의 재산을 이웃 사람들에게 나누어 준 다음, 특별히 값나갈 만한 귀중품만 지닌 채로 몰래 제나라를 빠져 나갔다. 그가 구천을 도와 월나라에서 헌신할 때는 구천의 참모로서 정치적으로 탁월한 역량을 발휘하고, 정계를 떠났을 때는 자본 축적 즉, 화식(貨殖)에 뛰어난 능력을 발휘하였다. 범려는 제나라를 떠나 하남성과 가까운 지역에 새로이 정착하여 생활하였는데 이곳에서는 스스로 도주공(陶朱公)이라 부르며 장사를 시작하였다.

범려는 아들과 함께 농사를 짓고 가축을 기르는 한편, 물건을 사서 쌓아 두었다가 때를 기다려 되팔아 이윤을 남겼다. 물가의 변동을 파악하여 이익을 남기는 그의 비상한 경제 활동은 실로 탁월하였다. 그른 이런 방식으로 또 다시 큰돈을 벌어들였다. 사마천이 범려의 경제 활동에 대해 극찬을 하였다.

"세 번이나 다른 선택을 하고도 천하에 이름을 떨쳤다. 그는 떠나기만 한 것이 아니라, 머문 곳에서 예외 없이 이름을 떨쳤다."

범려는 벼슬로 나아갈 때와 권력의 정점에서 떠나갈 때를 정확하게 통찰하였다. 물러날 순간이라고 판단되면 지체 없이 떠나갔다. 반면 문종은 그렇게 하질 못했다. 나아갈 때는 알았지만 물러나야 할 때 한순간 머뭇거리는 바람에 비참한 죽음을 당하게 된다. 벼슬자리에서 적절하게 물러난다는 것은 참으로 힘들다. 누가 봐도 나라와 민족에 뚜렷한 공적을 세웠고, 주군을 위하여 충성을 다한 사람이 권력을 놓고 물러나는 것은 더욱 어렵다. 아무런 잘못도 없고 오직 충성만 했는데 물러날 이유가 결코 없었다. 긴 세월 동안 일궈 놓은 찬란한 업적을 한 순간에 미련 없이 포기할 수 있었을까? 이 역시 선택의 문제이다.

우리들은 살면서 항상 선택을 해야 될 순간이 찾아온다. 진학, 진로, 배우자 선택. 또는 개인에 따라서 다수의 운명을 결정지을 만큼의 무거운 책임이 따르는 선택지들이 우리들로 하여금 고뇌에 빠지도록 한다. 그렇기에 우리들은 조금이라도 더 나은 최선의 선택을 하기 위하여 신중에 신중을 가한다. 모든 선택도 그 뒤에 따르는 결과도 자신의 몫이다. 약간 비약을 하자면 한순간의 선택으로 백만장자가 될 수도 집 잃은 노숙자가 될 수도 있다.

현명한 선택을 한 사람을 더 들자면, 한나라 건국에 현저한 공을 세운 지략가 장량(張良)이 있다. 장량은 한나라의 정치가이자, 개국공신으로 행정 업무에 주력한 소하(蕭何), 전쟁에 주력한 한신(韓信)과 함께 한나라 건국의 공신이자 서한삼걸(西漢三傑)로 불린다. 한 고조 유방이 초나라 항우와의 초한쟁패에서 최종 승리를 거둘 때 혁혁한 공을 세웠으며 소하와 한신과 더불어 한나라 개국 일등 공신이었다.

한 고조 유방이 언젠가 장량과 소하 그리고 한신 세 사람을 비교 평가한 적이 있다. 초한쟁패가 유방의 승리로 끝난 후 유방 자신이 최후의 승자가 된 비결을 언급하였다.[71]

"장막 안에서 작전을 짜서 천리 밖 승부를 결정짓는 것은 나는 장량을 따라갈 수 없다. 나라를 안정시키고 백성들을 다독이며 양식을 공급하고 운송로가 끊어지지 않게 하는 일이라면 나는 소하를 따르지 못한다. 백만 대군을 이끌고 싸우면 반드시 승리하고 공격하면 기어코 빼앗아 취하는 일에서는 내가 한신을 따를 수 없다. 나는 이 걸출한 세 사람을 기용했기에 천하를 얻을 수 있었다."

전략의 장량, 보급의 소하, 전쟁의 한신이라고 정리하면 되겠다. 그런데 장량이 한 고조 유방을 도와 천하를 통일하는 공을 함께 세웠지만, 즉시 유방 곁을 떠났다. 훗날 토사구팽을 당한 대장군 한신과 달랐다. 장량은 범려와 같이 현명하게 은퇴하였다. 그는 천하를 헤아리는 능력이 뛰어났고, 시대의 흐름을 매우 냉철하게 볼 줄 알았다. 그 또한 범려와 같이 권력의 속성을 너무나 잘 알았다. 개국 공신이 어느 순간 정치적 타깃이 될 것임을 잘 알았기에 미련 없이 유방 곁을 떠나 버렸다. 장량은 눈앞의 이익을 추구하지 않고 멀리 미래를 내다보는 선견지명의 소유자였다. 나아갈 때와 물러날 때를 정확하게 판단하여 실리를 추구하는 전략이 매우 뛰어났다. 이처럼 한나라에서 크나큰 공을 세운 장량도 범려와 같이 유방이 큰 공을 치사하여 내리는 상을 모두 거절하고 산으로 들어갔다. 그도 역시 자신의 앞을 미리 통찰하고 물러날 때를 알아차린 것이 아닐까?

시인 이형기는 시「낙화(落花)」에서 이렇게 읊었다. "가야 할 때가 언제인가를 분명히 알고 가는 이의 뒷모습은 얼마나 아름다운가."라고. 권력의 정점에서 내려온다는 것이 쉬운 일은 아니지만, 그래도 기꺼이 물러날 수 있는 사람만이 여생을 참으로 여유 있게 누릴 수 있다. 그렇게 물러날 순간을 스스로 알고 물러나는 그 자체가 아름답다. 물러나는 사람에게는 세상이 너그러운 편이다. 그러한 삶의 논리가 분명이 존재하는데도, 상앙은 결코 그렇게 하지 못했다. 광대한 중국의 서쪽 변방 궁벽하고도 외진 곳에 볼품없는 존재로 있던 진나라를 함곡관을 넘어 중원으로 진출하게 하면서 일약 강국으로 발돋움하는 데 결정적인 공을 세웠다. 그러나 끝내 오우분시(五牛分屍)의 거열형(車裂刑)을 당한 비운의 혁명가가 되고 말았다.

세상에 완벽하게 성공한 개혁은 진정 불가능한 것일까. 개혁은 그 시작부터 지난하다. 과정도 험난하다. 개혁을 완성했다고 판단하는 것도 쉽지 않다. 개혁을 이루었다고 판단하는 순간부터 반개혁의 거센 물결이 몰아친다. 그만큼 개혁은 힘들다. 개혁을 주도하는 사람은 목숨을 걸어야 한다. 복잡 미묘한 사람들의 다양한 심리를 헤아려 개혁을 실행하지만 인간 특유의 본성 때문에 개혁을 추진한 사람이 생명의 위협을 받아야 하는 아이러니는 또 얼마나 기묘한 것인가.

상앙은 비참하게 생을 마쳤지만 그가 남긴 변법 개혁은 살아남았다. 그 개혁이 열매를 맺고, 서쪽 변방의 외진 곳에서 시작한 진나라가 강대국의 반열에 올라 천하를 호령할 수 있는 막강한 국력을 소유하게 되었다. 그런데 그가 주장한 강력한 법치주의를 바탕으로 진나라가 온 세상을 진동할 정도의 힘을 갖게 되었지만, 그 엄혹한 법치 때문에, 그것도 상앙 자신이 수립한 그 법치로 자신의 목숨을 빼앗기는 아이러니라니.

상상이 비참한 최후를 맞이하지만, 진혜문왕과 후대의 군주들은 상상이 주창한 개혁의 물결과 흐름을 그대로 유지하였다. 훗날 진시황이 천하를 통일하는 데 초석이 되었음이 분명하다. 상상은 자신의 권력에 도취되어 그 자리에서 내려올 줄 몰랐다. 달콤한 권력의 냄새에 취했는지 모른다. 시시각각으로 다가오는 위기의 징후에도 스스로 그 위기를 심리적으로 회피하고 있었다.

인간의 속성상 자신에게 닥쳐오는 위험에 대해 끊임없이 자기 최면을 가함으로써 그 순간을 넘기고 싶은 욕망이 더 강하다. 그렇게 권력에 집착하다 결국 스스로의 목숨을 단축하는 비극을 당하고 말았다. 상상은 법치주의란 이름으로 진나라를 강대국으로 만들어 놓았지만, 그 과정이 너무나 가혹하였다. 법치를 행하는 과정에서 숱한 사람들에게 인심을 잃었으며, 수많은 사람들을 정적으로 만들고 말았다. 어쩌면 상상의 운명이 그렇게 정해져 있었는지 모른다. 사마천의 상상에 대한 평가는 부정적인 편이다.

태사공이 말했다.[72]

"상상은 그 성품이 각박한 자다. 그가 처음에 진효공에게 제왕의 도를 유세한 것은 살펴보면 헛소리를 빌린 것이지 진심에서 우러나온 것이 아니다. 더욱이 총신의 소개를 통해 임용되더니 공자 건에게 형을 가하고 위나라 장수 공자 앙(卬)을 속였으며 조량의 충고를 따르지 않은 것을 보면 상군은 역시 마음이 각박한 사람이라는 것을 알 수 있다. 내가 일찍이 그가 저술한 『상군서』 중의 「개색(開塞)」과 「경전(耕戰)」편을 읽은 적이 있는데 그 내용은 그의 행적과 비슷했다. 상군이 결국은 진나라에서 악명을 떨치게 된 것은 다 이유가 있었던 것이다.”

맺음말

　10여 년 간『사기』열전을 열심히 읽었다.『사기』열전에 관련된 도서를 숱하게 접하게 되었다. 그중에서도 나의 마음을 확 끌었던 다섯 가지 테마는 '트라우마, 인내, 지조, 권력욕, 개혁'이었다. 오랜 시간『사기』열전에 깊이 빠져들면서 이 다섯 가지 테마에 대해 세상 사람들과 생각을 나누고 싶었다. 우리네 인생에 위 다섯 가지 테마만 있으랴만,『사기』열전에서 이것들이 유난히 흥미를 끌었다. 앞으로『사기』열전을 더욱 심도 있게 읽으면서 위 다섯 가지 테마 외에도 다양한 관점에서 텍스트를 읽고 공부를 계속해 나가려 한다. 나이가 들어가면서 인생이 더욱 성숙해져야 하는데 아직도 많이 부족하다. 평생 한 권의 책에 빠져 살아가는 기쁨도 분명 크지만, 어린 시절부터 독서 경험이 일천하여 텍스트 이해 능력을 키우지 못했기에 한 권 책이라도 온전히 읽어 내지 못하지 않았나 하는 자책도 해 본다. 책의 글자를 그냥 읽기만 한다고 되지 않는다. 읽고 또 읽으면서 행간의 깊은 의미와 행간을 둘러싼 숱한 배경 고사까지 구조적으로 파악하는 능력이 필요하다.

　현역에서 물러나며『사기』열전을 좀 더 여유 있게 읽고 그 맛을 진하게 보려고 마음먹었다. 하지만 나이가 들어가면서 마음만 앞설 뿐 책을 읽어 나가는 속도가 점점 느려진다. 학창 시절 독서 경험이 전무하다시피 했기에 독서력이 약하다는 것을 깊이 실감한다. 그렇다고 젊은 날로 돌아가 밤샘을 하면서 책을 읽을 생각도 여력도 없다. 대신에 천천히 여유를 누리며 『사기』 열전을 꼭 끼고 어디론가 여행을 가는 꿈도 꾼다. 이 책과 함께 가족과 지인들 그리고 친구들이 곁에 있어 주었기에 지난날의 삶이 정말 행복했다. 앞으로도 『사기』 열전과 더욱 행복한 노년을 보내고 싶다.

저녁놀이 발갛게 물든 강변에 벗과 마주 앉아 막걸리 잔을 나누며 지난날을 놓고 담소를 나누는 정말 행복한 시간을 갖고 싶다. 젊은 시절부터 정신없이 살아온 나날들이 어느 순간 공허해지는 나이가 되었다. 가족을 위해선 뭐든 해야 한다는 생각으로 살았다. 또 그렇게 사는 것이 행복하고 즐거웠다. 아내와 아이들은 지금도 내게 정말 잘해 준다. 그렇지만 앞으로 여생을 살아가면서 가족이 곁에 있어 주는 것만으로는 조금은 모자랄 듯하다. 내가 삶에서 진정 행복을 누리려면 죽을 때까지 해도 너무나 재미있어서 절대로 지겹지 않을 취미가 필요하다. 나에겐 책 읽기가 그런 취미에 해당한다.

『사기』 열전은 앞으로 세상을 다하는 날까지 읽고 또 읽고 싶다. 물론 다른 책들도 가까이 하겠지만, 이 책은 평생 읽어도 지겹지 않을 것 같다. 도시 생활에 권태로울 즈음이면 한적한 시골 고향 마을에 들어가 세상과 인연을 잠시 끊고 은거하며 조용히 보내고 싶다. 그럴 때도 이 책을 반드시 갖고 들어갈 것이다. 도시 생활에서 너무나 바쁘게 생활하며 주변도 바라보지 않고 살아왔으니 이젠 여유를 갖고 삶을 행복하게 누리며 살아가련다.

아무런 부담이 없이 웃으며 이야기꽃을 피울 수 있는 벗과의 추억을 일부러라도 만들고 싶다. 가끔 시골에 가면 변함없이 반겨 주던 고향 마을 친지들의 얼굴이었는데, 이젠 많은 사람들이 사라져서 정말 아쉽기만 하다. 정년퇴직하고 고향 마을에 돌아와 옛날 추억을 되살리며 함께 살자고 부탁하던 그분들의 얼굴이 아직도 아련한데, 이젠 나만 늙어 버린 세월을 한탄하며 보내게 되었다. 참으로 아쉽다.

　　내 삶은 참으로 행복했다. 긴긴 세월 내 곁에서 함께 있으며 무한한 행복을 만들어 준, 세상에서 제일 귀한 아내 舜과 3남매 正葉, 書葉, 建葉에게 미안함과 고마움을 함께 보낸다. 사마천의 『사기』 열전도.

　　　　　　　　　　　　　　　　　　　　　2024년 1월에
　　　　　　　　　　　　　　　부산 영도에서 맑고 푸른 바다를 보며

1   최광현 저, 『가족의 발견』, 61쪽, 부키출판사, 2014. 12.

2   천통성 저, 장성철 옮김, 『사기의 탄생 그 3천년의 역사』, 239쪽, 청계출판사, 2006년.

3   나무위키(https://namu.wiki/w), "구우일모".

4   사마천 저, 이상옥 옮김, 『사기열전(史記列傳) 하』, 310쪽, 明文堂, 2009.

5   한명기 저, 『광해군』, 198쪽, 역사비평사, 2000.

6   김영수 저, 『완역 사기 본기 1』, 72쪽, 알마, 2019년.

7   봉선(封禪): 천자가 행하는 제사로, 봉은 태산(泰山) 내 흙을 쌓아 단을 만들어 하늘에 제사하는 것이며, 선은 태산 줄기 중에서 제일 작은 양보산(梁父山)에 땅을 판판하게 닦고 깨끗이 하여 산천에 제사하는 것을 말한다. 옛날 천자가 순수하여 태산(太山)에 단을 쌓아 하늘에 제사하고, 소산(小山)에서 산천에 제사하였다. 후세에는 군주가 국위를 내외에 과시할 목적에서 봉선의 의식을 행하게 되었다.

8   앞의 책 135쪽 발췌 인용, G.A. 브래드쇼 저, 구계원 역, 『코끼리는 아프다』, 현암사, 2011. 5.

9   외상스트레스 장애의 진단(Diagnosis of traumatic stress disorder: DSM).

10 주디스 허먼 저, 최현정 역, 『트라우마(Trauma and Recovery)』, 97쪽, 플래닛, 2009.

11 앞의 책, 『코끼리는 아프다』, 126쪽 인용.

12 앞의 책, 108쪽 인용.

13 김영수 저, 『완역 사기 세가 2』, 39쪽, 알마, 2019년.

14 바이두 百度 자료(https://baijiahao.baidu.com/s?id=1694894479958428200&wfr=spider&for=pc).

15 위 김영수 책 48쪽.

16 위 김영수 책 69쪽.

17 신동준 저, 『한비자』, 1073쪽, 인간사랑, 2012.

18 풍몽룡 저, 김구용 옮김, 『동주열국지 3』, 194쪽, 솔, 2012.

19 '齊桓染於管仲鮑叔, 晉文染於舅犯狐偃, 楚莊染於孫叔沈尹, 吳闔閭染於伍員文義, 越句踐染於范蠡大夫種, 此五君者所染當, 故霸諸侯, 功名傳於後世.'

20 위 김영수 책 57쪽.

21 위 김영수 책 66쪽.

22 풍몽룡 저, 김구용 옮김, 『동주열국지 4』, 310쪽, 솔, 2012.

23 위 풍몽룡 저, 김구용 옮김, 책 167쪽.

24 위 풍몽룡 저, 김구용 옮김, 책 131쪽.

25 二公, 皆諸侯盟主, 攘夷狄以尊周室者也. 雖其以力假仁, 心皆不正, 然, 桓公伐楚, 仗義執言, 不由詭道, 猶爲彼善於此, 文公則伐衛以致楚, 而陰謀以取勝, 其譎甚矣. 二君他事, 亦多類此, 故夫子言此, 以發其隱.

26 송양지인(宋襄之仁): 『사기(史記)』「송미자세가(宋微子世家)」에 나온다. 송양공이 홍수에서 초나라와 싸웠다. 송나라 군대는 전열을 갖추었고 초나라 군대는 아직 강을 건너지 못했다. 사마(司馬, 자어)가 공격을 제안했지만 송양공이 거부한다. 초나라 군대가 강을 건넜지만 대오를 갖추지 못했을 때 다시 공격하자는 사마의 제의도 거절한다. 초나라 군이 대오를 갖춘 다음 공격했지만 송나라 군대가 대패한다. 부상당한 적의 병사를 다시 살상하거나 나이 많은 사람을 포로로 잡으면 안 된다는 송양공의 비현실적 인식을 비판한 말이며, 쓸데없는 인정을 베풀거나 불필요한 동정이나 배려를 하는 어리석은 행동을 비유한다.

27 후한(後漢)의 광무제(光武帝): 이름이 유수(劉秀: B.C. 6~A.D. 57)이고, 한(漢) 고조 유방의 9세손이다. 왕망(王莽)과 유현(劉玄)을 차례로 무너뜨리고 황제라 칭하였다. 33년간 재위하다가 63세에 병사하였다. 굳은 신뢰로 천하의 인재를 얻었던 광무제와 확고한 충의로 광무제를 지킨 28장(將) 이야기는 우리에게 시사하는 바가 매우 크다. 실제 신(新)나라의 왕망이 보낸 40만 군과 결전했던 곤양전투에서 방어 책임자였던 유수가 13기를 이끌고 포위망을 뚫어 3천 기를 확보하였고, 그 3천 기로 적진에 돌입하면서 전쟁을 수행하여 승리로 이끌었다. 특히 일급 참모였던 등우(鄧禹), 풍이, 구순, 오한(吳漢) 등의 28장(將)이 유수를 보좌하였다.

28 백양(柏楊) 저, 김영수 옮김, 『백양중국사』, 227쪽, 역사의 아침, 2014.

29 한 고조 유방의 부인 여태후에 대한 평가에서도 비슷한 사례를 볼 수 있다. 여태후에게는 한 고조 유방의 사후에 척부인을 잔인하게 보복한 이미지가 강하다. 그래서 여태후에 대한 평가는 잔혹한 여인의 부정적인 경우가 많다. 그리고 자신의 권력을 위해서 여 씨 중심의 외척 정치를 실시하고 피바람을 일으켰지만, 일반 백성들에 대해서는 지속적으로 휴양생식(休養生息)을 실시하여 한나라 초기의 혼란스러운 상황을

진정시키고 선정을 베풀었다고 평가를 받기도 한다.

30 위 천퉁성 저, 장성철 옮김, 책 152쪽.

31 문자옥(文字獄): 서책이나 시구 등에 나온 문구나 단어를 이유로 탄압하는 공포 정
    치의 일환. 일종의 필화 사건이다. 한 가지 사례를 들어 보자. 청나라 옹정(雍正) 4
    년, 향시의 감독관이던 사사정(査嗣庭)이 시험문제를 출제하면서 유민소지(維民所
    止)라는 문구를 넣었다.『시경(詩經)』「상송(商頌)·현조(玄鳥)·'詩云, 邦畿千里, 維民
    所止.'」인데 뜻은 '왕이 계시는 사방천리가 오직 백성들이 머무는 곳이라.'다. 그런데
    유(維) 자와 지(止) 자가 옹정제의 연호인 옹정(雍正)에서 위의 획만 뺀 것으로 아주
    고약하게 해석한 것이다. 유민소지의 뜻은 황제 옹정을 참수하겠다는 의도를 담은
    반역 음모라는 논리로 사사정이 체포되었고, 그의 자식들 중 16살 이상의 남자는 전
    부 처형당하고 나머지 어린 아들들과 조카들은 유배형을 당했다. 나무위키(https://
    namu.wiki/w).

32 배우성 저,『조선과 중화』, 198~199쪽, 돌베개, 2014.

33 나무위키(https://namu.wiki/w/), 발췌 인용.

34 김명호 저,『환재 박규수 연구』, 창비, 199~203쪽, 재인용, 2008.

35 朴乙洙 저,『한국시조대사전 하』, 1073쪽, 아세아문화사, 1992.

36 『孟子』「梁惠王」"齊宣王 問曰, 湯 放桀 武王 伐紂 有諸. 孟子對曰, 於傳 有之. 曰, 臣
    弑其君 可乎. 曰, 賊仁者 謂之賊 賊義者 謂之殘 殘賊之人 謂之一夫 聞誅一夫紂矣 未
    聞弑君也."

37 이장우 외,『고문진보 전집』, 72쪽, 을유문화사, 2012.

38 당고의 화(黨錮之禍): 당고란 어떤 일정한 무리에 딸린 사람들을 잡아 가두고 벌하
    는 일을 뜻한다. 후한(後漢) 환제(桓帝, 132~167)와 영제(靈帝, 156~189) 때 환관들
    이 정권을 장악하여 국정을 농단하자 진번(陳蕃, ?~168), 이응(李膺, 110~169) 등의
    학자와 태학생들이 환관들을 탄핵했다가 도리어 환관들의 반격을 받아 벼슬길이 막
    힌 일을 말한다. 환관들은 벌을 받지 않고 도리어 자신들을 탄핵한 관료들을 조정
    (朝廷)을 반대하는 당인(黨人)이라 하여 종신 금고형(禁錮刑)에 처하고 벼슬길을 막
    아 버렸다.

39 나무위키(https://namu.wiki/w).

40 조지프 스티클리츠 저, 이순희 옮김, 『불평등의 대가』, 240쪽, 발췌 인용, 열린책들, 2013. 8.

41 김영수 저, 『사마천 인간의 길을 묻다』, 77쪽, 발췌 인용, 왕의서재, 2010.

42 오창익·오항녕 공저, 『간신(奸臣)』, 7쪽, 발췌 인용, 삼인, 2017.

43 김영수 저, 『완역 사기 세가 1』, 166~167쪽, 알마. 2019년.

44 최재호의 인문학 산책-〈8〉 "태조 이성계의 이(李)밥과 성계육(成桂肉)" 서부신문, 2019. 9. 2. 기사 참고.

45 길엽 브런치 스토리(https://brunch.co.kr/@skmikiko/83), "요우이타오[油條]", 발췌 인용.

46 이상각, "한국사인물열전", daum백과.

47 사마천 저, 김원중 옮김, 『사기열전 1』, 673쪽, 민음사, 2017.

48 위 김원중 책 671쪽.

49 위 김원중 책 674쪽.

50 위 김원중 책 675쪽.

51 사마천 저, 소준섭 평역, 『사기 상』, 507쪽, 인용, 서해문집, 2009.

52 위 책 508쪽 발췌 인용.

53 위 책 508 발췌 인용.

54 필자의 수필 작품임.

55 한국고전종합 DB 인용.

56 한국고전종합 DB 인용.

57 두산백과 두피디아.

58 사마천 저, 김원중 옮김, 『사기열전』, 199~200쪽, 발췌 인용, 민음사. 2009.

59 사마천 저, 이상옥 옮김, 『사기열전(史記列傳)』, 138쪽, 明文堂, 2009.

60 사마천 저, 소준섭 평역, 『사기 상』, 343~344쪽, 인용, 서해문집, 2009.

61 왕리췬 저, 홍순도·홍광훈 옮김, 『진시황강의』, 72~73쪽, 김영사, 2013,

62 정복규 기자, "중화사상(中華思想)을 제대로 이해하라", 새만금 일보, 2018. 4. 23. 기사.

63 김영수 저, 『완역 사기 세가 2』, 417쪽, 알마, 2019년.

64 김영수 저, 『완역 사기 세가 1』, 331쪽, 알마, 2019년.

65 신동준 저, 『한비자』, 1402쪽, 인간사랑, 2012.

66 풍몽룡 저, 김구용 옮김, 『동주열국지』, 8~9쪽, 솔, 2012.

67 중국 인터넷 사이트 바이두 百度(https://zhidao.baidu.com/question/992553585004411619. html).

68 위 이상옥 책 145쪽.

69 가도멸괵(假道滅虢): 길을 빌려 괵나라를 멸하다는 뜻인데, 괵(虢)나라와 우(虞)나라 를 모두 정복하려 했던 진(晉)나라가 우나라에게 길을 빌려달라는 핑계로 괵(虢)나 라를 무너뜨린 뒤 우나라까지 쳐들어가 멸망시켰다는 고사. 이때 우나라 임금의 환 심을 사기 위해 굴산(屈産)의 명마와 수극(垂棘)의 벽옥을 뇌물로 바친다.

70 김영수 저, 『완역 사기 세가 2』, 267쪽, 알마, 2019년.

71 위 이상옥 책 150쪽.

72 위 이상옥 책 150쪽.